酒店
OTA
平台运营
增长指南

携程大住宿团队 著

人民邮电出版社

北 京

图书在版编目（ＣＩＰ）数据

酒店OTA平台运营增长指南 / 携程大住宿团队著. --
北京 ：人民邮电出版社，2020.6
ISBN 978-7-115-53464-4

Ⅰ．①酒… Ⅱ．①携… Ⅲ．①饭店－运营管理－指南
Ⅳ．①F719.2-62

中国版本图书馆CIP数据核字（2020）第039342号

◆ 著　　　　携程大住宿团队
　　责任编辑　马　霞
　　责任印制　周昇亮
◆ 人民邮电出版社出版发行　　北京市丰台区成寿寺路 11 号
　　邮编　100164　　电子邮件　315@ptpress.com.cn
　　网址　https://www.ptpress.com.cn
　　涿州市殷润文化传播有限公司印刷
◆ 开本：700×1000　1/16
　　印张：18　　　　　　　　2020 年 6 月第 1 版
　　字数：294 千字　　　　　2025 年 11 月河北第 28 次印刷

定价：69.80 元

读者服务热线：(010)81055296　印装质量热线：(010)81055316
反盗版热线：(010)81055315

很高兴能为这本书写推荐。

如今，在许多大型酒店或酒店集团，都有专人或专门的部门处理 OTA（Online Travel Agency，在线旅行社）事宜。但是对于为数众多的中小酒店，如何通过这种渠道做好营销，仍然是一个难题。在当下的酒店行业，OTA 早已成了一个绕不开的话题。

现实的尴尬是，从基层的销售员到一些门店的店长，在很多人的知识结构里，他们对 OTA 的认识还停留在模糊的概念上，认识不够清晰，操作难以入手，以致一路走来都只是在"跟着感觉走"。

可喜的是，刚刚庆祝了自己 20 岁生日的携程推出了《酒店 OTA 平台运营增长指南》这样一本专著，将 OTA 运营的一招一式逐一娓娓道来，此举确实是为广大酒店从业人员做了一件好事。

可以相信，无论是刚刚接触 OTA 的新手，还是已经具备一定实战经验的"熟练工"，这本书都能为大家提供具有价值的指导和参考。

中国旅游协会副会长兼秘书长　张润钢

携程是瑞士洛桑酒店管理学院在中国的重要合作伙伴，在过去一年里，我们在酒店行业的教育培训方面，做出不少新的尝试与探索。这本书更像一本教材，它不限于携程平台，也不只针对携程的合作酒店，即使是尚未踏入酒店行业的读者，也能通过这本书快速入门线上运营。

瑞士洛桑酒店管理学院中国区董事　鲍琛

随着人们生活理念和方式的改变，全球旅游住宿业迅速发展，中国酒店连锁品牌层出不穷。如何在纷争的市场中脱颖而出，获得更多的市场份额和顾客？OTA 平台是一个不可或缺的重要渠道。粗略统计，OTA 平台给酒店商家的贡献率在 30% 以上。这本书的专业指导和成功案例，一定会为你的市场拓展、销售增量和品牌传播带来多重价值。

首旅如家大学校长　包小阳

旅游消费人群的消费习惯随着时代在不断变化，而开元在酒店产品的开发上也在一直创新迭代，积极拥抱这样的变化。对于大多数消费者而言，OTA 等平台早已成为他们日常生活中不可或缺的工具，因此掌握 OTA 等渠道的线上营销方式，也成为酒店从业人员的一项不可忽视的技能，成为酒店把自己的好产品、好服务"说"给消费者听的关键。

开元旅业集团副总裁　金文杰

创业需要按照经济规律来运筹帷幄，做酒店、做民宿同样如此。对于酒店、民宿的运营者来说，了解并掌握 OTA 的规律和规则是一项必备技能。OTA 不仅能为运营者带来客源流量，还能助力推广品牌、提供一站式服务、提升用户体验。相信这本书可以为从业者的运营管理工作带来新的思考和灵感。

途家及斯维登集团联合创始人　罗军

作为酒店商家的重要合作伙伴，携程从技术、产品、知识等层面，为酒店商家提供了大量支持。不管是从酒店专业人才培养方面，还是在酒店线上业绩增长方面，这本书对酒店运营团队来说价值都是很大的，值得酒店人好好研读。

世茂集团副总裁、上海世茂酒店管理有限公司董事长兼总裁　唐鸣

OTA 对于当前 90% 以上的酒店来说，是一个绕不开的工具，如何利用 OTA，为你的产品找到最适合它的用户，关键在于你对 OTA 规则的把控度。这本书的价值，更多在于提供了一套方法论，指引平台上的玩家，如何在多变的环境中，找到最适合自己的营销方式。

环球旅讯首席商务官　王京

20 多年来，中国互联网的高速发展，改变了个人生活方式，也颠覆了各行各业的商业竞争格局，酒店业也不例外。行业内的竞争环境，由过去相对封闭的价值链体系，逐渐开始拥抱互联网带来的开放生态。

在 OTA 平台上，各种类型的酒店，都站在了一个相对平等的位置上竞争。这些年里，我们看到了辉煌多年的老牌酒店，在行业变迁的浪潮中折戟；我们也看到了，有特色的新兴品牌，闯入市场攻城略地，打得不少传统从业者措手不及。

衰落与兴起的背后，不仅仅是大环境的影响，酒店内功的修炼同样关系重大。在我看来，OTA 平台是一块地基，在此之上究竟是造出高楼还是平房，很大程度上取决于酒店的运营能力。

携程通过大量调研发现，酒店提升自身在 OTA 渠道的运营水平，最核心的难点有两个：一是专业的在线运营人才数量少；二是缺少体系化的线上营销知识。

酒店提升 OTA 运营水平迫在眉睫，而携程作为国内最大的 OTA 平台，我们有责任来协助各位合作伙伴，解决这些问题。

2018 年，携程成立了酒店程长营，在不到两年时间里，我们上线了 500 多门课程，已经有 30 多万酒店从业者通过线上或者线下的方式参与了 OTA 运营培训，其中 1 万左右的酒店从业者通过了携程酒店大学的运营资格考试认证，而参与培训后的酒店平均营收增长达 5%。

20 年的 OTA 行业深耕，两年的培训领域积累，携程沉淀出一套相对完善的酒店 OTA 运营知识体系，如何让它发挥出更大的价值，让更多的酒店从业者受益？书，毫无疑问，是一个有效的载体。

2018 年 12 月，携程大住宿事业群开始了《酒店 OTA 平台运营增长指南》的筹备工作，我们对这本书的要求是，把 OTA 运营的各种概念、方法及其背后逻辑，给酒店商家讲清楚，哪怕是从未接触过 OTA 运营的酒店人，也能对照携程商家后台来操作运营。

本书的编写团队，来自携程酒店程长营的业务、产品、规则、营销等多个部门，前后花费了 14 个月的时间来打磨这本书。从最终版书稿来看，我认为这本书达到了最初的要求。

从新酒店如何上线 OTA 平台，到客房的日常售卖管理；从提升流量与转化的策略，到各类营销工具的运用；从 OTA 数据分析，到做好客户口碑管理。本书以携程作为示例，系统化阐述了酒店在 OTA 平台完整的运营路径。对于新人来说，这是一本不错的入门教材，它能为你构建全面的 OTA 运营知识体系；对于"老手"来说，这是一本精进运营水平的书，你可以结合本书查漏补缺，审视日常运营。

高品质是携程集团推行的核心战略之一，真正践行该战略，依赖于平台与诸多合作伙伴的协同并进。携程希望借助知识赋能，为商户赢得更多的客户，为客户赢得更优的体验，为平台赢得更好的口碑，从而形成"三赢"的局面，为整个行业持续创造新价值。

携程集团高级副总裁、携程大住宿事业群 CEO　陈瑞亮

20 年前的世界是什么样子？那时计算机刚刚普及，人们订酒店要找旅行社或直接给酒店打电话。20 年倏忽而过，今天已是移动互联网时代，电商、外卖等行业随着互联网从无到有，酒店行业的互联网化也日趋明显。

在过去很长一段时间里，酒店行业与消费者之间存在价格不透明、信息不对称等各类问题，而伴随着互联网成长起来的 OTA 平台，解决了这一系列问题。

曾经一度处于弱势地位的消费者，获得了更多的知情权与话语权：他们对酒店产品的选择范围，从几家、几十家，瞬间提升至数千家乃至上万家，因而对产品的要求也越来越高；他们不再只是被动地接受服务，还可以在公共平台上对酒店做出反馈与评价。

OTA 平台让优胜劣汰的法则在酒店行业进一步凸显。传统滞后的运营模式让不少酒店离消费者越来越远，互联网营销思维的获取，OTA 运营方法的掌握，成为越来越多酒店商家近年来的迫切需求。

本书以携程平台为依托，全方位地介绍了酒店在 OTA 平台的运营路径，围绕商家重点关注的流量、转化、数据、工具等多个方向，深入解析 OTA 运营的实战方法。从一家新酒店与平台合作的建立，到日常订单、房价、房态的管理；从利用图片、文字对产品进行包装，到网络口碑的维护；从获取更多的线上曝光流量，到营销工具的使用；从平台规范的遵守，到爆款酒店的打造。本书通过详尽的讲解，系统地展示了 OTA 运营的全景图。

过去有句话叫"酒香不怕巷子深"，在今天的互联网时代，这句话则不再那般通用了，在很多时候反而是"酒香也怕巷子深"。在越来越多消费者习惯于使用网页、APP、小程序来预订酒店的同时，也有越来越多酒店商家开始研究如何通过互联网，把自己的"酒香"传播出去。当你的竞争对手甚至是不如你的同行，精通线上营销之道，懂得如何吸引消费者的注意力，那么你的客户，你占据的市场份额，自然而然会逐步流向他们。

对于好的酒店产品来说，有效的 OTA 运营能助你一臂之力，低成本实现业绩增长与品牌传播；对于产品有一定瑕疵的酒店来说，OTA 平台的消费者评价，能够帮助酒店查漏补缺，持续优化升级自己的产品。

消费需求的多样化与个性化趋势，在当今的市场中已经越来越明显，酒店产品的迭代与营销，依靠传播的方式，很难满足市场需求。借助 OTA 平台，酒店可以根据海量数据来定位分析消费者的需求，针对不同的客户定制个性化的营销与服务策略，不断打磨产品来覆盖你想要的消费群体。

掌握 OTA 运营，是每一位酒店人必须修炼的基本功，不论你是管理酒店的老板、总经理、店长，还是销售、营销、品牌人员，抑或是一名前台、客房服务员，OTA 运营知识与技能都与你的日常工作息息相关。

不论你对 OTA 运营的了解处于什么阶段，是"小白"级别，是"菜鸟"级别，还是"高手"级别，相信你都能在这本书的探索中有所得。当然了，一本书也难以穷尽所有的 OTA 运营技巧，在具体实践中你还得根据酒店的自身特点，不断尝试与优化运营的细节。

互联网最大的一个特点是"快"，当这本书面世的时候，它讲述的一些具体策略、工具，可能会过时。但是，这本书的价值并不仅仅在于说明 OTA 平台的知识与规则，它更核心的价值在于，将酒店运营与互联网运营有效地结合起来，让更多酒店人了解线上营销的思路与方法。如此一来，即使将来平台的规则全部变了，你仍然能够凭借这本书，举一反三，快速掌握并利用新的规则。

携程大住宿团队

第 1 章

认识 OTA：
如何开启酒店线上运营

01

📖 **学前提示**

适用人群：刚刚开始接触 OTA 运营的酒店商家，或是运营过一段时间但成绩不理想的酒店商家。

阅读目的：厘清酒店商家在携程运营的基本思路，了解 OTA 运营人员的能力要求与工作内容。

特别提醒：若读者已具备基本的 OTA 运营知识，可以从本书第 3 章开始学习。

今天，不论是旅游还是出差，人们只要用手机打开携程 APP，花上几分钟甚至几十秒的时间，就可以订好酒店客房。而在 20 年前，想要订酒店，要么是到店订房，要么靠旅行社订房。

OTA（Online Travel Agency，在线旅行社）能为客人提供在线预订酒店、机票、车票、门票等一切旅游产品与服务。以携程、去哪儿、同程艺龙为代表的 OTA 平台，不仅改变了客人的消费习惯，也给酒店行业带来了巨大的变革。

线上流量的争夺越来越激烈，酒店的 OTA 渠道运营工作也趋向精细化。本书主要介绍酒店在携程平台上的运营思路与人员要求，帮助商家更好地理解 OTA 业态及特点，全面、系统地了解线上运营。

1.1　运营思路：流量、转化率两手抓

与线下开酒店一样，要想线上生意好，首先要有客流量，保证酒店能被人看到；接着还要有转化率，让看到酒店的人愿意下单购买。不论是在携程，还是在任何其他 OTA 运营平台，流量与转化率是所有运营工作中绕不开的核心话题。

1.1.1　获取流量

携程上的每一家酒店通常会展示以下 2 个关键页面：一是列表页，多家酒店以简要信息卡片的形式排列展示；二是详情页，每家酒店在携程上会有详情页，展示该酒店的图片、房型、点评、价格等详细信息。

1. 流量的来源

曝光量是指有多少客人通过列表页等渠道看到该酒店，而流量是指在一段时间内，客人对酒店详情页的访问量。先有曝光量才有流量。

首先要了解一个公式——订单 = 流量 × 转化率，而流量可以被进一步拆解，即流量 = 曝光量 × 点击率，其中点击率是指当客人看到酒店时，有多少比例的人会点击进入酒店详情页。

2. 提升曝光量

在竞争激烈的今天，酒香也怕巷子深。如果酒店有好的产品，却没有有效的营销推广，便很难被更多人知晓。提升曝光量是在 OTA 平台上运营的首要任务。

（1）排名提升

在进行线下门店选址时，酒店会优先考虑好的位置，在携程平台上，酒店的位置越好，其曝光量往往越大。通常，酒店在携程列表页的展示名次被称为排名，排名越靠前的酒店，曝光量通常越高。

列表页排名的规则复杂，商家可以通过携程酒店商户后台 eBooking，来了解影响酒店排名的各项指标水平，并做有针对性的优化提升。影响携程排名的指标包括 6 项：客户价值分、服务质量分、价格感受分、房源保障分、信息优势分、商户诚信分。

排序分包含的 6 项评分的评估方向有所不同，如表 1-1 所示。一般来说，排序分越高，对酒店的排名提升越有利。

▼表 1-1　关于排名的 6 项评分

排序分	评估方向
客户价值分	评估酒店受欢迎度、贡献度
服务质量分	评估酒店服务品质、预防服务缺陷
价格感受分	评估酒店性价比、价格竞争力
房源保障分	评估酒店提供给携程房源的数量、质量
信息优势分	评估酒店在携程的信息完整度及评价
商户诚信分	评估酒店诚信经营情况

（2）筛选曝光

酒店的曝光量，除了受到排名的影响，还会受到客人搜索与筛选行为的影响。携程在酒店查询页、列表页提供了多类筛选条件，酒店满足的条件越多，通过筛选获得曝光量越高。

①促销活动。在诸多筛选条件中，促销活动的筛选是数量相对较多的一类，包括常规促销、时令促销、权益活动等。除了筛选项，参与了促销活动的酒店还会通过活动专辑页展示获得额外的曝光量。

②特色条件。除了促销活动外，酒店相对可控的筛选条件还包括价格区间、设施服务、早餐、床型、酒店点评、携程服务等类别，酒店商家可以有针对性地进行优化。

3. 提升点击率

在携程的酒店列表页中有成千上万家酒店，因此仅获得曝光量还不够，只有吸引客人点击进入详情页，曝光量才能转化为流量。一般来说，酒店在列表页的点击率有以下 3 个影响因素。

（1）酒店首图

如图 1-1 所示，酒店在列表页的信息展示卡片中，最左侧的这张图片，一般被称为酒店首图。相比文字，图片对客人印象的影响更大，好的图片能有效提升在列表页中的点击率。

▲图 1-1　列表页酒店信息展示

（2）酒店点评

点评是历史住客对酒店的评价，列表页中的点评包括点评数、点评分、点评标签。点评分越高、点评数越多、点评标签越正面，对客人点击进入详情页的激励作用越大。

（3）售卖起价

客人在预订酒店时，除了酒店位置外，价格是其关心的另一重要因素。售卖起价通常是指在客人选定日期范围内的最低卖价。在产品相似的情况下，客人更倾向于选择高性价比的酒店。

1.1.2　提升转化率

吸引到了客流量以后，如何让客人愿意为之买单？优化酒店详情页的信息是关键。以携程 APP 为例，详情页的包装分为 3 个部分：信息包装、售卖策略、酒店点评。

1. 信息包装

客人在携程浏览酒店时，无法真实触摸与感受酒店产品，只能通过各类信息展示来判断酒店是否符合他的预期。因此，酒店必须做好各类信息的展示，以呈现出更具吸引力的产品。

酒店在携程 APP 中的信息展示分为 3 类：一是图像类信息，包括静态图片、酒店视频、酒店图文；二是文字类信息，包括设施、政策、房型等；三是互动类信息，包括在线咨询、酒店问答、点评回复等。

2. 售卖策略

酒店客房售卖要讲究策略，并不是展示产品就够了，还要做好价格制定、优惠促销、增值服务、取消政策的优化，在提高出租率的同时，还要让酒店收益最大化。

酒店要及时在携程商家后台做好酒店订单、房态、房价的基础维护工作，在保障售卖工作正常开展的同时，还要想办法提高客人的预订体验。

3. 酒店点评

在客人真实入住酒店并离店后，他可以通过打分、文字、图片等方式在携程 APP 上点评酒店。历史住客的点评能被更多客人浏览到，并作为选择酒店的依据。

酒店通过好的产品与服务更容易获得优质口碑，优秀的酒店更能从海量同行当中脱颖而出。在合法合规的前提下，酒店可以通过点评运营管理，提升线上口碑。

酒店在收到订单后，可以通过携程酒店商家后台，及时做好订单管理。当客人到店后，酒店应做好服务保证客人满意，促成客人的再次入住与二次传播，实现正向循环。

1.2　运营人员：线上营销能力塑造

随着 OTA 流量与预订的增长，OTA 运营已经成为当今住宿业的一个重要岗位，该岗位从业人员对 OTA 渠道的理解、运用和分析的水平直接影响酒店的销量，乃至品牌形象。

1.2.1　人员能力要求

许多酒店在运营 OTA 之初，并没有一个独立的 OTA 运营岗位人员，基本靠销售部、前厅部或预订部兼顾，它们的工作仅仅是处理订单和调控价格房态。

随着 OTA 渠道在酒店销量中占比增长，酒店对该渠道的重视度提高，酒店 OTA 运营专员岗位才逐步被人们认识。对于这类岗位人员的能力，一般有以下 5 个方面的要求。

1. 快速学习能力

各大 OTA 平台的运营操作、规则、技巧的迭代与更新的速度很快，作为 OTA 运营人员，需要具备快速学习并应用的能力，及时掌握一手信息。

2. 营销推广能力

OTA 站内、站外的推广都离不开产品的宣传包装、活动的策划推广，OTA 运营人员要熟练掌握营销知识，懂得 OTA 平台以及当前主流内容营销平台的营销策略。

3. 竞品分析能力

OTA 平台打破了酒店与客人之间的信息不对称性，只要客人想预订，携程就会提供海量的酒店，以丰富的形式向客人展示信息，这也间接加剧了线上竞争的激烈程度。因此，OTA 运营人员，要在价格制定、产品包装、营销推广等各个方面，做好竞争对手分析，不断学习与超越对手。

4. 数据运营能力

不同于其他销售渠道，OTA 平台能为酒店提供详尽的数据，包括流量、转化率、推广效果、客户数据、竞争对手数据等。OTA 运营人员不仅要看得懂这些数据，更要懂得如何利用这些数据对酒店进行诊断评估，以数据作为决策依据，不断调整线上的运营策略。

5. 组织协调能力

OTA 运营虽然是一个独立的岗位，但 OTA 运营这份工作，绝对不是 1 ~ 2 个人就可以完成和支撑的，它依赖于酒店全员的配合。例如，好评提升就需要前厅、客房、工程、餐饮等多个部门的配合。所以，OTA 运营人员需要具备组织协调能力，能调动酒店内的各个部门，联动推进 OTA 渠道的销量增长。

1.2.2　运营工作内容

酒店在招募 OTA 运营人员时，可以考虑从前面介绍的 5 个方面去评估其个人能力。但在现实中，OTA 运营是一个新兴岗位，酒店行业中真正具备这 5 项能力的人并不算多。

绝大多数的 OTA 运营人员的个人能力是在实际的运营工作中逐步历练培育起来的。一般来说，OTA 运营工作，从基础到进阶分为以下 5 个阶段。

1. 阶段一：掌握商家后台操作

携程酒店商家后台，是酒店开展一切线上运营工作必须使用的工具。OTA 运营人员需要熟练使用各个模块的功能，包括订单、房价、房态、点评、信息等各个部分，OTA 运营人员不仅要能熟练操作使用，还要能教会前台、预订等相关人员使用。

2. 阶段二：有效包装酒店产品

在进行一切营销推广、引入流量之前，OTA 运营人员先得做好酒店产品的包装工作，否则即使获得了流量，也会被白白浪费。OTA 运营人员可以参考同城标杆酒店的产品展示详情，并结合本店的实际情况，通过图片、文字等各种形式，在携程平台对酒店产品进行包装。

3. 阶段三：巧用规则指导推广

携程平台的推广方法并不复杂，关键在于酒店商家要能了解平台规则并学会使用。从在线加盟规则到诚信分规则、从排序规则到点评规则等，规则在不断变化，OTA 运营人员也要不断提高信息获取的能力，根据规则做好酒店在线上的各项指标监控工作，获得更多的流量。

4. 阶段四：客户反馈指导经营

点评是客户对产品的有效反馈，OTA 运营人员可以定期分析客户点评，分析问题，了解需求，再结合本店实际，对软件服务和硬件设施进行改变和提升，从而对线下经营管理做出科学的指导。

5. 阶段五：洞察需求升级产品

对于酒店来说，OTA 平台的好处不仅是推动客房售卖，还有宝贵的数据资产沉淀。今天，OTA 客户的类型不再单一，除了商务客人，亲子、学生、老人、情侣等各类人群都已经习惯使用携程。每个群体的特点有所不同，例如学生喜欢物美价廉的产品，而亲子客人讲究品质与童趣。

　　OTA运营人员要根据不同客户的特征,推出不同产品,满足不同人群的需要。例如,过去酒店只需设置大床、标间等房型即可,而今天酒店开始提供亲子房、打包门票客房套餐等服务。

　　互联网时代的一个特征是"快",在各种各样的变化中,OTA 商家需要掌握线上运营的基本规则与技巧,不断学习与吸收新的知识,学会产品的包装与推广,才能在激烈的市场竞争中拔得头筹,收获一批又一批的忠实客户,做好酒店品牌的根基。

第 2 章

开店筹备：
新手酒店的生意开启

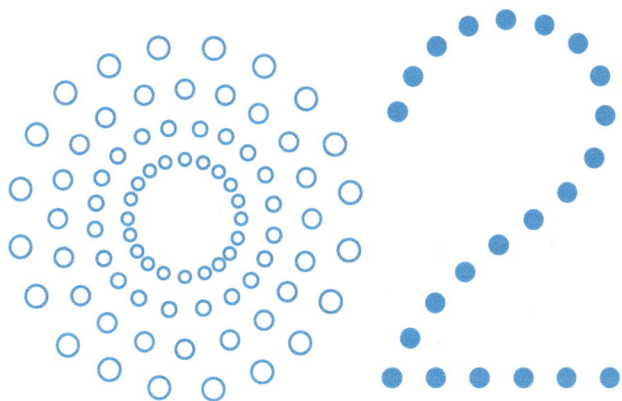

2

📖 **学前提示**

适用人群：尚未上线 OTA 售卖产品的酒店管理者、开发或销售人员。

阅读方式：请打开携程在线加盟网站、携程 eBooking 网站学习本章内容。

特别提醒：由于产品迭代升级，本章界面以 2019 年 12 月版为示例，如有偏差，请以平台公布的最新规则与页面为准。

随着互联网深度和广度的推进，在 OTA 平台订酒店已经成为消费者的一种生活习惯，而酒店商家对 OTA 渠道也愈发重视。近年来，许多新开业的酒店更是以 OTA 作为拓展客源的首选渠道之一。本章针对在尚未上线 OTA 的酒店，介绍酒店自助入驻 OTA 平台与新店运营的准备工作。

2.1　入驻申请

一家酒店要在 OTA 平台上售卖房间之前，通常会经历 3 个环节：一是入驻申请，二是信息审核，三是签署电子合同。3 个环节全部完成后，酒店才有可能正式开始售卖。

第一环节的入驻申请，关键在于找到正确的申请入口，准备好符合平台规范的酒店信息材料，以保证后续审核通过。

2.1.1　申请入口

以携程为例，国内酒店上线携程售卖，申请方式主要分为在线加盟、业务新签 2 种，前者是酒店在线自助申请入驻，后者是由携程平台经理提交上线申请。

除了入驻资料的提交人不同以外，2 种申请流程差异不大，建议优先使用携程在线加盟方式，自助申请入驻。本节重点介绍的是携程在线加盟流程。

携程为商家提供了 2 个在线加盟入口，一是携程旅行网，二是携程手机 APP。通过这 2 个入口，商家都能进入在线加盟流程。

1. 携程旅行网（计算机端）

用计算机打开携程旅行网首页，滑动鼠标至页面底部，点击"酒店加盟"，如图 2-1 所示，即可进入酒店在线加盟网站。

为什么选择携程		旅游资讯		加盟合作	
放心的服务		宾馆索引	攻略索引	分销联盟	友情链接
领先的服务标准 独创的保障体系		机票索引	网站导航	广告业务	企业礼品卡采购
放心的价格		旅游索引	火车票索引	保险代理	代理合作
具竞争力的价格 无任何隐形费用		邮轮索引	企业差旅索引	酒店加盟	目的地及景区合作
		用车索引		智慧旅游	更多加盟合作

▲图 2-1　携程旅行网（计算机端）首页底部入口

2. 携程 APP（手机端）

手机下载并打开携程 APP，点击图 2-2 所示的"加盟合作"宫格，即可在

APP 上注册，并按提示填写资料申请加盟。

▲图 2-2　携程 APP 首页

2.1.2　申请资料

找到加盟合作入口后，商家需要在图 2-3 所示的酒店在线加盟页面，使用手机号及短信验证码注册账号，按页面提示的步骤，即可进入申请资料的填写环节。

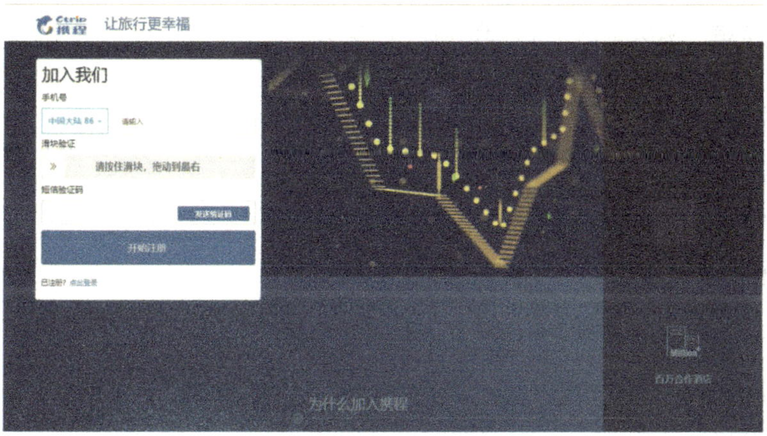

▲图 2-3　携程酒店在线加盟首页

在线加盟的申请资料包含 8 个部分：酒店信息、房型信息、酒店政策、设施设备、酒店图片、资质证件、结算信息、合同信息。商家需提前准备申请资料，以免因为材料不全等问题造成申请失败。

1. 酒店信息

申请材料填写的第 1 步——酒店信息。这里的酒店信息是指酒店综合信息，包括基本信息、详细信息和联系人信息 3 部分。

（1）基本信息

商家需要填写的酒店基本信息包括酒店类型、详细分类、酒店名称、酒店电话、酒店地址、地理经纬度、总机，如图 2-4 所示。

▲图 2-4 酒店信息——基本信息填写页面（局部）

（2）详细信息

商家需填写的酒店详细信息，包括酒店星级、开业年月、客房总数、酒店可接待人群、酒店简介、价格类型等，如图 2-5 所示。

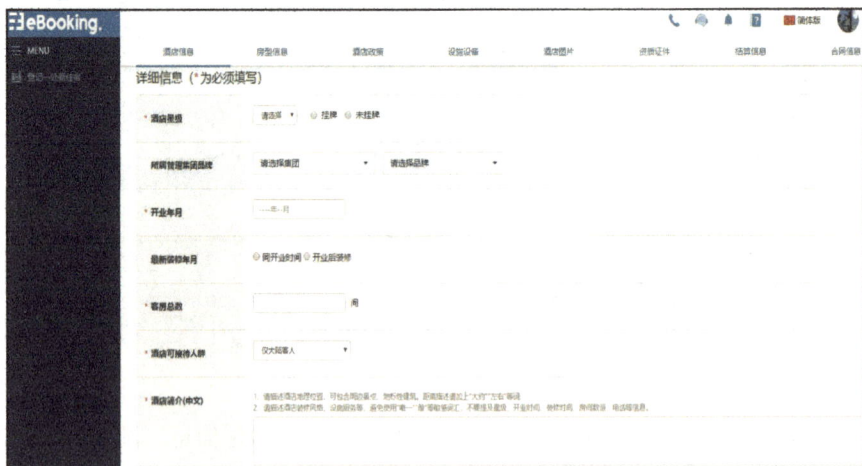

▲图 2-5 酒店信息——详细信息填写页面（局部）

（3）联系人信息

通常，商家填写的联系人信息包括以下内容：联系人姓名、联系人电话、联系人邮箱，如图 2-6 所示。平台通知会发送到联系人的手机或邮箱，请务必保证电话可接听、邮箱可接收邮件（携程会在 7 ～ 10 个工作日内完成加盟审核）。

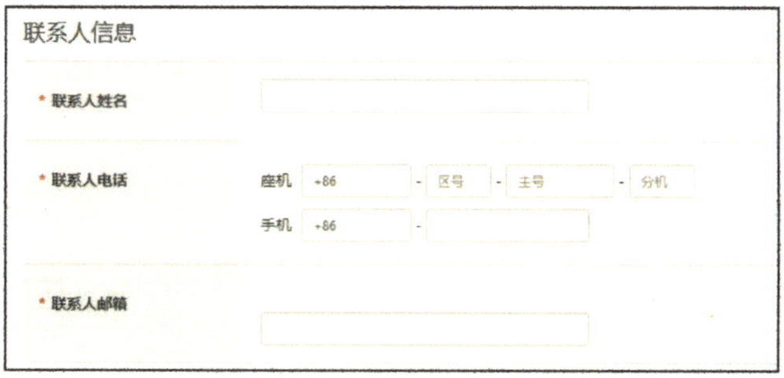

▲图 2-6　酒店信息——联系人信息填写页面

2. 房型信息

申请材料填写的第 2 步——填写房型信息。通常，酒店设有多种房型，商家需要填写每类房型的基本信息，以便客人在预订时了解。

商家必填的房型信息包括 2 类：一是物理房型信息，包括房型名称、标准房型、房间数、可住成人数、面积、楼层、窗户、床型、加床、宽带、烟、房型描述、房型图片等，如图 2-7 所示；二是售卖房型信息，包括房价、早餐份数、取消政策等。

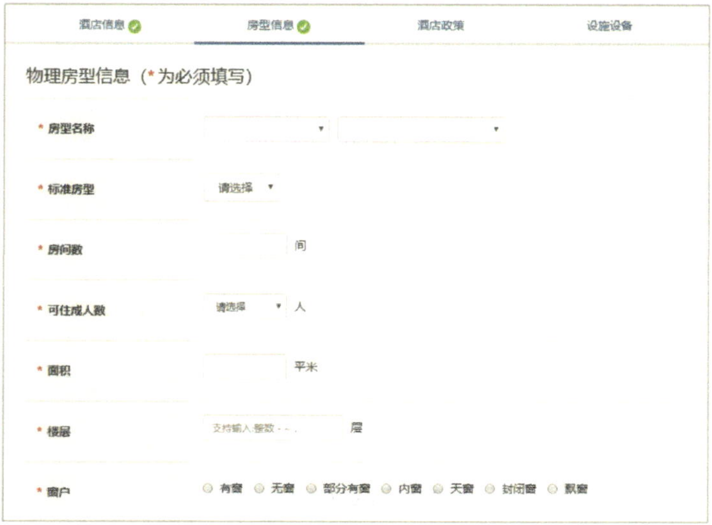

▲图 2-7　物理房型信息填写页面（局部）

完成一类房型信息填写后，商家可以在保存后，再继续新增新的房型。点击图 2-8 所示页面左上角"添加房型"按钮，可继续填写下一类房型信息。点击已添加房型页面的"详情"按钮，可以编辑修改该房型的信息。

▲图 2-8　添加新的房型

3. 酒店政策

申请材料填写的第 3 步——酒店政策。酒店的入离时间、儿童政策等信息，需商家按照实际情况填写，如图 2-9 所示，这些政策会影响客人后续的入住体验。

▲图 2-9　酒店政策填写页面

例如，酒店为非 24 小时前台，就需要填写本店入住时间的最早和最晚期限。

客人在预订过程中，会关注这些信息。一旦这些信息未准确告知，将有可能出现无法入住等严重影响客户体验的情况。

4. 设施设备

申请材料填写的第 4 步——设施设备。如图 2-10 所示，商家需要勾选酒店自有的设施设备，保证不遗漏、不乱选。一旦设施勾选出现问题，可能会对后续的客户预订选择产生影响。

▲图 2-10　设施设备填写页面

5. 酒店图片

申请材料填写的第 5 步——酒店图片。酒店外观照片为必填项，需至少上传 1 张带有酒店招牌的图片、1 张独立的前台图片。公共区域、餐饮等类别图片，若已拍摄完成，可上传至对应相册中，如图 2-11 所示。

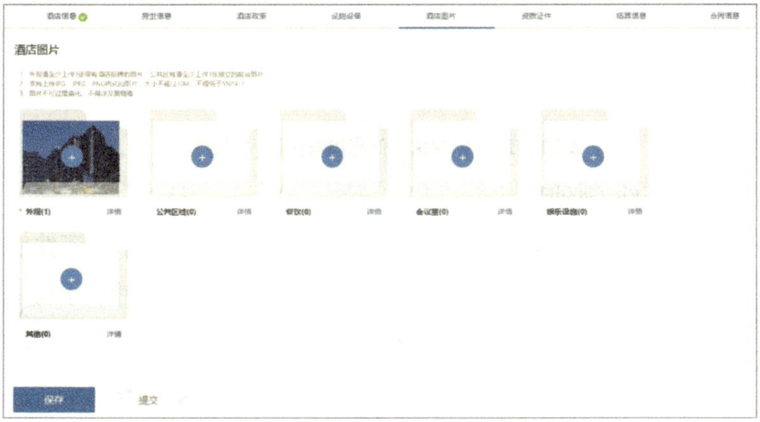

▲图 2-11　酒店图片信息

6. 资质证件

申请材料填写的第 6 步——资质证件。酒店入驻携程需提供的资质证件包括营业执照（必填）、个人证件（必填）、其他证件（选填）。未能按要求提供资质证明的，将面临无法上线售卖的风险。

（1）营业执照（必填）

营业执照信息为必填项，商家需填写以下内容：企业名称、法定代表人 / 经营者、住所 / 经营场所、经营范围、类型、统一社会信用代码、有效期、证件照片等，如图 2-12 所示。

▲图 2-12　营业执照信息填写页面（局部）

（2）个人证件（必填）

个人证件信息为必填项，须提供法定代表人或经营者的个人证件信息，需填写以下内容：证件类型、姓名、证件号码、证件正 / 背面照片、手持证件正面照。注意，个人证件的主体要跟法定代表人或经营者保持一致。如需填写他人证件信息，须提供授权证明，证明模板在图 2-13 所示的页面下载。

（3）其他证件（选填）

除了必填的营业执照、个人证件信息外，若有消防检查合格证、税务登记证、特种行业经营许可证、卫生许可证、餐饮服务许可证等证件，应拍照上传图片至图 2-14 所示的页面。

▲图 2-13 个人证件信息填写页面

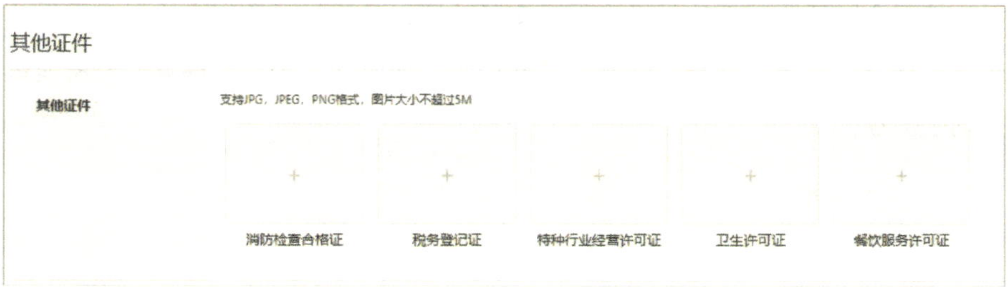

▲图 2-14 其他证件信息填写页面

7. 结算信息

申请材料填写的第 7 步——结算信息。成功上线售卖的酒店会与携程定期结算款项，所以填写入驻资料时需提供结算信息，如图 2-15 所示。结算信息分为 2 部分：一是结算信息，包括结算周期、开票方式、账户名称、银行账号、开户银行、支行名称、银行行号；二是发票信息，包括酒店是否提供专票、发票抬头、纳税人识别号、公司地址、公司电话、开户银行、支行名称、开户行账号等。

8. 合同信息

申请材料填写的第 8 步——合同信息。商家需要填写合同截止日期、酒店可接收合同签署短信的手机号，如图 2-16 所示，全部填写完成后，即可提交申请单。

▲图 2-15　结算信息填写页面

接收合同签署短信的手机号需已实名认证，且手机号所属人姓名与提供的个人证件姓名一致。注意，接收合同的手机号还应该与预留给结算账号所属银行的手机号一致。

▲图 2-16　合同信息填写页面

2.2　信息审核

为保证酒店信息的完整与准确，酒店提交在线加盟材料后，携程会组织专门人员对材料进行审核，重点关注 2 个方面的信息审核，一是酒店层面的信息，二是房型层面的信息，商家在提交资料过程中，务必准确合规填写。

2.2.1 酒店信息规范

酒店层面信息的重点审核对象有 3 个，一是基本信息，二是酒店图片，三是证件信息（具体要求见 2.2.3 节）。部分信息审核通过后，无法随意更改，商家填写时务必慎重。

1. 基本信息审核

在商家提供的酒店基本信息中，酒店名称、酒店电话、酒店地址、酒店星级、酒店类型、酒店介绍这 6 项，相对更容易出现材料不规范的情况。

（1）酒店名称

商家填写的酒店名称应以实际门店招牌为准，名称必须以酒店 / 客栈 / 公寓 / 民宿等行业词作为后缀，命名的基本格式可以参照表 2-1（注：酒店名称里可添加景区，一般是指 4A、5A 景区）。

▼表 2-1　酒店名称命名规则

类型		格式	示例
非集团酒店	单店	城市 / 景区 + 酒店名称 + 行业词后缀	北京云逸酒店
	分店	酒店名称 +（城市 / 景区 + 分店名称）	杨建华大酒店（上海花木店）
集团酒店	高星级	城市 + 路名 / 地标 / 商圈 + 品牌名称 + 行业词后缀	北京中关村皇冠假日酒店
	经济型	品牌名称 +（城市 / 景区 + 分店名称）	7 天连锁酒店（上海虹桥路店）

（2）酒店电话

酒店电话通常填写的是总机号码，按照区号 - 电话号 - 分机号的格式填写，例如：×××-××××××××-××××。若酒店无座机号码，可提供常用对客联系的手机号码。

（3）酒店地址

在线加盟阶段，商家可以根据实际位置，先选择好省份 / 城市 / 行政区等信息，再在文本框填写酒店所在的详细路名、门牌号（×× 路 ×× 号）。

填写酒店地址时，在文本框中要避免再次出现省份、城市、行政区、导航路线、其他酒店名称等信息。极少数非常偏僻没有路名的酒店，可通过周边地标建筑来体现地址信息。

在标注地图时，应将地图最大化后再标注，不要标注在道路上或水域里，地图标点要与实际地址相符。

（4）酒店星级

若酒店拥有文化和旅游部颁发的挂牌星级证明，商家在填写酒店基本信息时可直接按照证书上显示的星级填写。携程上的酒店星级可以分为二星级及以下、三星级、四星级、五星级，对应的酒店档次为经济、舒适、高档、豪华。

若酒店为非挂牌星级酒店，可以初步预判本店档次是属于经济、舒适、高档、豪华中的哪一档，平台后续会参考图片内容、装修水平、服务水平、相对市场价格、点评等因素，综合评定出酒店钻级。

（5）酒店类型

携程将住宿产品分为酒店、客栈、酒店公寓、别墅、民宿、农家乐、青旅、特色住宿 8 种类型。商家要先了解每个类型的含义，如图 2-17 所示，再选择本店所属的类型，如房屋形态有特色的就属于特色住宿。部分客人在 OTA 搜索住宿产品时，会按照酒店类型筛选，这会对酒店流量造成影响。

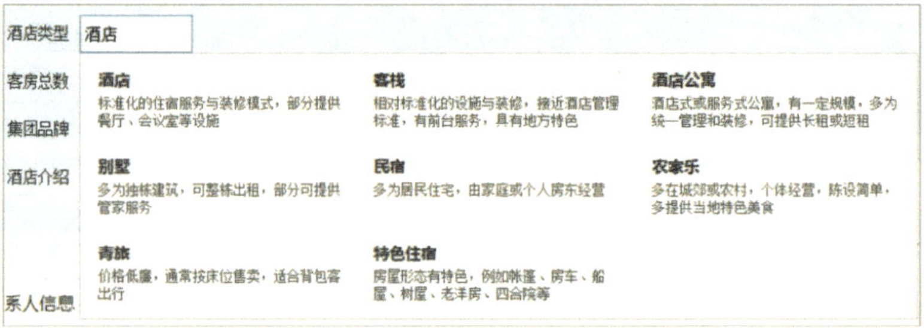

▲图 2-17 携程平台的八大住宿类型

（6）酒店介绍

酒店介绍要确保语句通顺，无错别字，不提及星级，无敏感字眼，字数 30字以上 400 字以内，酒店介绍示例可参考图 2-18。

▲图 2-18 酒店介绍示例

酒店介绍内容可以包含酒店地理位置、周边景点、地标性建筑、装修风格、设施服务等，但是在描述距离时，请加上"大约""左右"等词，避免使用"唯一""最"等敏感词汇。

2. 酒店图片审核

商家至少要上传 1 张酒店外观实景图片，该图片要包含店招名称，且不能用房型图片或酒店内景图替代，如图 2-19 所示。若酒店的住宿类型为酒店、酒店公寓、客栈，商家还需要上传 1 张前台照片。

商家提供的单张图片大小不超过 10 MB，尺寸要求在 550 px（长）×412 px（宽）以上，支持 JPG、PNG、GIF 格式。若图片出现下述任意一种情况，可能无法通过审核。

① 图片不够美观，比如光线过暗、图片模糊、图片严重变形等。

② 图片中出现酒店预订电话、网址、链接、水印等信息。

③ 图片是人物写真、酒店内饰物件等无关酒店形象的图片。

④ 图片涉及人物版权肖像照。

⑤ 非酒店自身或周边图片。

⑥ 图片尺寸不足 550 px×412 px。

▲图 2-19　酒店外观图片示例

2.2.2　房型信息规范

商家应如实填写房型信息，保证客人在携程浏览了解到的客房，与到店体验的客房一致。在房型信息中，携程对房型名称、房型图片、入住人数等有明确的填写规范。

1. 房型名称

6 个禁忌：房型名称不能以纯数字或者纯符号体现，不能添加餐饮和接送信息，不能添加具有时效性的内容（如新、旧、精装），不能带设施设备内容（如浴缸、厨房、独立卫生间），床位房不能出现如男生／女生等性别词，电竞类房型不能出现计算机配置信息。

6 个体现：若房型涉及无窗、床位房、公共卫生间、公共浴室、公共卫浴、无法洗浴 6 类情况，应该在房型名称中予以体现，否则极有可能引发客人投诉。具体需体现的信息请参照表 2-2。

1 个区分：若两种房型因关键性的硬件设施不同而导致价格不同时，可以在房型名称中加入设施设备来区分。例如，一种房型带露台，另一种房型不带露台，可用露台大床房和大床房来区分。

▼表 2-2　房型名称需体现的 6 类信息

项目	定义
无窗	房间内没有窗户，窗户在卫生间也视为无窗
床位房	按床位售卖的房型
公共卫生间	卧室里可以洗澡，但是没有厕所
公共浴室	卧室里可以上厕所，但是不能洗澡
公共卫浴	卧室里没有厕所，也不能洗澡
无法洗浴	酒店房间和公共区域都不能洗澡

2. 房型图片

客人对酒店最关心的莫过于所要住的客房，所以每个房型至少要提供 1 张带床图片，且这张图片能让人看清楚房间所有的床，可参考图 2-20。对于不同的房型，要独立拍摄对应的图片，避免多个房型套用同一张图片，以免出现加盟申请审核不通过的情况。

▲图 2-20　房型图片示例

3. 入住人数

入住人数是指房间最多允许入住的人数。同时，入住人数与床的大小、数量要相匹配，比如 1.2 米的床无法容纳 3 个人，商家却设定该房型最多入住人数为 3 人，有可能会导致负面的入住体验，引发投诉。

2.2.3　证照信息规范

按照《中华人民共和国电子商务法》规定，携程作为平台方有义务对商家的资质进行审查。商家填写的信息，除了要与证件保持一致以外，还要保证材料的规范性。

1. 个人证件

商家提供的个人证件主体要跟酒店联系人是同一个人，而联系人的证件要与酒店法人代表的证件保持一致。若不一致，应提供二人的关系证明，并加盖公章。

上传的手持身份证照片应符合以下要求，照片拍摄参照图 2-21。

①免冠，建议不化妆，五官可见。

②证件全部信息需清晰无遮挡。

③完整露出双手手臂。

④以酒店门头招牌为背景图片。

⑤单张图片不超过 10 MB，尺寸要求 500 px×412 px 以上，支持 JPG、PNG、GIF 格式。

▲图 2-21　手持身份证照片示例

2. 营业执照

商家提供的所有资质证件必须都在有效期内，且有相关登记机关公章。营业执照能在国家企业信用信息公示系统官网查实且有效。

① 单体酒店：若营业执照地址与酒店入住地址不完全一致，但在同一小区或者同一条路时，可提供情况说明解释原因并加盖公章；若地址完全不同，须到当地工商行政管理部门对营业执照地址进行变更。

② 管理公司：若为管理公司营业执照（以"有限公司"结尾），营业执照地址与酒店入住地址不一致，要提供关系证明并加盖有营业执照名称的公章。（资质证件的登记机关主要有：营业执照，工商行政管理局；消防许可证，消防局；卫生许可证，卫生局；税务登记证，税务局；特种行业许可证，公安局。）

商家提交的所有申请资料，携程会在 7 ～ 10 个工作日内完成审核。如果信息存在问题，平台会通过邮件或业务经理提醒或协助修改。

当酒店的在线加盟申请单审核通过后，商家会在手机上收到短信，并需要按照短信引导完成资质认证和电子合同的签署。

商家提供的接收合同签署手机号会收到图 2-22 所示的第一条短信，点击短信中的链接，确认结算银行卡内收到的携程转款准确金额，完成资质认证。

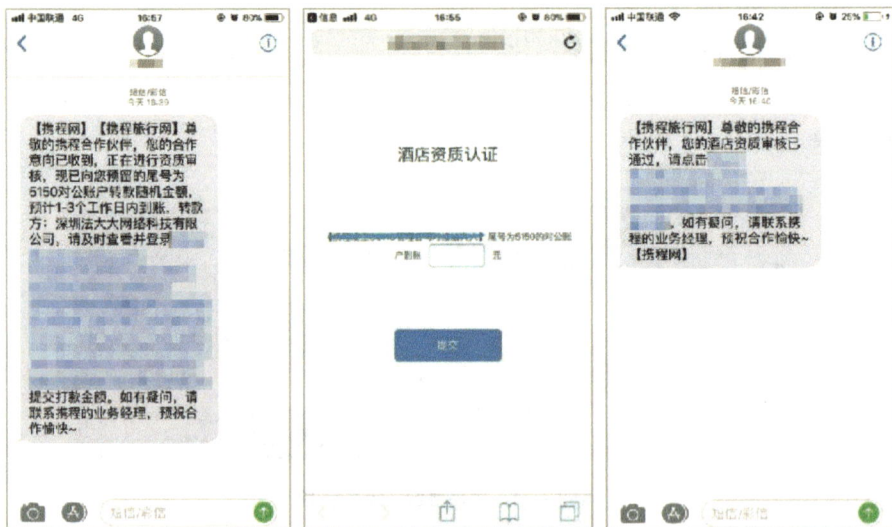

▲图 2-22　引导电子合同签署短信

资质审核通过后，商家需按照短信提示步骤，进一步查看电子合同，如

图 2-23 所示。

　　仔细阅读并同意相关条款后，商家可以在手机上直接签署电子合同，按照页面提示操作即可，如图 2-24 所示。

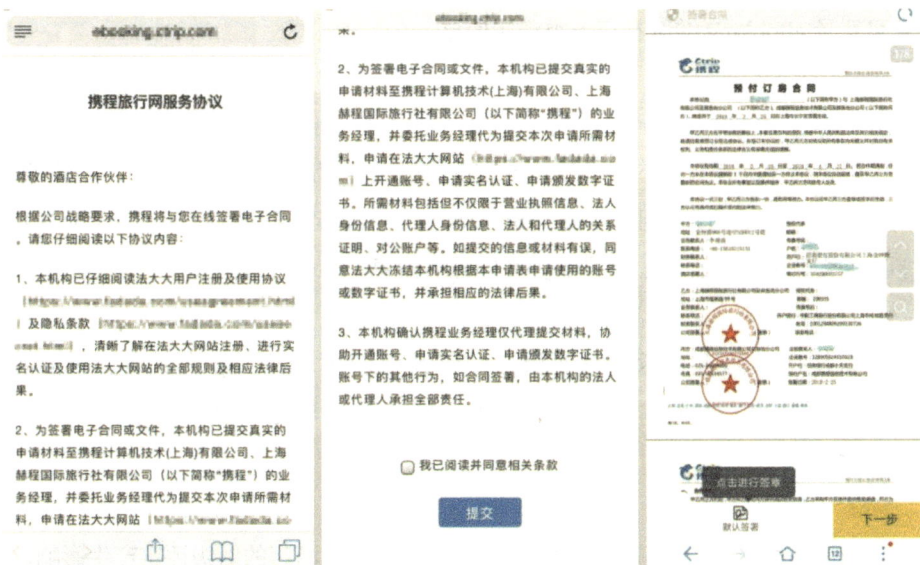

▲图 2-23　阅读合同条款

▲图 2-24　完成电子合同签署

2.3　材料补充

合同签署完成后，商家提供的联系人邮箱会收到邮件通知，邮件内会提供商家在携程 eBooking 的登录名及密码。eBooking 是携程酒店商家管理系统，商家可登录 eBooking 继续补充各类酒店信息。

2.3.1　静态信息补充

静态信息是指短期内不会发生巨大变化的酒店信息，如设施、图片、政策等。入驻申请通过后，商家要尽快在 eBooking 上进行静态信息的补充，以保证客人能在携程官网看到完整、丰富、美观的酒店信息。

1. 图片信息

图片是在酒店展示的重要窗口，商家可以在 eBooking 信息维护→酒店图片页面补充、删除、调整图片。关于图片拍摄与选择技巧，请阅读本书第 5 章。

2. 设施信息

设施信息除了影响预订行为之外，还会对非星级酒店的钻级评定产生影响。在 eBooking 信息维护页，商家可以完善酒店设施、房型设施信息，根据各类设施定义，勾选酒店拥有的设施设备。

3. 房型信息

酒店若希望建立新的房型，如原来只有大床房，现需添加双床房，可联系携程业务经理（点击 eBooking 首页右侧边栏→联系我们，可查看携程业务经理的联系方式）。如何优化房型信息，请阅读本书第 5 章。

4. 酒店政策

除了在线加盟阶段填写的入离时间、儿童政策，商家还要根据实际情况对宠物政策、早餐信息、停车场、信用卡和第三方支付政策等，在 eBooking 信息维护→酒店政策中进行维护。

5. 酒店资质

对于入驻申请未提供的部分许可证明，如特种行业经营许可证、卫生许可证、餐饮服务经营许可证、星级证明函等，须及时在 eBooking 信息维护→酒店资质页面进行补充。

2.3.2 售卖信息补充

售卖信息补充是指对于房型的房价、促销、房态等信息进行维护，这类信息的完善是酒店在携程正常售卖的前提。通常，售卖信息补充分为 3 个部分，一是售卖房型完善，二是未来房价预埋，三是近期房态维护。

1. 售卖房型完善

酒店在 OTA 售卖的每一类房型所展示给客人的产品信息，可以划分为 2 类：一是基础属性，这是指客房实体的属性信息，包含床型、面积、窗户、设施等；二是售卖属性，通常包括取消政策、餐食、支付方式、增值服务等。

对房型设施、图片、价格、餐食、房态、促销等信息，商家可以根据酒店运营情况，在 eBooking 自行设置或调整。

房型名称修改、新建房型等工作，商家可以联系 OTA 业务经理来协助完成。在携程 eBooking 后台，点击首页右侧边栏→联系我们，如图 2-25 所示，可查看负责本店的业务联系人。

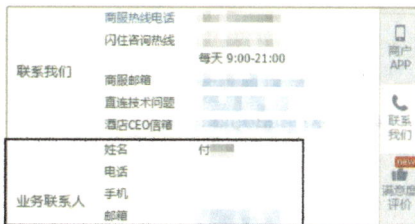

▲图 2-25　eBooking 首页——联系我们

2. 未来房价设定预埋

客人预订酒店，并不仅限于明后天，客人可能在 8 月就会提前订好国庆期间入住的酒店。为避免这类客源的错失，商家应在 eBooking 房价维护页提前设定至少未来 3 个月的房价，如图 2-26 所示。

▲图 2-26　eBooking 房价维护页面

对于开业超过 1 年的酒店，可参考去年同期数据及市场热度，预测并设定房价；对于新开业酒店，可参考同商圈同档次的标杆酒店设定价格。关于酒店在 OTA 平台的定价策略，请阅读本书第 4 章。

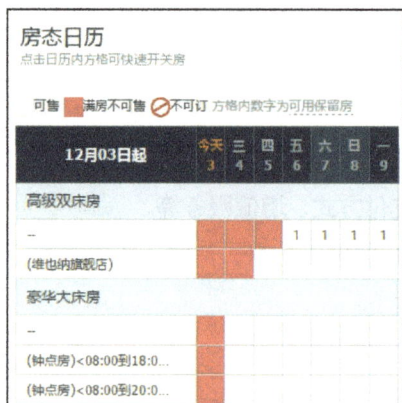

▲图 2-27　eBooking 房态维护页面

3. 近期房态维护

酒店在 eBooking 页面的房态，主要分为 2 种——有房、满房。点击图 2-27 所示的房态日历，点击任意日期对应房型的官格，即可开启或关闭该房型在携程的售卖。

商家至少要关注 eBooking 房态日历未来 7 天内的房态，及时更新房态并每日多次检查，避免因为满房未关房而产生新的订单，引发后续拒单甚至到店无房等影响客人体验的问题。

2.4　运营筹备

酒店信息的补充，只是 OTA 运营的开始。在新手商家的运营前期，还要做好 3 步工作——系统配置、团队组建、入门培训。只有打好基础，才会获得增长。

2.4.1　系统配置

无论酒店大小，在携程上运营都离不开 eBooking 系统。任何一个新手商家都必须掌握该酒店管理系统的基本配置与操作技巧。

1. 酒店账号设置

一家酒店可以设置多个 eBooking 子账号，设置子账号的目的在于：一是不同的子账号设定不同的 eBooking 权限，防止员工误操作；二是在 eBooking 上可查看操作日志，一旦出现严重操作失误，可以通过操作日志定位账号及责任人。

（1）新增账号

打开 eBooking 网页并登录，点击图 2-28 所示的账号中心，找到"账号管理"，点击"新增账号"，即可按提示步骤填写登录账号、密码、姓名、部门等信息，并设定账号权限。

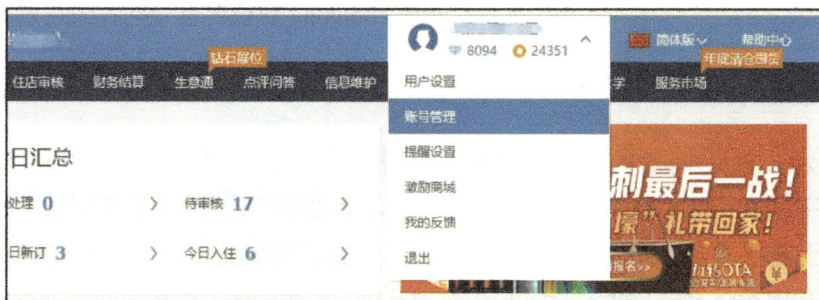

▲图 2-28　eBooking 新增账号页面

（2）编辑账号

除了新建账号，商家还可以对账号信息进行编辑，尤其是当员工岗位变动或离职后，商家可以对该账号进行编辑、禁用或删除，如图 2-29 所示。

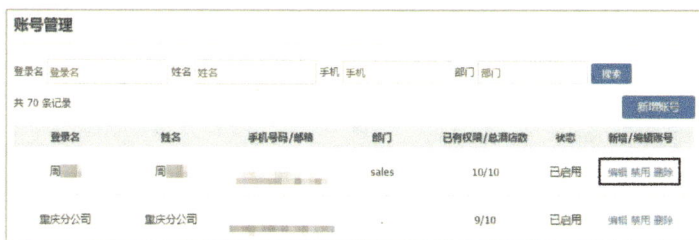

▲图 2-29　eBooking 账号编辑页面

（3）修改密码

为保证账号安全性，商家应定期对本店密码进行修改。在账号管理页面点击"修改密码"，如图 2-30 所示，可按要求设定新的密码，避免使用"0123456789"等安全性偏弱的密码。

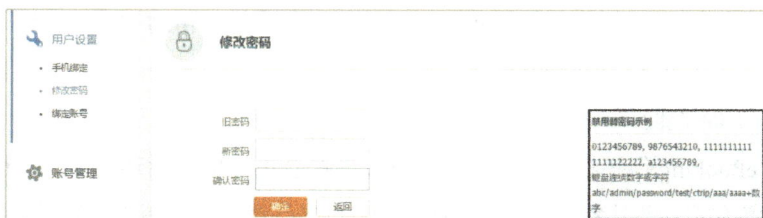

▲图 2-30　eBooking 登录页——修改密码

对于 eBooking 的登录名及密码，务必妥善保存。若忘记密码，请打开

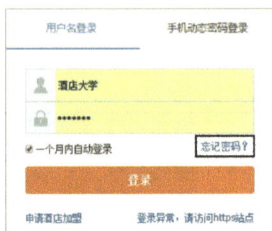

▲图 2-31　eBooking 登录页——忘记密码

eBooking 登录页面，点击"忘记密码"，按照页面提示找回密码，如图 2-31 所示。若连 eBooking 登录名也一并丢失且未绑定手机号，可以联系业务经理重置账号。

2. 订单处理设置

当客人在携程 APP 预订酒店后，携程会将订单发送至 eBooking。为保证能接收订单通知并处理，商家需要第一时间设置订单提醒，以避免客人等待时间过长，导致订单流失。

如图 2-32 所示，进入 eBooking 订单处理→订单设置→订单提醒显示页，订单提醒方式有短信、邮件、电话、弹窗、声音、微信、APP 等 7 种，商家需优先考虑打开声音、弹窗、APP 的提醒。更多关于订单处理的详细介绍，请阅读本书第 3 章。

▲图 2-32　eBooking 订单提醒设置页

3. 后台操作学习

新手商家除了应懂得线上售卖管理操作，还需要熟悉 eBooking 的关键版块，了解其功能与使用方式。点击 eBooking 首页右侧边栏→帮助中心，或进入酒店大学版块，即可学习后台操作。

（1）促销推广

在 eBooking 促销推广版块，商家可以选择合适的促销活动或工具，通过折扣优惠等方式，吸引客人。如图 2-33 所示，点击任意一个促销活动所对应的"马上创建"按钮，即可报名设置对应促销。

▲图 2-33　eBooking 促销推广页

（2）财务结算

在 eBooking 财务结算页面，商家可查看携程与酒店之间的结算账号信息及账单。若商家对结算信息存有疑问，可点击 eBooking 页面右侧边栏→联系我们，如图 2-34 所示，可以发送邮件或电话联系结算联系人。

商家若需要缩短结算周期，可以开通闪结服务：客人离店后次日，携程即可跟酒店完成款项结算，商家可以随时提款，到账时间只有 2 小时。打开 eBooking 首页在线加盟→闪结服务，按照提示操作即可，截至 2019 年 12 月，已有约 15 万商户开通闪结服务。

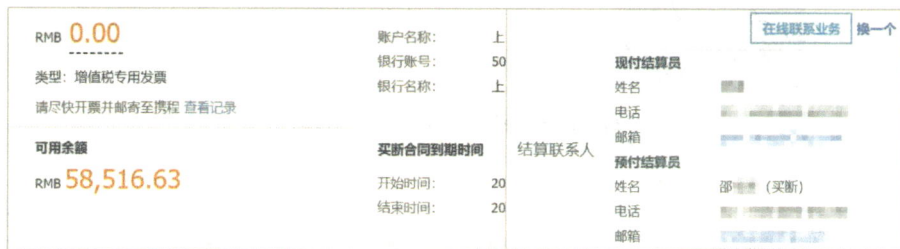

▲图 2-34　eBooking 财务结算——结算联系人

（3）生意通

eBooking 生意通分为 3 个部分，如图 2-35 所示：一是数据中心，商家可以借此来分析本店销售、市场、客人数据；二是商机中心，完成任务并优化商机中心指标，能提升酒店在携程的曝光量；三是工具中心，内有金字塔、云梯等工具，商家可选择参加，以提升酒店竞争力。

（4）点评问答

① 点评：实际入住酒店的客人在携程撰写的点评，会显示于 eBooking 点评

问答页。商家可以在该页面撰写点评回复，如图 2-36 所示。

▲图 2-35　eBooking 生意通

② 问答：在携程浏览酒店的客人若对酒店有疑问，部分人会选择通过"疑问解答"入口向酒店或过往住客提问。商家可以在 eBooking 点评问答→酒店问答页面回答客人的问题。

▲图 2-36　eBooking 点评问答页面

（5）激励商城

点击 eBooking 账号名称下方的钻石图标，会进入携程激励商城，如图 2-37 所示。商家完成间夜任务后，可获得"钻石"或"金币"的激励，这些钻石或金币可用于兑换广告位满减券、实物商品、手机话费等。

▲图 2-37　eBooking 激励商城页面

（6）酒店商城

除了核心产品客房，部分酒店还可售卖餐饮、娱乐、康体、交通、会议室、伴手礼等附加产品。打开 eBooking 酒店商城，商家可上线售卖客房及附加产品，如图 2-38 所示，让客人在携程上直接预订。

▲图 2-38　eBooking 酒店商城页面

（7）酒店大学

酒店大学是携程全面赋能商户的平台，如图 2-39 所示。商家在酒店大学能获取最新的携程平台规则及运营技巧，学习行业导师的精品课程，新手商家能在此由浅入深地全面学习运营技能。

▲图 2-39　eBooking 酒店大学页面

（8）帮助中心

除了酒店大学，商家还能在 eBooking 帮助中心找到各个版块的操作指南。点击首页右侧边栏的"帮助"，即可进入 eBooking 帮助中心，如图 2-40 所示。

▲图 2-40　eBooking 帮助中心页面

2.4.2　团队组建

酒店在携程售卖，仅靠店长或销售人员远远不够，还要有多个岗位员工的组合，共同搭建出一个基础的 OTA 运营团队，才能实现正常运转。

1. 平台业务经理

OTA 平台的业务经理是商家与携程沟通的重要桥梁。酒店上线后，商家要及时与业务经理建立联系，保持每日沟通，排除异常情况，并按周、按月对酒店业绩复盘，协商改进措施。在图 2-41 所示的页面可找到业务经理的电话。

▲图 2-41　在 eBooking 上查找业务联系人

2. 店长

作为酒店管理层，店长需带领员工一同重视 OTA 渠道的售卖，了解该渠道的运营方法，及时与销售人员、业务经理保持沟通，定期召集全员安排培训，如此才能带动全员做好 OTA 运营工作。

3. 销售部

任何一家酒店的销售人员都应当是最精通 OTA 运营的角色，从订单处理、房态房价、信息补充到数据分析、促销推广等方面，都需要掌握操作方法与提升技巧，及时更新运营规则，并将相关信息传递给团队中需要掌握的其他伙伴。

若酒店没有设置负责收益的部门，销售人员需制定本店的线上价格体系并及时调控；若酒店设置有负责收益部门，销售人员应与对方紧密沟通，在线上推出有竞争力的产品售卖。

4. 预订部

对于订单处理、房态维护，多数酒店是由预订部完成的，部分无预订部的酒店，这一部分的工作则是由前台、销售等岗位的员工完成。

对于订单处理，不管是新订、修改还是取消订单，皆要在 5 分钟内完成确认，并录入酒店管理系统中；对于房态维护，每日要及时检查未来 7 天的房态，一天最好要检查 2 次，并及时更新房态至 eBooking。

5. 前厅部

OTA 订单处理、房态的开关、客人入离手续、好评的提升，多数酒店是交给前厅部员工去完成。除了掌握基本工作流程之外，前厅部员工，尤其是前台，还要注意规避违规行为发生。

2.4.3 入门培训

组建好团队以后，酒店要在第一时间对员工进行培训，避免员工因为前期不熟悉规则，产生严重影响 OTA 售卖的行为，这将会影响酒店未来的销售增长。

1. 售卖管理培训

如何处理携程订单、如何控制房态、如何调控价格，酒店要对销售、前厅、预订部门员工做好职责分配与培训。售卖管理的方法详见本书第 3 章。

2. 平台规则培训

掌握平台规则是一切运营的前提。在 eBooking 右侧边栏→平台规则页面，商家可查看携程的商家经营规范，一切经营行为都不能越过规则的底线。平台规则的解读，详见本书第 10 章。

3. 业绩增长培训

业绩增长是 OTA 运营的根本目标。商家要在携程获得更多的订单，需要把握 OTA 运营的基本规则，从获取流量、提升转化 2 个方向入手。流量与转化提升的方法，可以通过 eBooking 酒店大学学习。

小提示： **开店筹备·执行清单**

序号	工作	执行明细
①	加盟申请	尚未上线的酒店按照申请材料要求，提前准备好相关资料
②	信息完善	eBooking 信息评分若未达到 90%，请按信息维护首页提示完善
③	售卖维护	对未来房价、房态、餐食等售卖信息，在 eBooking 维护
④	财务结算	确认财务结算设置，考虑开通闪住闪结服务
⑤	员工培训	结合 eBooking 酒店大学课程，给员工开展 OTA 运营培训

第 3 章

订单管理：
细节决定销量

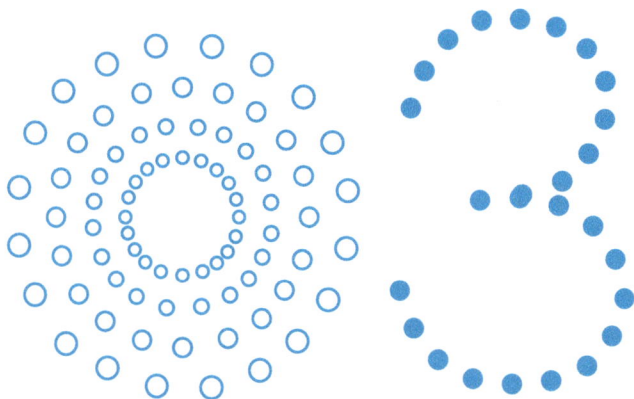

📖 **学前提示**

适用人群：希望了解 OTA 预订流程、订单管理的酒店员工。

阅读方式：请对照携程手机 APP、携程 eBooking 网页操作学习。

特别提醒：由于产品迭代升级，本章页面以 2019 年 12 月版为示例，如有偏差，请以平台公布的最新规则与页面为准。

　　订单处理是 OTA 运营最日常的工作，本章从携程客人的预订流程出发，介绍订单诞生背后的逻辑，以携程 eBooking 为例，帮助商家更好地理解 OTA 平台的订单信息的含义及管理流程。

3.1　预订流程

　　商家获取 OTA 订单，不是来自平台的分配，而是客人主动做出的选择。在实际运营工作中，许多商家在 OTA 平台查看自家酒店时，大多是直接搜索酒店名称，而未考虑客人下单过程的行为习惯。

　　以携程平台为例，若商家能以一名客人的身份去使用携程 APP，从而理解客人搜索、浏览、选择、下单等行为背后的心理，有助于商家优化出更符合客人需求的产品，进而促成更多订单。

　　本章将以携程手机 APP 为示例，介绍多数客人预订酒店的流程，从登录携程 APP 到订单提交，预订流程一般可拆分为 4 个环节——搜索、浏览、选择、下单，如图 3-1 所示。

酒店查询页　　　　　酒店列表页　　　　　酒店详情页

▲图 3-1　携程 APP 客人预订基本流程页面

订单填写页　　　　　　　订单提交页

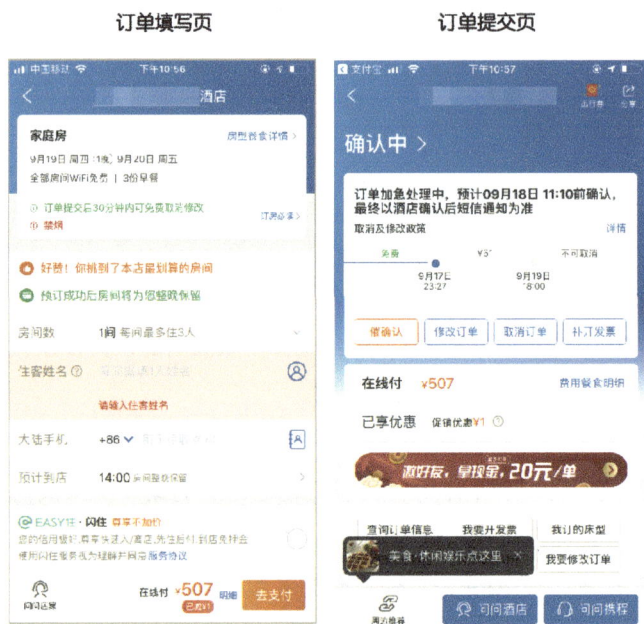

▲图 3-1　携程 APP 客人预订基本流程页面（续）

3.1.1　查询页搜索

打开并登录携程 APP 以后，点击首页"酒店"宫格，即可进入酒店频道，这是酒店在携程的主流量入口。客人进入酒店频道看到的第一个页面被称为查询页，如图 3-2 所示。

查询页设有国内、海外、民宿 3 个分支，客人可以根据自身需求，点击选择页面。在酒店查询页，发生频次最高的行为是搜索，客人通过设定位置、日期、关键词等条件，获得符合其要求的多家酒店。

酒店查询页可以划分为 3 个版块：一是核心的查询搜索；二是重点的活动推广；三是关于酒店的内容推荐。如图 3-3 所示，这 3 个版块的作用，均在于帮客人挑选出符合其期望的酒店。

1. 查询搜索

（1）六大搜索条件

在携程 APP 查询页，客人可以设置搜索条件，根据不同条件组合，搜索结果页的酒店展示排序规则也会有所不同。

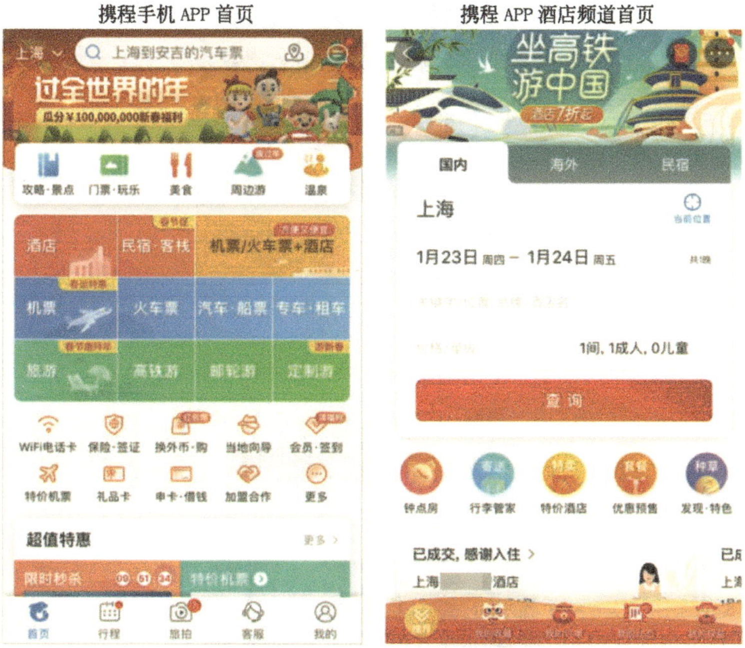

携程手机 APP 首页　　　　　携程 APP 酒店频道首页

▲图 3-2　客人从携程 APP 首页进入查询页

查询搜索

活动推广

内容推荐

▲图 3-3　国内酒店查询页各个功能区

携程 APP 查询页的搜索条件，如图 3-4 所示，主要包括 6 类：目标区域、入离日期、关键词搜索、价格星级、入住条件、客源类型。

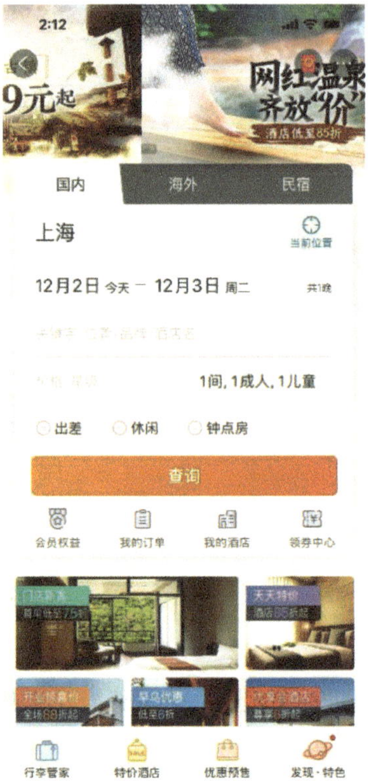

▲图 3-4 国内酒店条件查询页

（2）搜索行为分类

根据查询页设定的搜索条件的不同，客人的搜索行为被分为 4 类：城市搜索、poi 关键词搜索、筛选及关键词搜索、直搜，如表 3-1 所示。

▼表 3-1 4 类搜索行为的含义及搜索结果页展示

类别	含义
城市搜索	仅定位城市，没有使用任何筛选或关键词的搜索
poi 关键词搜索	按照 poi 关键词搜索，没有使用其他任何关键词
筛选及关键词搜索	使用除了 poi 以外的筛选项和关键词搜索
直搜	在关键词框输入文本直接进行搜索

注：poi（Point of Information），中文译为"信息点"，一个 poi 可以是一幢大楼、一个公交站点，例如东方明珠塔。

2. 活动推广

查询页作为酒店预订路径中的必要环节，除了搜索功能区之外，还有 2 个重要推广位置，一是查询页顶部的主推活动，二是查询页第二屏的日常促销，参与促销活动的酒店能由此获得更高的曝光量。

（1）主推活动

在查询页顶部，客人能看到平台主推或当季活动，如暑假期间携程主推的亲子主题房、暑期特惠活动，这些活动横幅页会轮流播放展示。点击活动页面即可了解活动详情，参与该活动的酒店会在活动详情页以列表形式展示，供客人浏览选择，如图 3-5 所示。

▲图 3-5　APP 国内酒店查询页的顶部活动展示

（2）常规促销

滑动手机屏幕至查询页第二屏，如图 3-6 所示的位置，会展示常规促销活动合辑，如天天特价、优享会酒店等。不同时期携程重点向客人推荐的促销有所不同，商家可参考该推广位的信息，选择参与当前的主推促销。

3. 内容推荐

除了搜索与活动，在查询页第二屏的内容推荐能给酒店带来更精准的流量。内容推荐分为 2 个方面，一是酒店榜单，二是酒店内容，如图 3-7 所示。

▲图 3-6　国内酒店查询页第二屏的活动展示

▲图 3-7　国内酒店查询页第二屏的内容推荐

（1）酒店榜单

榜单是指携程依托海量数据，按照一定条件甄选出的城市酒店排行榜。榜单将优质酒店推荐给客人，一方面能提升酒店品牌形象，另一方面客人浏览榜单时即可进入酒店详情页进行预订。

对于酒店来说，榜单是一个高转化率的流量入口，目前携程主要的榜单有酒店口碑榜、TOP 酒店榜、星级人气榜、特色人气榜、热门玩法榜等。想要上榜的酒店可联系携程业务经理，查看本店是否符合上榜条件。

（2）酒店内容

榜单是由平台依托数据向客人推荐的优质酒店，而酒店内容是由客人主动分享推荐的酒店，一般是由系统从酒店点评中挖掘而来的内容。

3.1.2　列表页选择

客人在查询页设定条件进行搜索，搜索出来的结果展示页面被称为酒店列表页。每家酒店在列表页会展示名称、起价、首图、点评、位置、标签等信息，通过信息比对，客人会决定进入哪一家酒店的详情页。

1. 排序

列表页展示的酒店会按照一定规则排序，客人滑动手机屏幕才能看到更多的酒店。因此，酒店排名越靠前，被曝光在客人眼前的机会越多。

（1）欢迎度排序

当客人未使用任何 poi 关键词或"当前位置"作为查询条件时，所得到的酒店列表页会按照系统默认的"欢迎度排序"进行展示。

eBooking 后台展示的酒店排名，显示的"986 位"就是指，当客人仅以入住城市、入离日期、城市作为查询的条件，在搜索所得的城市列表页中该酒店排列在该城市的第 986 位，如图 3-8 所示。

▲图 3-8　eBooking 后台数据中心

（2）智能排序

当客人使用 poi 关键词来搜索酒店时，得到的酒店列表页会按照"智能排序"规则进行展示。一般来说，按照"智能排序"规则展示的酒店列表页会结合客人偏好向他推荐酒店。

（3）好评优先

除了欢迎度排序、智能排序，客人可以点击列表页左上角"欢迎度排序"的下拉菜单，选择其他排序方式，如图 3-9 所示，其中"好评优先"排序会综合考虑点评分、点评数来排列酒店。

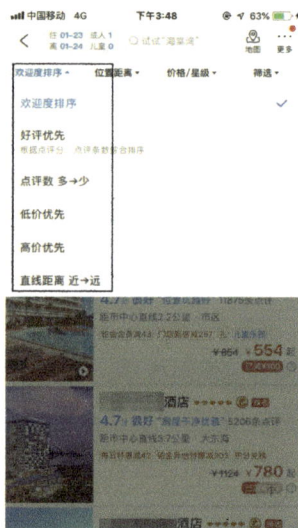

▲图 3-9　列表页的排序类型

（4）点评数 多→少

选择"点评数 多→少"以后，列表页的酒店会严格按照点评数从高到低展示。

（5）低价优先

选择"低价优先"以后，列表页的酒店会严格按照酒店最低卖价从低到高展示。

（6）直线距离 近→远

选择"直线距离 近→远"以后，酒店列表页的展示分为以下 3 种情况。

①查询页设定了具体位置：选择"直线距离 近→远"，列表页将按照酒店到设定具体位置的直线距离，严格由近到远排列。

②　查询页搜索用户当前所在城市或定位为当前位置：选择"直线距离 近→远"，列表页将按照酒店到客人当前所在位置的直线距离，严格由近到远排列。

③　查询页搜索到非用户当前所在城市：选择"直线距离 近→远"，列表页将按照酒店到城市市中心的直线距离，严格由近到远排列。

2. 筛选

查询页设定的搜索条件不同，会形成按不同规则排序的酒店列表页。在列表页，客人可以点击列表页顶部按钮进行筛选，包括位置距离、价格星级、筛选、快捷筛选等，以进一步筛选出符合其要求的酒店，提高选择效率。

（1）按位置距离筛选

多数客人在预订酒店时，心里已经有了计划想去的目的地，如旅游的客人想去的景点、出差客人计划拜访的公司等。

只要点击列表页顶部"位置距离"按钮，就会显示位置距离的筛选条件，包括直线距离、热门、商业区、机场车站、行政区、景点、大学、下辖市县等，如图 3-10 所示，筛选后的酒店列表页会与客人需求更加匹配。

（2）按价格 / 星级筛选

价格是影响客人预订的关键因素之一，对于多数客人来说，其受关注度仅次于酒店的位置。习惯订 300 元一晚的酒店的客人，对 3 000 元的酒店并不感兴趣，所以客人会点击列表页顶部"价格 / 星级"，筛选出自身经济能力范围内的价格与星级。

价格筛选：如图 3-11 所示，携程提供 8 个价格区间供客人选择，不同消费水平的城市，其价格区间的划分有所差异。此外，客人可以自定义价格进行筛选。酒店覆盖的价格区间越多，被客人筛选出来的概率越大，获取的流量往往就越高。

星级钻级筛选：星级钻级是对酒店综合品质的评价，星级是指文化和旅游部根据一定标准对酒店做出的评级，而钻级是指平台对未参加星级评定但综合条件基本达到相应水平的酒店做出的评级。

星级分为二星及以下、三星、四星、五星，而钻级分为二钻及以下（经济）、三钻（舒适）、四钻（高档）、五钻（豪华）。对于品质极高的酒店，携程会将其评定为金钻酒店、铂钻酒店 2 个类别供客人挑选。

在客人的普遍认知里，星级钻级越高的酒店，其设施服务水平往往越高。在同等价格水平前提下，客人通常会愿意选择星级钻级更高的酒店。

▲图 3-10　列表页的"位置距离"筛选　　　▲图 3-11　列表页的"价格 / 星级"筛选

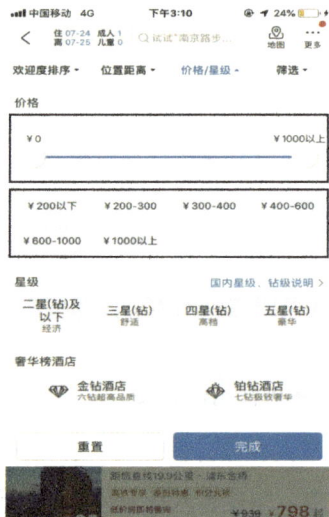

（3）按特色条件筛选

除了位置距离、价格/星级，携程为客人提供了更多个性化的选择，点击列表页右上角的"筛选"按钮，会显示优惠促销、特色主题等筛选条件，并且对应标签会在列表页的酒店信息中展示。

如图 3-12 所示，客人以优惠促销中的"天天特价"作为筛选条件，就能获得参加"天天特价"活动的酒店列表页。酒店符合满足的条件越多，就越容易被客人搜索出来，从而获得更高的曝光量。

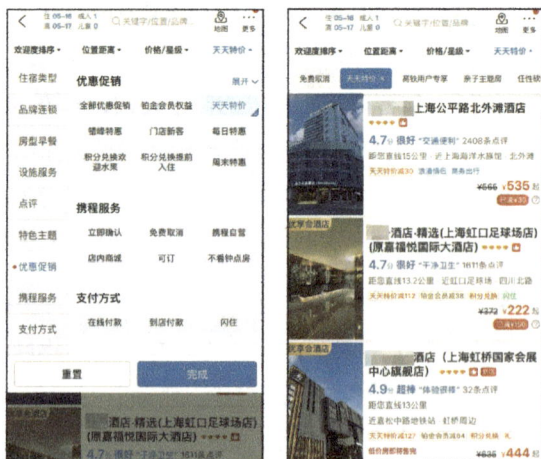

▲图 3-12　列表页的特色条件筛选

点击列表页右上角的"筛选"按钮，在下拉菜单里能看到 11 类特色筛选条件：住宿类型、优惠促销、特色主题、品牌连锁、设施服务、床型早餐、点评、支付方式、EASY 住、携程服务、适用人群。表 3-2 是筛选条件的明细。

▼表 3-2 携程列表页部分筛选项

筛选类别	筛选条件示例
住宿类型	酒店公寓、客栈
优惠促销	天天特价、门店新客
特色主题	休闲度假、商务出行
品牌连锁	希尔顿、洲际、万豪
设施服务	免费 Wi-Fi 上网、免费停车
房型早餐	大床房、双床房、含早餐
点评	点评评分 4.5 分以上、点评数量 50 条以上
支付方式	在线付款、到店付款、闪住
EASY 住	预约发票、免费行李寄送
携程服务	店内商城
适用人群	外宾适用

（4）快捷筛选

在图 3-13 所示的列表页顶部，会展示快捷筛选项，它们通常是被高频率使用的筛选条件或近期主推的优惠促销筛选项，如 4.5 分以上、含早餐、亲子主题房等，以便于客人更加方便地使用这些筛选条件。

▲图 3-13 携程 APP 列表页上的快捷筛选项

3. 比对

列表页的酒店如同货架上的商品一般被陈列展示，客人会选择点击查看哪一家酒店取决于列表页的信息展示。

一家酒店在列表页展示的信息，包括酒店名称、星级钻级、酒店点评、地理位置、酒店标签、售卖起价、酒店首图等，如图 3-14 所示。

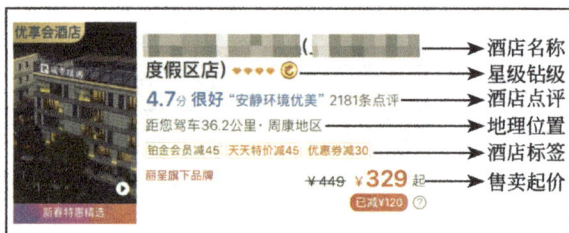

▲图 3-14　列表页的酒店信息展示

（1）酒店名称

酒店名称会影响客人对酒店属性的判断。如 ×× 柳莺里酒店，客人会因为该名称中的关键词，直接联想到杭州西湖、柳浪闻莺等景点，所以，酒店创立之初，命名就要慎重，保证让酒店名称与产品、优势、定位匹配，并兼顾传播性与记忆性，一个好的名称应该易懂、易记、易传播。

（2）星级钻级

星级钻级是客人判断酒店档次的重要参考，商家要保证星级钻级的真实性，否则将可能被客人投诉——客人认为酒店未达到相应的星级标准，性价比过低。

对于文化和旅游部认证的挂牌星级酒店，需提供星级证明函。酒店钻级是由平台根据酒店图片、装修、服务、相对市场价格、点评等因素，按照一定标准评定出来的。

（3）酒店点评

列表页展示的点评包括点评分、点评数、点评标签 3 个部分，反映了潜在客人预订的重要参考，一般来说点评分是客人判断酒店综合品质的依据，而点评数反映了酒店在平台的受欢迎度。

（4）地理位置

位置是客人预订酒店的首要关注因素。列表页会提供 2 类位置信息，一是酒店所在商圈，二是参照位置信息，如图 3-15 所示，这些信息是由系统根据酒店在 eBooking 后台信息维护→酒店地址页面中的信息自动生成的。

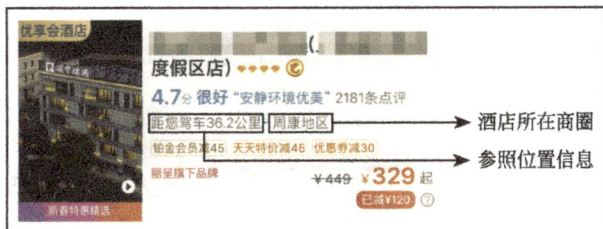

▲图 3-15　列表页的地理位置信息展示

（5）酒店标签

标签是用来展示类型、特色、优惠等特性的标识，能在列表页中刺激客人点击该酒店。携程平台的标签可以分为 4 类：一是事实类标签，如浪漫情侣、商务出差；二是促销类标签，如差旅特惠、门店新客；三是推荐类标签，如新店、精选标签；四是服务类标签，如免费取消、店内商城等。

（6）售卖起价

售卖起价是指酒店在指定日期内可预订房型的最低卖价，在列表页显示价格为"¥××起"。参与折扣促销的酒店，列表页的起价会附加优惠信息，如"已减¥××"，刺激客人点击。

（7）酒店首图

通过图片，客人会建立对酒店的直观印象。列表页最左侧的图片，被称为酒店首图，它是影响列表页客人点击的关键。通常豪华型的酒店首图，优先选择外观图片；经济型的酒店首图，则优先选择客房图片。

商家若要修改酒店首图，可以在 eBooking 信息维护→酒店图片页面进行设置。若商家从未在 eBooking 上设置过酒店首图，那么当前展示的首图是由系统自动从酒店选取的图片。

3.1.3　详情页浏览

当客人从列表页看中一家酒店后，会点击进入详情页浏览，该页面提供的信息越有吸引力，客人越容易下单。携程酒店详情页是由以下 5 个关键部分组成的：酒店相册、酒店预订、基础信息、住客评价、详情 / 设施。

1. 酒店相册

进入详情页，客人在携程 APP 上首先看到的是酒店图片，点击进入酒店相册。酒店相册的图片有 2 个来源，一是官方图片，二是住客晒图，如图 3-16 所示。

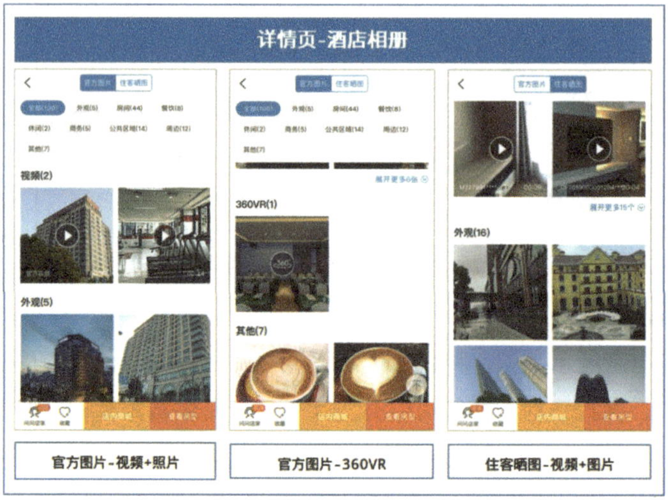

图 3-16　详情页顶部的酒店相册

（1）官方图片

官方图片由商家上传至携程，最多可以分为 9 类：外观、餐饮、休闲、商务、房间、公共区域、家庭 / 亲子、周边、其他。若商家未提供某一类别的图片，则携程 APP 不会显示该类别。

酒店相册左上角的第 1 个展示位通常显示的是酒店视频，视频来源又分为 2 类：一是商家上传的酒店官方视频；二是系统根据图片自动合成的相册速览视频。

（2）住客晒图

住客晒图来源于客人写点评时上传的图片，是系统从中精选出来的高质量图片。由于是客人实拍的酒店照片，多数未经修饰，一般被客人认为更真实客观。

2. 酒店预订

一家酒店在携程可售卖的产品分为 2 个部分，一是酒店客房，二是餐饮、会议室、休闲娱乐等附加产品，客人可以在酒店详情页内完成预订。

（1）客房预订

客房是酒店的核心产品，客人在挑选房型时，会重点关注房型名称、房型图片、房型设施、房型价格、取消政策、增值服务等，这些信息在携程 APP 上的展示如图 3-17 所示。

①房型名称：如同酒店名称一般，房型名称能够展示产品的特色与属性，如高级双床房，"高级"代表的是该房型的档次等级，"双床"代表的是该房

型的功能属性。

②房型图片：客人在携程上预订酒店，无法亲自到店挑选房型，那么照片能帮助客人直观全面地判断该房型的设施档次、空间大小、卫生程度、景观好坏等。

③房型设施：设施是房型等级的重要参考，某一房型提供的设施越丰富，越能满足客人多样化的住宿需求，往往越会受人青睐。

④房型价格：价格是决定客人选择的关键要素，多数客人会根据房型信息来判断该房型产品与价格是否匹配，进而做出决定。此外，参与促销活动的房型，其价格会附加优惠提示来刺激预订，例如"已减¥100"。

⑤取消政策：与线下渠道不同，客人在OTA预订酒店时，会更看重预订的房型取消政策。携程的取消政策包括不可取消、限时取消、阶梯取消、免费取消，相对宽松的取消政策更容易吸引客人预订。

⑥增值服务：除了客房本身，部分酒店在携程售卖的房型产品中，还包括了早餐、礼盒、延迟退房等增值服务，既能满足客人的多样化需求，还能给客房产品带来溢价。

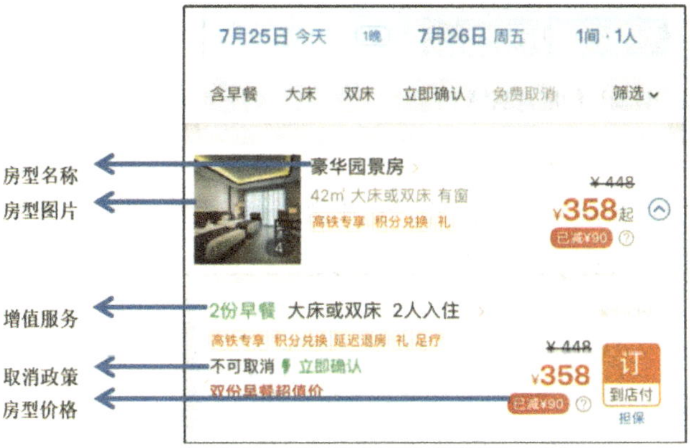

▲图3-17　详情页的房型信息

（2）附加产品预订

在房型列表下方，部分酒店会提供店内商城服务，如图3-18所示，为客人提供美食、娱乐、交通等附加产品的预订服务。例如，客人想购买酒店接机服务，预订好房间后，打开店内商城即可下单。

（3）预订咨询

客人在挑选酒店房型等产品时，若希望进一步咨询，可以点击详情页页面"问问店家"，与酒店在线沟通，如图 3-19 所示。要实现"问问店家"服务的提供，商家可以在 eBooking 上开通"在线咨询（IM）"功能。关于该功能的开通流程与使用方法，详见本书第 5 章。

▲图 3-18　详情页的店内商城

▲图 3-19　详情页的"问问店家"

3. 基础信息

酒店详情页会展示地理位置、开业装修等基础信息，以帮助客人全面细致地了解酒店，作为其预订决策的参考，如图 3-20 所示。

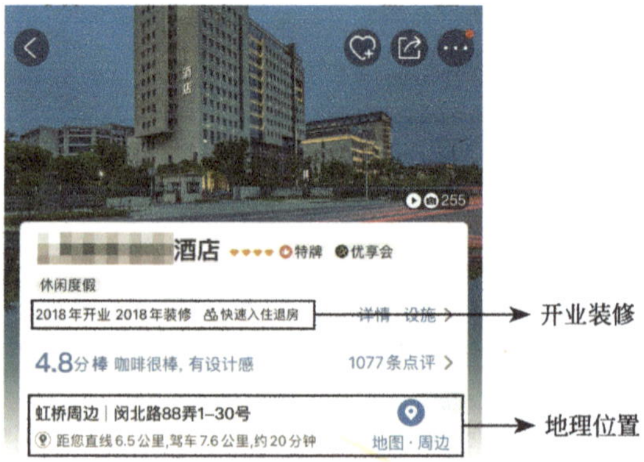

▲图 3-20　详情页的基础信息展示

（1）地理位置

① 酒店地址：商家在 eBooking 信息维护页提供的地址信息，会展示在携程 APP 详情页的地址栏，会精确显示到路名及门牌号。

② 位置参照：为给客人提供更直观的位置参照，系统会根据客人所在位置及搜索情况，自动生成参照导航信息，如距陆家嘴地铁站步行 200 米或是距您直线距离 27 千米、驾车 30 千米等。

③ 导航周边：点击详情页地址栏右侧"地图 / 导航"，客人会在地图上看到酒店所在位置，还可以通过地图进行导航路线查询。

（2）开业装修

开业装修年份与酒店设施新旧状况直接关联，这是多数客人预订时会考虑的因素之一。商家在 eBooking 信息维护页可以填写酒店开业年份，如有装修，可以更新最新的装修时间。

4. 住客评价

近 9 成客人表示，几乎每次预订酒店时，都会浏览酒店点评。详情页的点评展示可以分为点评分、点评筛选、点评内容 3 个版块。

（1）点评分

客人的一条点评的分数是根据卫生、环境、服务、设施 4 个单项分计算出来的平均值，而酒店的总点评分由诸多客人的点评分综合计算而成。

为给潜在的预订客人提供更具参考价值的点评，携程点评页还会提供偏好相似住客点评，包括总点评分、点评数、卫生、环境、服务、设施单项评分，如图 3-21 所示。

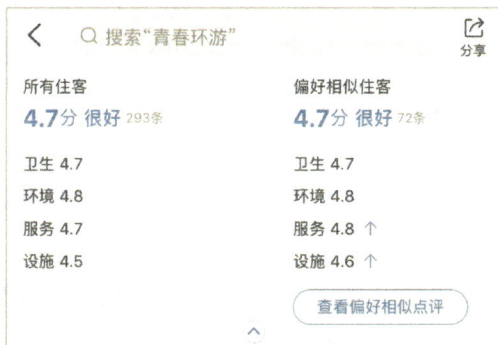

▲图 3-21　携程点评页的偏好相似住客点评

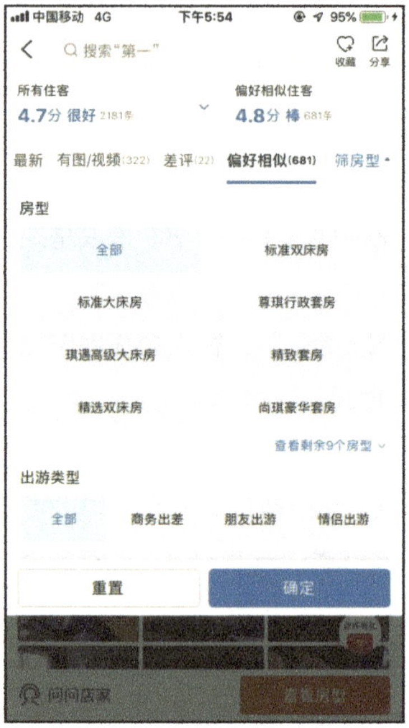

▲图 3-22　点评页面顶部显示的点评分 / 数

（2）点评筛选

不同类型的客人对点评的关注点不同，如想订豪华套房的客人更希望看看其他住客对房型的点评，那么他可以通过点评筛选仅查看豪华套房的点评，或在顶部搜索带"豪华套房"关键词的点评，如图 3-22 所示。

（3）点评内容

点评内容由文字、图片或视频构成，携程 APP 的点评会结合点评内容的丰富性、时效性来排列。3 分以下的点评会被收录在"差评"类别中，带图片的点评会被收录在"有图"类别中。

一家酒店的点评内容中，被多位客人重复提及的关键词会由系统提炼成"点评标签"，如干净卫生、环境不错等标签，如图 3-23 所示，点击对应标签可查看相关的点评内容。

5. 详情 / 设施

点击携程 APP 详情页→"详情 / 设施"按钮，客人可以浏览酒店简介、政策设施、图文详情、交通娱乐，加深对酒店的认知，如图 3-24 所示。

（1）酒店简介

客人进入详情 / 设施页面，会首先看到系统显示的酒店简介。图 3-24 显示了该酒店为四星级高档型酒店，可提供优质的服务，是携程特牌酒店、优享会酒店，让客人对酒店的定位有初步的认知。

（2）政策设施

在携程 APP 详情 / 设施页中，主要由政策、设施服务组成，如图 3-25 所示。

（3）图文详情

图文详情一般会包括酒店图文、酒店文章等版块，如图 3-26 所示。通过丰富的图文信息展示，客人能更深入地了解酒店。

▲图 3-23　点评标签

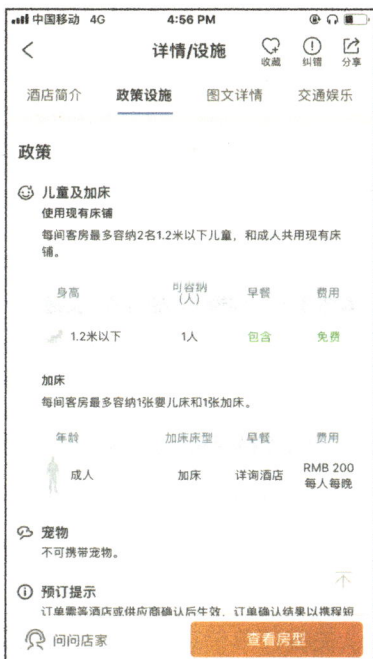

▲图 3-24　详情 / 设施页的"酒店简介"版块

▲图 3-25　详情 / 设施页的"政策""设施服务"版块

① 酒店图文：这是商家以图片、文字组合介绍酒店的一种方式，相比单一的文字或图片，酒店图文能传达的信息更多。

② 酒店文章：若携程平台有文章提及该酒店，通常该文章将于详情 / 设施页→图文详情中展示。

（4）交通娱乐

交通娱乐页面会为客人推荐酒店交通、美食、景点、购物等信息，如图 3-27 所示，这是系统根据酒店所在位置自动生成并推荐的。

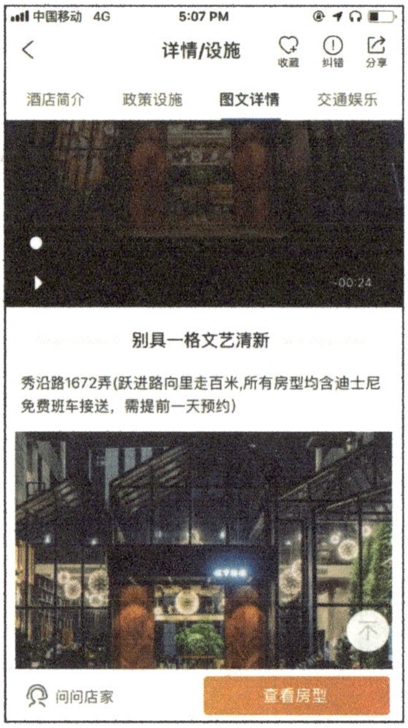

▲图 3-26　详情 / 设施页的"图文详情"版块

▲图 3-27　详情 / 设施页的"交通娱乐"版块

3.1.4　订单页下单

从详情页点击所看中房型右侧的"订"，客人便能进入下单环节，该环节分为 4 步：订单浏览、订单填写、订单支付、订单确认。即使进入下单环节，仍有各类问题会导致订单流失。

1. 订单浏览

进入订单填写页以后，客人会再次确认关键订单信息，包括房型信息、酒店政策、取消政策、本单可享优惠信息等，如图 3-28 所示。

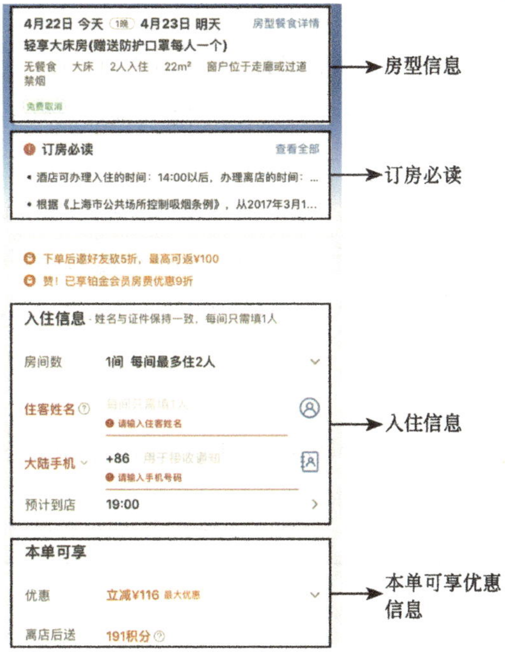

▲图 3-28 订单填写页

（1）房型信息

在订单页，客人会看到即将预订的房型信息，包括房型名称、入离日期、床型宽度、房间网络、餐食信息、入住人数、取消政策，点击"房型餐食详情"可查看详情。

（2）订房必读

点击"订房必读"，客人可以看到取消政策、酒店提示、入住限制、客房设施说明、重要通知、儿童及加床政策、宠物政策、预订提示、入离时间等信息。

（3）本单可享优惠信息

部分客人是冲着酒店列表页或详情页的优惠来的，在携程订单填写页面系统会再次提示客人所享受的促销、优惠券信息，并提示该订单成交、客人离店后可获得的平台积分，激励客人提交订单。

2. 订单填写

开始填写订单信息往往意味着客人的预订意愿已相当强烈。在 eBooking 订单处理页，商家接收到的新订单会显示客人填写的订单信息详情。

（1）入住信息

客人需填写的入住信息包含房间数、住客姓名、手机号、预计到店时间。为保护客人隐私，手机号码会被系统隐藏，商家可通过虚拟号码联系客人。

（2）特别要求

填写订单信息时，若客人对酒店有特别要求，如不要靠近马路的房间，其可以填写特别要求，如图 3-29 所示。商家在 eBooking 订单详情页中，查看要求明细并录入酒店物业管理系统（Property Management System，PMS），商家可为客人提前做好安排。

（3）发票

在 APP 订单填写页底部，会显示发票由酒店开具还是由携程提供，客人可根据实际情况开具发票，如图 3-29 所示。

▲图 3-29　订单页的特别要求与发票填写

3. 订单支付

由于支付习惯不同，比如有些人习惯提前支付房费，有些人习惯到店再付房费，所以对于每一类房型，商家可开设不同的支付方式以满足客人的多样化需求。目前支付方式分为 3 类：在线付款、到店付款、闪住。

（1）在线付款

在线付款是指客人在提交订单时，就已经成功支付费用。

（2）到店付款

到店付款是指客人入住酒店时，直接向酒店前台支付费用。

（3）闪住

闪住是指酒店在客人入住期间，无须收取任何房费与押金，离店审核后平台会自动扣款。

4. 订单确认

客人提交订单后，等待商家确认接受订单需要一定的时间。在商家确认后，部分客人还可能由于行程变动等原因，想要修改或取消订单。

（1）确认等待

提交订单后，客人会进入"确认中"的等待提示页面，如图 3-30 所示。预订过程中，多数客人未必只订了一家酒店，可能哪一家确认速度快，他就直接去哪一家，所以商家加快订单确认速度十分重要。

▲图 3-30　订单提交后的确认、修改、取消

若客人预订的房型带有"立即确认"标签，那么该订单为保留房订单，是由酒店提前预留给携程的一部分客房库存，由平台直接确认给客人，无须等待商家再次确认，而客人提交订单后会立即收到确认通知。

（2）订单修改

在预订中，许多客人在提交订单前，未必会十分仔细地查看订房信息，常见的情况有入住日期写错了或是想换一个入住人姓名，这就涉及订单的修改。

发现问题后，客人可修改订单，包括日期、房型、入住人信息、特别要求等，修改后直接提交订单，商家会在 eBooking 后台收到修改订单通知。

（3）订单取消

在商家确认后，若客人因为行程取消、信息填错等原因想要取消订单，只要符合订单取消条件，即可在订单详情页点击"取消订单"，选择取消原因，确认取消订单。

从查询页、列表页、详情页到订单页，这是客人预订酒店的关键路径，每一个细节都有可能导致订单的流失。商家要懂得站在客人的视角，去审视自己的酒店，不断优化客人在各个环节的体验。

3.2 订单处理

当一张订单由客人提交以后，就进入了商家处理订单环节。一张订单的完整处理，从客人预订到离店，至少包含 4 个步骤：订单确认、订单录入、订单查询、住店审核。

3.2.1 订单确认

当携程将订单发送至 eBooking 系统时，商家会收到订单提醒通知，尽量在 5 分钟之内核对订单信息，确认订单是否接受，并点击"确认"或"拒绝"进行处理。超出一定时间未确认的订单，携程通知商家尽快处理。商家处理完成后，客人会收到预订成功与否的通知。

1. 接单设置

在正式处理订单之前，商家需设置好 eBooking 的订单处理的相关功能，一是开通多个渠道的提醒，二是部分酒店可考虑开通自动接单。

（1）订单提醒设置

为避免出现订单遗漏，携程为商家提供了多个订单提醒渠道，包括短信、邮件、电话、弹窗、声音、微信公众号、APP 7 个渠道，设置的提醒渠道越多，越能避免遗漏订单。

打开 eBooking 网页，进入订单处理→未处理订单→订单设置页面，打开订单提醒页面，设置系统的订单提醒渠道，如图 3-31 所示，建议优先开通 eBooking 网页弹窗提醒、声音提醒、手机 APP 提醒、电话提醒。

① 短信、邮件、电话提醒的设置：点击图 3-31 中的"去设置"按钮，按照页面提示增加准确的联系方式即可，通常这些联系方式隶属于预订部或负责订单处理的工作人员。

② 携程 eBooking APP 提醒设置：商家只需下载登录该 APP，并在手机上开启该 APP 的通知提醒，并把手机调至非静音状态，即可接收订单提醒的声音、消息推送等通知的声音。

③ 弹窗提醒、声音提醒设置：绝大多数商家会设置开通，请前厅或预订部在计算机上打开 eBooking 网页并保持打开状态。若使用的计算机为台式机，需外接一个小音箱并调至合适的音量。

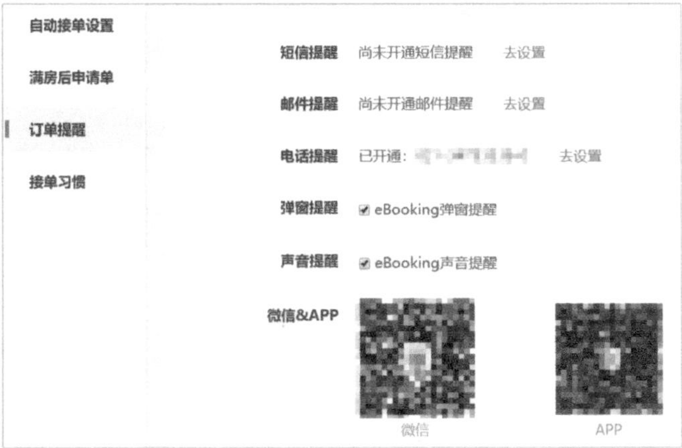

▲图 3-31 eBooking 订单提醒设置

（2）自动接单设置

自动接单是指订单产生后，系统立即自动确认订单，商家收到订单后，需点击"知道了"按钮，再次确认。人手有限的酒店可通过开通自动接单，提升接单速度，避免客人因为等待而流失。

进入 eBooking 订单处理→订单设置页面，选中"开通"单选按钮并点击保存按钮，如图 3-32 所示，商家即可开通自动接单功能。

自动接单的方式有 2 种：一是快捷设置，仅自动确认保留房、临时保留房、Freesale 等订单，可剔除紧急、有特殊要求的订单；二是自定义设置，对自动确认的时段、房型、日期、类型等做出限制，如图 3-33 所示。

对于以下 3 类订单，建议使用人工接单：一是易满房的房型订单，如酒店 A 的亲子房销量火爆数量又少，避免超售；二是紧急订单、含特殊要求等特别订单，可以设置为自动接单的"不适用类型"，因为一旦客人的诉求酒店无法满足，系统自动接单了，酒店就有可能被投诉；三是出租率高的时期，比如酒店周末长期满房，为避免出现确认后满房问题，尽量采取人工接单。

▲图 3-32　eBooking 自动接单

▲图 3-33　eBooking 自定义设置

对于自动接单的开通与关闭，商家可灵活设置。在即将满房时，商家可以在 eBooking 上及时关闭对应房型的自动接单，在有房的时候记得打开。对于商家来说，自动接单一方面能提升接单速度，减少确认等待过程中的订单流失，另一方面能提升酒店员工工作效率，节省人力成本。

所有自动确认的订单，订单上会注明此类订单是自动接单的，且仍然在未处理订单列表中，以便商家知晓新订单的产生并及时录入 PMS 系统中。

2.订单接受

点击"接受"订单后，商家可以输入酒店预订号。对于能否接受订单的判断，关键在于考虑酒店提供的产品能否满足客人需求，一般关注 2 个方面，一是房间余量，二是特别要求。

（1）房型房量确认

指定日期内，商家能提供对应房型的房量必须≥客人需求的房间数量。在确认订单之前，先要检查客人预订的是哪一类房型，该房型对应日期的余量情况。例如，客人周六要订 4 间大床房，而酒店仅余下 2 间，这时酒店难以直接满足客户需求，可考虑通过同床型房型升级的方式，获取该订单（对于亲子房、海景房等特殊房型，谨慎使用该策略）。

在 eBooking 未处理订单列表中，订单详情页会显示客人预订的房型、间数、住店日期、住店天数，如图 3-34 所示，核对客人预订需求与房间数量后，再进行确认。

（2）特别要求确认

部分客人会在订单中备注特别要求，如要求酒店能提供加床服务。若商家无法达成客人要求，就不要随意接单，否则可能引发后续投诉问题。如图 3-35 所示，在接单前，请确认酒店能接受客人的特殊要求，若实在无法满足，可以跟客人电话沟通。

▲图 3-34　eBooking 订单详情页　　▲图 3-35　eBooking 订单详情页的特殊要求

修改订单的确认流程，与新订订单基本一致，先是查看修改项目，再确认酒店能否满足客人住店需求，可以就点击"接受"。具体修改情况的查看在订单详情页中将鼠标指针移动至图 3-36 所示的"修改项目"明细上，即可了解或修改前后明细。

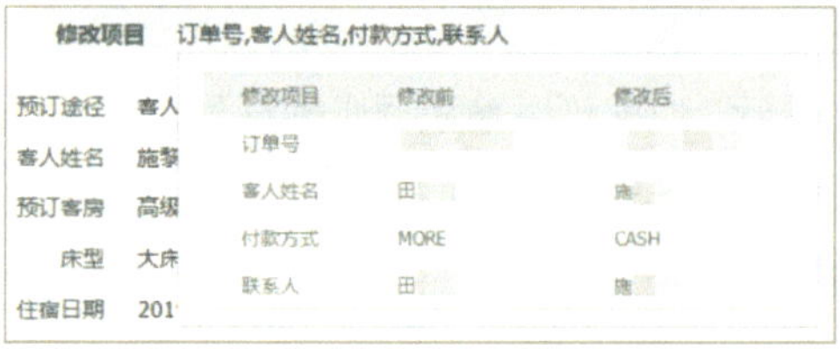

▲图 3-36　eBooking 订单详情页的修改项目

取消订单的确认分为 2 种情况：一是普通的取消订单，符合取消限制条件，eBooking 订单详情页仅显示"知道了"，商家点击即可确认；二是超出取消限制条件的订单，一般是客人预付或提供担保金的订单，且超出最晚取消时间，会有"确认取消"和"拒绝取消"2 个按钮供商家选择，如图 3-37 所示。

▲图 3-37　eBooking 取消订单按钮

3. 订单拒绝

在确实无法满足客人预订需求时，商家可选择拒绝该订单，点击 eBooking 订单处理的"拒绝"按钮。要注意的是，保留房订单是由携程提前确认给客人的，酒店不能直接拒绝这类订单。

（1）保留房订单的拒绝

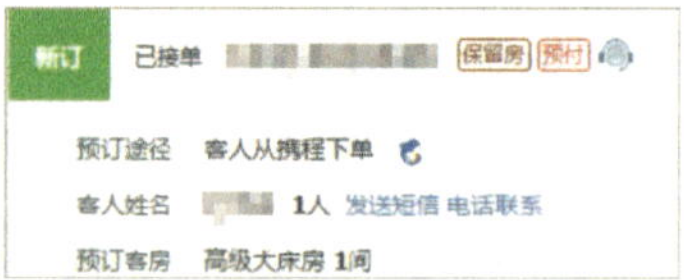

保留房订单发送至 eBooking 时，会带有"保留房"标识，如图 3-38 所示，此时客人已经收到确认通知，若商家再拒绝该订单，属于确认

▲图 3-38　eBooking 保留房订单标识

后满房违规，会导致服务质量分被扣减（更多

服务质量分规则介绍，详见第 10 章）。

若客人预订的房型确实满房时，商家可以采取以下应对办法：若酒店仍有更高阶的同床型客房，可以给客人提供免费升级；若酒店无同床型客房提供，请联系携程客服解决。

（2）普通新订订单的拒绝

对于非保留房或 Freesale 订单，商家点击"拒单"按钮之后，要选择拒单的原因，如图 3-39 所示。拒单原因分为 6 类：满房、房价不对、该房型无合作协议、特殊要求无法满足、需提供担保、其他。

▲图 3-39 eBooking 拒单原因

① 满房：满房是指客人预订的房型已售完。选择拒单原因为"满房"时，系统会就订单涉及日期，让商家选择关房。酒店满房后应及时关房，或是考虑同床型房型升级（注意规避亲子房等客户指向性明确的房型），减少因拒单造成客人体验不好的情况。若酒店有更高房型存在，也可为客人提供房型升级以获取更多订单。

② 房价不对：由于价格更新不及时，导致客人预订的房价过高或过低。选择该原因拒单后，系统将把酒店中涉及入住日期的房型操作为不可订，商家在 eBooking 房价维护页面调整好价格后，方可打开售卖。

③ 该房型无合作协议：当商家选择拒单原因为该项时，拒绝预订后，该房型将被系统自动操作为不可订，不再与平台合作售卖该房型。

④ 特殊要求无法满足：部分客人在订单中提出了特殊要求，若酒店因服务条件欠缺或要求过于无理难以满足，商家可以在拒单原因中勾选"特殊要求无法满足"。

⑤ 需提供担保：对于需提供担保的订单，商家可以选择拒单原因为"需提供担保"。拒单后，请及时联系携程业务经理设置担保，以免出现再次拒单。对于这类订单，一般建议先通过携程联系到客人，说明情况再进行后续操作，

尽量避免直接拒单。

⑥ 其他：如拒单原因选择了"其他"，请商家在页面出现的下拉框中填写具体的原因，以便携程了解实际情况并给该订单做出合理安排。

（3）修改订单的拒绝

如果酒店无法满足客人修改订单中的追加要求，商家可以选择拒绝修改订单。对于这类订单的拒绝分为 2 类情况：一是订单号发生变更，若拒绝这类修改订单，原订单与修改订单均失效；二是订单号未发生变更，若拒绝这类修改订单，原订单仍然保留。

（4）取消订单的拒绝

对于超出最晚取消时间的订单，商家可以选择点击"拒绝取消"按钮拒绝，客人会被扣除一定的费用，部分商家为提升客人体验与品牌形象会选择接受这类订单的取消。

当商家拒绝订单后，携程会根据拒单的原因和客人取得联系，引导对方重新预订或者由业务经理与酒店联系人进一步沟通。

对于部分特殊订单，商家应灵活处理，比如订单和客人同时到达酒店且订单存在异议，酒店应先安排客人入住，商家再联系平台协调。

3.2.2　订单录入

eBooking 完成订单确认后，商家通常需将订单信息录入 PMS 系统（无 PMS 系统的酒店可提前打印订单），在录入订单时，商家会关注 4 类订单信息：一是个人信息，二是住店信息，三是取消政策，四是提示信息。

1. 个人信息

eBooking 订单详情页中显示的客人个人信息包括 3 个部分：一是客人姓名，二是联系方式，三是特殊要求。

（1）客人姓名

在订单详情页的客人姓名一栏，会显示真实的客人姓名，其右侧会显示入住人数，如 2 人。客人到店办理入住时，前台一般会要求入住者提供身份证或提供预订人姓名进行查询。

（2）联系方式

eBooking 订单详情页的客人姓名右侧，有"发送短信"与"电话联系"按钮。

出于保护隐私需要，携程不会提供客人真实号码，如需发送短信或电话联系客人，可以点击相关按钮，按照页面提示操作即可。若酒店服务质量分出现多次违规，有可能导致联系客人的功能被关闭。

① 发送短信：如图 3-40 所示，平台为商家提供了 8 种短信模板，包括接送机信息、确认入住提醒、联系不上客人、赠送门票、入住密码短信、接机接车服务、非 24 小时前台、酒店位于离岛等。如有短信需求，商家按模板填写发送即可。为避免打扰客人，每张订单最多向客人发送 5 条短信。

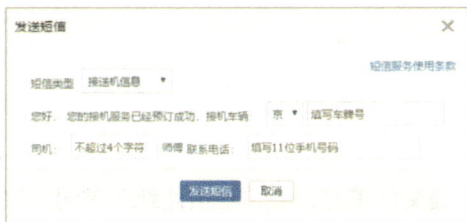

▲图 3-40　短信联系页面

② 电话联系：eBooking 网页提供了客人的虚拟号码，商家可以按照页面提示拨打号码联系客人，如图 3-41 所示，也可以下载携程 eBooking APP，通过点击订单详情的电话图标，直接拨打电话。从订单确认后到客人离店前一天，商家都可打电话联系客人，联系时段为每天 08：00—23：00。

▲图 3-41　eBooking 电话联系页面

（3）特殊要求

在订单详情页中，商家能看到客人的特殊要求详情，在将订单信息录入 PMS 系统时，商家切勿遗漏特殊要求。如果不能满足客人提出的要求，应提前联系客人沟通好，以免引发客人差评或投诉。若沟通无法达成一致，可以拒绝该订单。

2. 住店信息

住店信息的精准录入是为了客人入住时，商家能为客人做出合理的客房安

▲图 3-42　订单详情页的预订客房信息

排。通常，住店信息包含了预订客房、住宿日期、抵店时间、房价房费等信息。

（1）预订客房

订单详情页的预订客房信息，如图 3-42 所示，包含房型名称、房间数量、餐食信息。商家尤其要留意间数的录入，以免出现客人预订多间房而酒店仅保留一间房的问题。

（2）住宿日期

订单详情页的"住宿日期"，如图 3-42 所示，显示的是客人入住日期、离店日期。在入住时间之前，商家可以提早给客人做好房间安排。

（3）抵店时间

部分客人在携程提交订单时，会填写预计到店时间，如图 3-43 所示。对于提前到达、逾时未到的客人，商家应采取不同的应对策略。

▲图 3-43　订单详情页的抵店时间

① 抵店时间早：在规定入住时间之前抵店的客人，当日如有空置房间，可以让客人提前入住；若无房间，可以请客房阿姨尽快清扫出可以入住的房间，安抚客人并告知等候时间。

② 逾时未到店：对于未按预期时间到店的客人，且非不可取消的订单，商家应电话联系客人，判断客人是想取消订单还是途中发生状况。若是前者，确认取消后，商家可以将该客房库存重新释放出去售卖，若是后者则可视情况向客人提供帮助。

（4）房价房费

eBooking 订单详情页会显示客人预订的房价、付款方式、支付的房费金额，参与优惠促销的房型还会显示折扣前后的明细。

① 预订房价：订单详情页的"房价"会显示客人预订的房型价格、餐食。点击页面中的"复制"按钮，如图 3-44 所示，可以将对应日期的房价、餐食明细复制出来，录入 PMS 系统中。

▲图 3-44 订单详情页的房价房费

② 付款方式：付款方式分为现付、预付、闪住 3 类。一是现付订单，是指酒店办入住时向客人收取房费；二是预付订单，是指酒店办入住时无须向对方收取房费；三是闪住订单，是指酒店在客人入住期间，无须收取任何房费与押金，离店审核后平台会再与酒店进行结算，如图 3-45 所示。

▲图 3-45 3 类付款方式的订单

③ 房费：订单详情页会显示该客人共计的房费金额，若商家参与了优惠促销活动，移动鼠标指针至价格上会显示每日价格的折扣明细，包括折扣前房费、促销活动折扣、折扣后房费，如图 3-46 所示。

▲图 3-46 eBooking 房费折扣明细

3. 取消政策

eBooking 订单详情页面会显示该订单的取消政策，包括免费取消、不可取消、限时取消、阶梯取消、30 分钟内可免费取消 5 类取消政策。当客人产生取消行为后，商家要及时更新至 PMS 系统，重新释放库存进行售卖。

（1）免费取消

定义：设置免费取消政策的房型，客人预订后可以随时免费取消订单。

特点：这类订单的客人取消率较高。

（2）不可取消

定义：设置不可取消政策的房型，订单确认后无法取消，未入住客人会被扣取首晚或全部房费。

特点：不可取消订单容易引发投诉与不满，若客人联系酒店询问扣费问题，请做好解释与安抚。

（3）限时取消

定义：设置限时取消政策的房型，客人预订后若超出规定时间取消或未入住，将被扣除首晚或全部房费。

特点：在最晚取消时间之前，商家可联系客人确认入住情况，以免之后产生纠纷。

（4）阶梯取消

定义：客人取消订单会被按时间阶梯扣取不同金额费用，越临近入住时间，扣取费用越多，设置页面可参照图 3-47。

▲图 3-47　阶梯取消政策设置

特点：对于客人而言，将"不可取消"的时间向后延，给他留足了时间做决定，只要符合取消条件，也不至于损失很多钱。对于酒店而言，取消的时间限制给酒店留出了二次售卖的时间，按比例收取的取消费用，不仅限制了客人盲目取消的行为，也为酒店提供了合理保障。

（5）30 分钟内可免费取消

定义：客人在携程提交酒店订单后，30 分钟内都可以无责免费取消，即便客人所预订的房型是不可取消的。在 eBooking 促销推广页面可报名开通该功能；

优点：提供 30 分钟可免费取消的酒店，会在房型信息中显示"30 分钟内免费取消"标签，鼓励客人放心大胆下单（信息填写错误可无责取消，提升客人满意度）；该政策是对限时取消、不可取消政策的优化，超过 30 分钟后，按照订单原取消政策执行，不影响酒店收益，商家在 eBooking 促销推广页面可以报名开通该功能。

4. 提示信息

除了 3 个部分的信息以外，eBooking 订单详情页还会提供提示性信息，商家要及时录入 PMS 系统，避免部分前台员工因为不熟悉等问题造成客人投诉。

（1）修改项目

移动鼠标指针至 eBooking 订单详情页的"修改项目"，可以查看该订单修改了哪些内容，商家应及时将更改后的信息同步至酒店 PMS 系统。

（2）礼盒信息

部分酒店售卖的房型提供了增值的礼盒，客人预订了含礼盒房型以后，eBooking 订单详情页中会显示礼盒信息，介绍礼盒内所包含的产品或服务，如延迟退房 2 小时、送机送站服务，如图 3-48 所示。

接单后需及时录入 PMS 系统，否则有可能会出现前台办理入住时，未向客人提供订单附带的礼盒服务或产品，引发投诉，导致服务质量分被扣减。

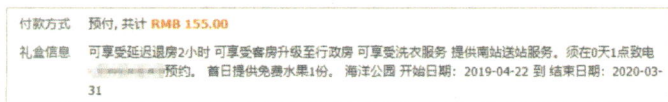

▲图 3-48　eBooking 礼盒信息页面

（3）携程提示

eBooking 订单详情页的携程提示会提供联系方式、补价、担保等类型的提示信息，尤其是担保、联系方式等信息，商家可以将其录入 PMS 系统，方便前台联系客人的同时，又能提升入住办理效率。

① 联系提示：eBooking 订单详情页的携程提示会提供需拨打的电话及验证

码，如需联系客人，商家应记录下转接号码。

②补价提示：酒店未来30天内，若存在房价缺失，系统会根据历史价格水平智能补价，满足提前订酒店的客人需求。eBooking 订单详情页会展示补价日期、每晚底价卖价、早餐等信息，如图 3-49 所示。看到补价提示后，商家应及时进入 eBooking 房价维护页面，设置正确的价格。

③担保提示：担保是指平台暂扣一定担保金，客人到店后在前台支付房费，离店后担保费用退还给客人。eBooking 订单详情页会提示商家担保含义及期限，常见的担保政策有3类，如表 3-3 所示。

除了这3类常见的担保政策外，酒店还可以设置峰时担保，即在客人预订的入住日到离店日之间设有担保。例如，客人订了酒店在9月30日至10月6日期间的房间，由于节假日期间房源紧张，为降低随意取消的概率，保证商家的收益，可以要求在10月1日至10月3日之间提供担保。

▲图 3-49　补价提示

▼表 3-3　常见的 3 类担保政策

担保类型	未到扣费	房间保留
超时担保	平台扣取首日房费支付给酒店	保留房间至酒店设置的最晚时间
首日担保	平台扣取首日房费支付给酒店	保留房间最晚至次日 12:00
全额担保	平台扣取全部房费支付给酒店	保留房间至最晚离店日

（4）客人权益

参与了权益云、优享会等权益类活动的酒店，若有客人预订参与活动的房型，eBooking 订单详情页会展示客人权益信息，如图 3-50 所示。

▲图 3-50　eBooking 客人权益

3.2.3　到店管理

当客人到店后，多数酒店前台会在 PMS 系统查询到订单，办理入住登记手续。无 PMS 系统的酒店，打开 eBooking 订单处理→订单查询页，精准定位到客人的预订信息，为之办理手续。

1. 订单查询

办理入住登记时，前台会向客人索要身份证，并根据住客姓名在 eBooking 订单列表页查询订单。除了使用客人姓名查询，酒店还可以将预订号、订单号作为查询条件，如图 3-51 所示。

▲图 3-51　eBooking 订单查询

酒店通过客人姓名查询订单时，有 3 种原因可能导致无法找到订单：一是入住人姓名与订单客人姓名不一致；二是客人姓名有错别字；三是客人入住日期错误。

对于上述 3 种情况，酒店可以查看客人身份证信息，或请客人提供预订号或订单号进一步精准查询。打开携程 APP 订单详情页，客人可以查看预订号、订单号。

除了精准查询，酒店可扩大查询范围，如选择日期、订单状态等进行筛选。例如，当前台确认明日即将入住情况时，可以选择第二天的日期，直接筛选查看所有订单。

2. 住店审核

每天大量的客人进店离店，酒店务必要关注携程客人的住店审核，因为这会涉及财务结算、未入住客人的担保扣款等问题。打开 eBooking 住客审核页面，酒店可以对客人住店状态进行审核，如图 3-52 所示。

（1）未到店审核

对于客人并未按订单日期入住，应审核为"未到店"状态。

（2）已入住审核

对于客人已经入住但还未离店，应审核为"已住"状态，并在 eBooking 上输入客人房间号。

▲图 3-52　eBooking 住客审核页面

（3）离店审核

对于客人已经离店，应审核为"离店"状态，并输入客人房间号与离店日期。

（4）闪住审核

由于闪住订单是客人离店后平台扣款的，因此酒店对闪住订单应及时审核，闪住订单的最晚审核时间是离店日的次日 13：00。若酒店有延迟审核时间的需求，可联系闪住客服（9：00—21：00，北京时间，全年无休）。

一旦闪住客人住店期间产生了杂费或发生物品损坏的情况，若费用在押金范围内的，酒店可在 eBooking 上直接输入金额，费用由平台直接从客人账户扣取并支付给酒店；若有超出部分，酒店需向客人自行收取。

小提示：

订单管理·执行清单

序号	类型	执行明细
①	了解携程	打开携程 APP，按照客人预订行为路径，查看本店在各个环节的体验
②	订单提醒	eBooking 后台至少打开 3 个订单提醒渠道（弹窗、声音、APP 通知）
③	预订培训	对前台及预订员工，针对订单确认、录入、审核等做系统性培训

第 4 章

房价房态：
掌握客房销售工具

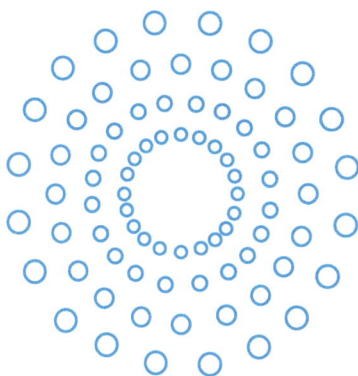

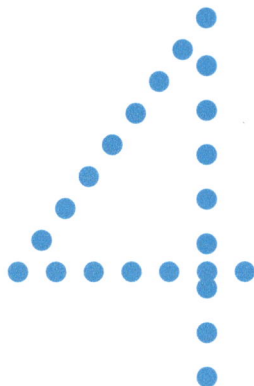

04

📖 **学前提示**

适用人群：负责或参与房态、房价调整的前厅、销售、收益部门员工。

阅读方式：请打开携程 eBooking 房态房价页面，结合本章学习。

特别提醒：由于产品迭代升级，本章页面以 2019 年 12 月版为示例，如有偏差，请以平台公布的最新规则与页面为准。

房价房态的管理是商家必须掌握的携程平台的客房销售基本技能。由于不同类型酒店的系统页面有所差异，本章介绍的房态房价维护页面，以 2019 年 12 月版 0 ~ 2 星酒店作为示例，请以实际在线页面为准。

4.1 房价管理

价格是客人最关注的因素之一，及时合理调控价格，能帮助酒店获取更好的收益。定价因素复杂，本章仅介绍 eBooking 房价设置操作及影响 OTA 定价的因素。

4.1.1 房价设置

在携程完成房型新建后，商家要在 eBoooking 房价维护页面，对所有售卖房型在未来一定时期内的价格进行预埋，并根据市场热度及酒店预订进度，及时调整好房价。

1. 房价构成

酒店在 eBooking 修改价格，房价设置分为 2 类：一是现付房型的房价；二是预付房型的房价。不管是现付房价，还是预付房价，其房价设置的构成相似，都包含了变价日期、餐食情况、房价金额。

（1）变价日期

打开 eBooking 房价维护页面，点击任意 1 个房价日历官格，会弹出 1 张变价申请单，默认变价日期为该官格所代表的日期，如需修改多天房价，勾选图 4-1 所示的变价起始日期，也可以点击右侧 "+" 号新增一段新的变价起始日期。

（2）餐食情况

对于每个售卖房型的餐食份数，商家可以调整其数量。通常，餐食份数增加后，商家一般会上调房价金额，上调的价格应与实际餐食价值保持一致。

（3）房价金额

在 eBooking 的变价申请单里，以现付房型变价为例，商家第一次变价时，需选择变价方式，之后系统会根据商家的操作习惯提供简版的变价页面，商家需填写调整的底价 / 卖价金额，如图 4-2 所示。

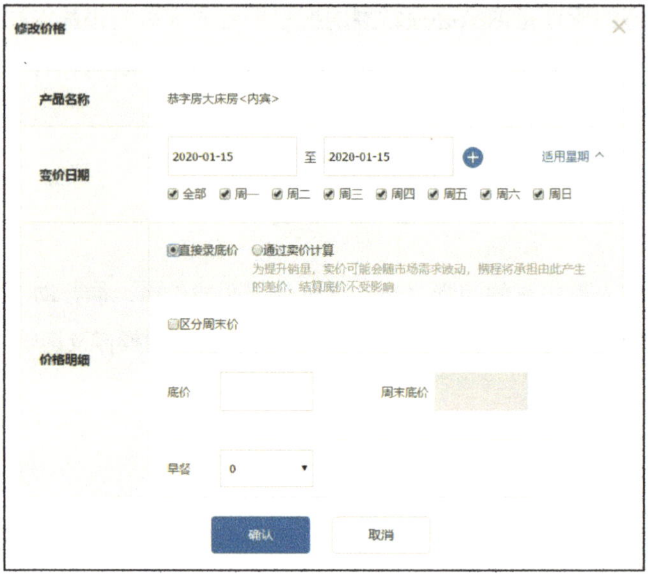

▲图 4-1　eBooking 房价维护・变价日期

▲图 4-2　eBooking 房价维护・预付底价

2.定价流程

　　商家对房价的设定分为 2 种情况：一是变价，是商家对现有房价的调整；二是补价，是商家对缺失的房价进行补充更新。

（1）变价流程

通常，一个房型在 eBooking 上的变价流程分为 4 个步骤：一是查询房价，二是变价申请，三是变价审核，四是查看卖价。批量修改房价的流程与修改单个房型单日房价的流程基本一致。

① 查询房价：打开 eBooking 房价维护页面，商家可查看当前 1 个月的各个房型的房价日历。如需查看某一个房型或某一段时间的房价，可点击图 4-3 所示的查询按钮，按时间或房型来查询。

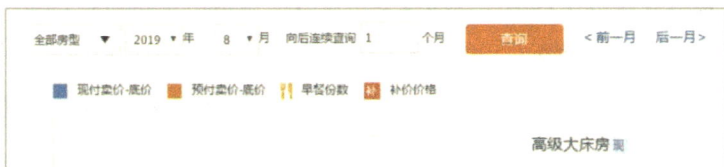

▲图 4-3　eBooking 房价查询

② 变价申请：查询完想要修改的房价后，点击房价日历上的任意宫格，可以设定单房型的变价日期、餐食情况、房价金额，点击"提交变价申请"按钮即可。

如需对多个房型一起变价，请点击房价日历右上角的"批量修改房价"按钮，进入后点击"添加房型及变价时间段"按钮。批量修改时，在图 4-4 所示的顶部一栏修改适用星期、早餐、价格等，可以影响所有所选房型。

▲图 4-4　eBooking 批量修改房价

③ 变价审核：部分变价申请需业务经理审核方可通过。在 eBooking 变价申请单中，商家可以查询变价是否审核通过。若审核状态为未通过，会显示否决原因；若审核状态为待审核，请等待业务经理审核，如果比较紧急，可以联系业务经理加急处理。

④ 查看卖价：只有变价申请审核通过，更新后的卖价才会在携程上对客人展示出来，商家可以重新打开携程官网，查看本店对应房型的最新卖价。

（2）补价流程

一家酒店在携程上线后，至少需对未来 3 个月内的房价进行设定，否则将会出现客人进入酒店详情页，页面显示当前无房可订，白白浪费流量。

房价缺失的日期，在房价日历上基本显示空白。对于未来 30 天内的房价，如有价格缺失，系统会自动补价，对应在房价日历上会显示"补"字，如图 4-5 所示。商家要及时补上准确的房价，保证房型可订。

周日	周一	周二	周三	周四	周五	周六
				1	2	3
				258 ⁞↑0	258 ⁞↑0	258 ⁞↑0
4	5	6	7	8	9	10
499.5 ⁞↑0	499.5 ⁞↑0	499.5 ⁞↑0	499.5 ⁞↑0	499.5 ⁞↑0	499.5 ⁞↑0	499.5 ⁞↑0
11	12	13	14	15	16	17
补 99 ⁞↑0	补 99 ⁞↑0	补 99 ⁞↑0	-	-	-	-

▲图 4-5　eBooking 补价价格

4.1.2　定价因素

一家酒店的产品定价会受到各种复杂因素影响，如酒店位置、星级规模、市场热度、同行竞争、房型规格等，本节暂不讨论有关酒店物理属性的定价因素，仅介绍 OTA 平台特殊的定价因素。

1. 取消政策

由于预订有一定取消概率，客人在选择房型产品时，会更倾向于宽松的取消政策。通常建议酒店可以采用更为灵活的阶梯取消政策，在保证转化率的同时，降低取消率，提升效益。

（1）新建售卖房型

携程主要提供了 4 类取消政策供商家与客人选择，分别是免费取消、阶梯取消、限时取消、不可取消。一般情况下，取消政策越宽松，定价越高。

对于每一个房型，商家可以联系业务经理，新建出不同取消政策的售卖房型。如图 4-6 所示，在该酒店的不提供餐食的高级双床房中，不可取消比免费取消的售卖房型便宜了 188 元。不同的取消策略，给价格敏感型客人、行程变动概率大的客人，都提供了合适的选择。

（2）按取消政策定价

▲图 4-6　携程 APP 酒店售卖房型

对于携程的 4 类取消政策，客人预订意愿度从高到低为：免费取消 > 阶梯取消 > 限时取消 > 不可取消。

① 不可取消：不可取消的房型，客人产生金钱损失的风险最大，金额最高。因此，不可取消可以跟最优惠的价格搭配，刺激价格敏感型客人下单，提升转化率。

② 免费取消：免费取消的房型，客人无须承担金钱损失的风险。因此，免费取消可以跟相对较高的价格搭配，平衡因订单取消造成的酒店损失，保证酒店整体收益。

③ 限时取消：限时取消是指客人下单后，超出规定时间后无法取消，造成的金钱损失与不可取消订单一致。对于同一款房型的售卖，限时取消的售卖房型价格应当介于不可取消和免费取消之间。

④ 阶梯取消：阶梯取消是指一项越临近入住时间，客人所付出的取消费用越高的政策。商家在 eBooking 房价房态页面设置即可，如图 4-7 所示。设置成功后，该政策将应用于预付房型。

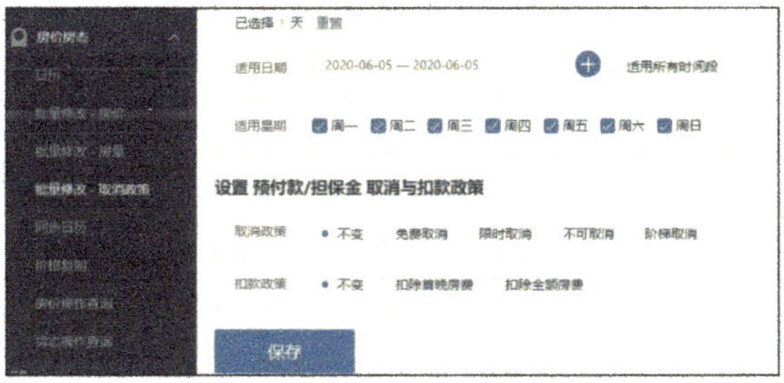

▲图 4-7　阶梯取消政策设置

在这 4 类取消政策中，阶梯取消打消客人对未来取消订单付出大额金钱的担忧，提升了订单转化率；部分客人喜欢随意取消订单的习惯，也会因为"阶梯成本"的存在而减少；少数确实因行程变更等因素需要取消的客人，会考虑到取消成本，提前较长时间取消，给酒店预留售卖的时间。综合以上 3 个方面，阶梯取消政策相对其他 3 项，对酒店收益的提升、客户满意度的保障，帮助最为显著。

2. 优惠促销

在 OTA 平台，商家若直接下调价格，多数客人是无法明确感知的。携程提供了多种促销工具，让商家能够在不同场景中都能使用合适的工具，既能实现折扣优惠的初衷，又能保证客人获得下单激励。

（1）按预订周期定价：提前预订

① 策略：若酒店客人多为当天预订，房间卖出去越晚，闲置的风险越高。商家可以针对提前预订的客人，提供优惠的价格，加快预订进度。

② 操作：进入 eBooking 促销推广→优惠促销→提前预订页面，点击"马上创建"按钮，如图 4-8 所示，商家可选择部分房型参与提前预订活动。

▲图 4-8　eBooking 提前预订

（2）按入住时间定价：今夜甩卖、限时抢购

① 策略：一天之内酒店若随意降价，上午客人预订的是 300 元的房型，下午却降到了 200 元，这会导致客人感到不公平。对此，商家可通过今夜甩卖、限时抢购等活动达到降价目的，一来增加了流量入口，二来更便于对投诉客人做出解释。另外，酒店还可以在携程上上线钟点房，在客房闲置时段吸引客人入住，提升总体收益。

② 操作：进入 eBooking 促销推广页，找到今夜甩卖、限时抢购、钟点房等活动，点击"马上创建"按钮，如图 4-9 所示，商家设定好参与条件即可报名。

▲图 4-9　eBooking 今夜甩卖

（3）按客源类型定价：高星首单专享、门店新客立减、交叉特惠

① 策略：若酒店客源结构中老客占比高，商家希望拓展新客，可以参加门店新客立减、高星首单专享活动，通过优惠价格导入新的客源；对于火车站、机场附近的酒店，可以参与交叉特惠活动，以优惠价格吸引客人。

② 操作：进入 eBooking 促销推广页，找到交叉特惠、高星首单专享、门店新客立减等活动，点击"马上创建"按钮，如图4-10所示，符合条件的商家设定好规则报名即可。

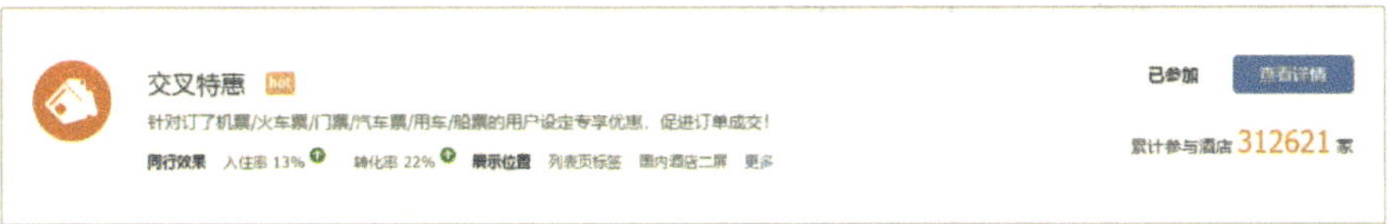

▲图 4-10　eBooking 交叉特惠

（4）按住店条件定价：连住优惠

① 策略：明星开演唱会，当晚场馆周边的酒店肯定爆满。若商家要带动演唱会前后的酒店生意，可以参加连住优惠促销活动，以更优惠的价格拉动演唱会前后的出租率。

② 操作：进入 eBooking 促销推广页，找到连住优惠活动，点击"马上创建"按钮，如图4-11所示，商家设定好参与条件即可报名。

▲图 4-11　eBooking 连住优惠

除了上述4个场景的促销工具，eBooking 促销列表中的天天特价、酒店红包等工具，都是在酒店定价过程中配合使用的有效工具，在调控价格的同时，又能为酒店引流。具体优惠促销使用策略，可参考第8章。

3. 增值产品

促销工具是根据不同的场景去降价，而在携程售卖房型中加入增值产品则能为客房产品带来溢价，在提升整体平均房价的同时，刺激客人预订。

（1）早餐

调研显示，早餐是携程客人关注的第二大房型因素。对于每类房型，商家可以根据早餐份数、早餐价格，按照不同的价格进行售卖。不同的售卖房型设定，需商家联系携程业务经理新建，后续可自行调整。

（2）礼盒

礼盒是指客人当次入住即可免费享用的实物或服务，且价值不能过低，例如赠送门票，如图 4-12 所示。酒店告知业务经理并给出礼盒信息，业务经理申请经平台审核通过后，会在外网展示。

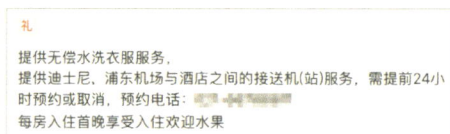

▲图 4-12　携程 APP 的礼盒内容说明

（3）权益

2018 年起，携程联合酒店推出多项增值权益产品，包括延迟退房、免费升级等服务，这类服务除了有可能带来一定的产品溢价，提升下单转化率，还能提升客人满意度。

以权益云计划为例，客人通过积分兑换免费取消、免费早餐、延迟退房、免费升级等权益，商家进入 eBooking 促销推广→权益中心→权益云计划页面报名，如图 4-13 所示。

▲图 4-13　eBooking 权益云计划

4.2　房态控制

房态控制是酒店人的必修课，尤其是前厅、销售等岗位的人员。一旦出现房态维护不准确，就有可能造成收益损失，还有引发客人投诉乃至赔偿的风险。对于房态控制，商家务必要慎重。

4.2.1 房态维护设置

酒店会有多个售卖渠道，房量变化会汇总在店内 PMS 系统中。一旦房间售完或库存重新释放，商家应及时在 eBooking 房态维护页面同步信息。

1. 房态修改

酒店线下客房房态划分为多种类型，如空房、待修房等。而 OTA 平台上的房态不同于线下，仅分为 2 种状态：一是可售，表示该房型仍有房可出售；二是满房不可售，表示该房型已全部售完。

（1）查看房态

eBooking 首页房态日历会显示房型未来 1 周内的房态，主要分为可售、满房不可售、不可订 3 种状态，其中页面上的数字为保留房数量，如图 4-14 所示。

（2）修改房态

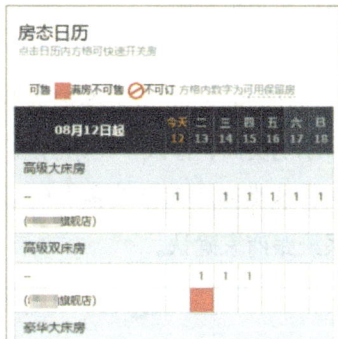

▲图 4-14　eBooking 首页房态日历

点击 eBooking 首页的房态日历或者进入房态维护页面，点击某一类房型在对应日期的房态，即可将在售房型关房或将已关房型重新打开售卖，如图 4-15 所示。

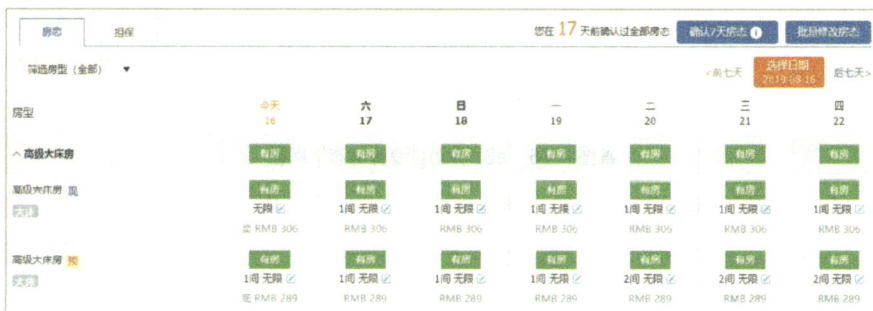

▲图 4-15　eBooking 房态维护页面

如需修改多个房型的房态，点击页面右上角的"批量修改房态"按钮，选择要修改的房型、日期、客户状态、床型状态、设置保留房，点击"确定"按钮即可修改房态。

若酒店某一房型的房间已售卖完，应及时在 eBooking 关房，以免产生无法处理的新订单；若酒店有订单取消，库存重新释放，应及时打开该房型的房态，重新进行售卖。

对于酒店与携程约定的合同保留房，务必要保留。

2. 售卖设置

房量是指某一房型的间数余量，保证房态准确性的关键在于做好房量控制。当房量少于确认订单数量时，可能出现客人到店无房的问题。那么，商家如何做好房量控制呢？

（1）房量添加

在 eBooking 房态维护页面，点击任意官格上的修改按钮，即可进入图 4-16 所示的页面，修改"剩余房量"数值。此处添加的"剩余房量"即临时保留房数量，这类客房库存被客人预订后，会由携程先确认给客人，再发送到 eBooking 系统跟商家确认。

▲图 4-16　eBooking 设置房态 / 房量

一旦酒店可提供给携程的"剩余房量"有变化，应及时修改剩余房量，否则有可能出现保留库存已确认给客人，酒店却无法提供房间的状况，这将严重影响客人体验。

（2）房量设置

在图 4-16 所示的"设置房态 / 房量"页面可以设置临时保留房的 2 种售卖方式，一是限量售卖，二是无限量售卖。

① 限量售卖：当商家设置的保留房库存售完以后，该房型在设置的日期内会由系统自动关房。如有新的库存产生，商家只需重新开房即可。

② 无限量售卖：当酒店设置的保留房库存售完以后，新进的订单会按照非

保留房订单流程发送至 eBooking 系统，由商家人工逐单确认后再确认给客人。这类售卖方式，若无人工关房，系统不会自动关房。

4.2.2 房态问题处理

房态不准确可能导致新订单无法处理的大麻烦。通常，由房态产生的问题有 4 类，对于这些问题，酒店应采取合理的处理方式。

1. 房态问题类型

房态缺陷导致的常见问题有 4 类：一是关房后仍有新订单；二是订单已确认给客人却被告知满房；三是客人到店或即将到店，被告知无房间；四是客人到店后查询不到订单。

（1）关房后进单

为什么酒店关房后，仍有新的订单产生？这类问题产生的原因有 2 种：一是客人是在酒店关房之前下的订单，进入 eBooking 房态维护→操作查询页面，即可查看关房操作时间；二是订单不是新订订单，而是修改订单，订单详情页左上角会显示"修改"按钮。

（2）确认后满房

确认后满房是指携程已经将订单确认给客人了，商家却通知携程或告知客人满房无法安排，造成该问题的原因一般有以下 3 种。

一是保留房拒单，酒店房间已售完，但保留房数量未做更新，客人预订后携程直接确认订单。

二是旺季多个渠道同时进单，而 eBooking 房态未更新，酒店员工未关注房态错误接单。

三是商家确认订单给携程后，却又失误将房间售卖给其他客人，告知携程满房。

（3）到店无房

到店无房是指客人到酒店后无房间，或是在客人即将到店时酒店直接电话联系客人告知无房间。该问题一般是由酒店超售导致的，实际售卖的房间数量＞酒店可出售房间数量，导致无法为客人提供房间。

（4）查无预订

当客人到店后，可能出现查询不到订单的状况，这可能是 2 类原因导致的，一是输入姓名有误，二是 eBooking 接单但未录入 PMS 系统。

2. 房态问题处理

确认后满房、到店无房、查无预订等问题，都有涉及违背平台规则的风险。一旦出现这些情况，商家应坚持原则——尽可能按照原单处理。若实在无法解决，应第一时间联系携程，协助解决。

（1）关房后进单处理

对于关房后产生新订单的处理：若是修改订单，请直接按照修改订单流程处理即可；若是新订订单，只要不是保留房订单，按正常流程拒绝即可。通常，建议酒店通过升级同床型房型等措施，保留客人订单，尽量减少直接拒单，影响客户体验。

（2）确认后满房处理

对于确认后满房的处理：商家应尽量按照同床型房型帮客人免费升级，或者跟其他渠道的客人协调，尽量帮携程客人按原单安排，以免造成投诉；若确实没有办法帮客人安排，请及时联系携程处理。

（3）到店无房处理

对于到店无房问题的处理：商家要避免超售，及时更新维护好房态，并对员工做好培训；如果客人到店后发生无房间安排的情况，先不要告诉客人无房，而要考虑是否有办法帮客人升级同床型高阶房型；如若不能，请及时联系携程处理。

（4）查无预订处理

对于查无预订问题的处理：当商家查询不到客人订单时，切勿直接告知对方查不到订单，可以再次确认输入查询的姓名是否正确，或直接到 eBooking 后台查询，或请客人出示入住凭证，根据确认号来查询；若商家确实查询不到，请联系携程处理。

小提示： 　　　　　**房价房态·执行清单**

序号	类型	执行明细
①	房价调整	查看本店在携程官网的房型售卖，确定是否需要根据 OTA 定价因素调价
②	房态维护	确认本店未来 7 天的房态，每日添加临时保留房
③	员工培训	给酒店前厅、销售部门员工培训房态维护与问题处理流程及注意事项

第 5 章

产品包装：
好的外表是成功的一半

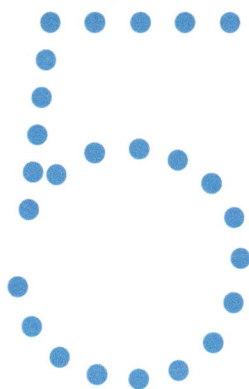

📖 **学前提示**

适用人群：负责 OTA 运营的酒店销售或运营人员。

阅读方式：请打开携程 eBooking 网站、携程 APP 结合本章学习。

特别提醒：由于产品迭代升级，本章页面以 2019 年 12 月版为示例，如有偏差，请以平台公布的最新规则与页面为准。

在超市挑选商品时，客人会根据产品包装决定是否购买；在 OTA 平台订酒店时，客人会根据酒店产品的包装判断是否要预订。从查询页到订单页，酒店产品包装以各类信息为载体，作为客人的决策依据。

本章主要从文字类信息、图片类信息、互动类信息 3 个方面出发，帮助商家通过有效的信息展示，做好酒店产品包装，提升酒店对客人的吸引力，实现销量增长。

5.1　文字类信息

酒店在携程上的文字类信息纷繁复杂，但不能小看任何一类信息，因为每个客人的关注点不同，可能有人会因为"闪住"二字标签就选择一家店。文字类信息除了能解释说明，其更重要的价值在于激励客人下单。本节将从酒店和房型 2 个层面的信息出发，介绍如何利用文字信息提升转化率。

5.1.1　酒店层面：激发客人兴趣

在携程上挑选酒店时，多数客人首先会考虑该店的位置、规模、品质等方面，通过酒店名称、星级钻级、酒店地址、酒店政策、酒店设施等文字类信息，初步判断酒店是否符合其基本预期。

1. 酒店名称

未见其人，先闻其名，即使两人素未谋面，也会在知晓另一个人的名字时，对其形成初步印象。酒店亦是如此，一个好的名称能让酒店从列表页中脱颖而出。

（1）命名建议

酒店名称一旦确定，更改起来会有许多麻烦，还会对品牌传播、客人黏性产生负面影响。所以，建议酒店在开业前，对取名一事要慎之又慎，起码要遵循以下 2 个原则。

①易记忆：方便记忆是酒店命名的最基本要求，切忌使用生僻字词，以国内知名度高的连锁酒店为例，其品牌名称多为简单好记的词汇，如"如家"。

②易联想：好的酒店名称能让客人立刻联想到美好的画面，或反馈出其产品特色，如"柳莺里酒店"很容易让人联想到江南美景。

（2）命名规范

商家在携程展示的酒店名称必须符合携程酒店命名规则。

①地理信息：除了统一添加的城市 / 景区之外，酒店名称以实际店招为准，对于省份、行政区、商圈等店招上没有的字样，商家不能随意添加。若店招已包含省份，展示在携程上的名称则不再添加城市名。

②分店名称：若店招上有分店名称，商家提交至携程上的名称要与其一致。分店名称中只允许包含 1 个代表路名 / 商圈 / 交通站点 / 地标性建筑的字样，在酒店无分店情况下，不得添加分店名称（酒店名称命名规则见第 2 章表 2-1）。

（3）酒店更名

当酒店正式开业后，一般不建议随意更名，更名很容易造成客人对品牌辨识困难，导致老客人流失。若确实有更名需要，商家可以在 eBooking→信息维护→酒店基本信息→酒店名称页面，上传资料更改，如图 5-1 所示。

填写更改后的酒店名称，并上传更名函图片、带店招的建筑外立面有效图片，审核通过方可在携程展示，店招名称应与更改后的名称保持一致。

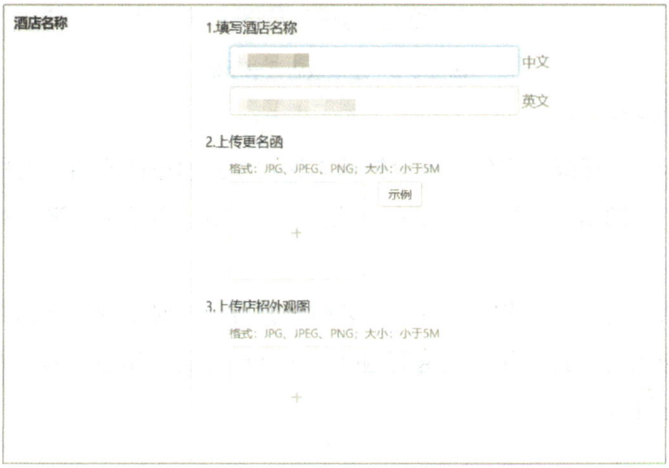

▲图 5-1　eBooking 酒店名称更改

2. 星级钻级

酒店在携程上展示的星级钻级，多数客人将其作为对该店规模档次的判断依据。部分客人在选择酒店时，按照星级钻级进行筛选。商家要保证星级钻级的准确性，以便更好地匹配到精准的客源。

（1）酒店星级

持有文化和旅游部颁发挂牌星级证明的酒店，应在 eBooking 酒店基本信息→星级页面选择星级并上传挂牌星级证明图片、带挂牌的前台图片，填写挂牌星级评定 / 复核日期。挂牌星级证明如图 5-2 所示。

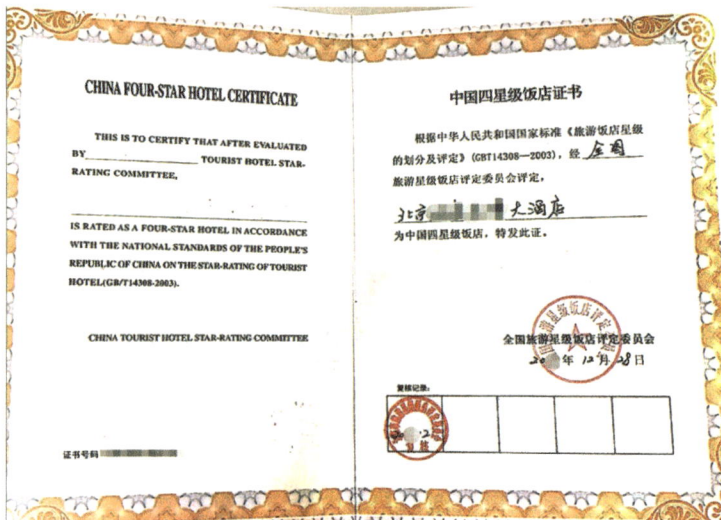

▲图 5-2　星级饭店证书示例

（2）酒店钻级

对于未参加星级评定但各项设施基本达到相应水平的酒店，携程会按照五钻（豪华）、四钻（高档）、三钻（舒适）、二钻及以下（经济）对酒店进行分类。

酒店钻级是平台参考酒店图片、装修、服务、相对市场价格、点评等因素综合评定而出的，钻级并不是越高越好，一旦出现实际体验不如客人预期，便有可能引发投诉。

3. 酒店地址

多数客人在预订时，心中已经有了预设的目标地点，如热门商圈、机场车站、行政区、景点等。对于位置优越的酒店，精准展示这一信息有助于酒店流量与转化率的双重提升。

（1）地址准确：有助于精准推荐

在 eBooking 信息维护→酒店基本信息页面中，商家填写的酒店地址要精确到路名及门牌号（示例：××路×××号），并在地图上精准标注酒店。

　　系统会由酒店地址，根据不同的搜索场景，给客人推荐不同的位置参照信息，如与商区中心、机场、市中心、当前位置的距离或导航路线，如图 5-3 所示。

　　若商家填写的地址格式不对或地址有错误，有可能导致系统给客人推荐的位置参考信息或导航路线不准确。对于极少数偏僻没有路名的酒店，允许通过周边建筑来体现地址信息。

▲图 5-3　携程 APP 的系统提供的位置参照信息

　　（2）位置参照：建立直观认知

　　除了系统推荐位置信息之外，商家还可以通过点评回复、酒店问答、酒店介绍等工具，提供位置、导航参照信息的补充，让客人更加直观地了解酒店位置的优越性。

　　① 酒店简介：在 eBooking 信息维护→酒店基本信息→酒店简介页面中，商家可以修改酒店简介，在简介文案中描述酒店参照位置信息。

　　② 点评回复：在携程 APP 点评页面排列靠前的点评内容中，建议加入位置亮点信息，因为客人浏览点评的比例极高，点评回复中的位置参照信息有机会被更多人看到。

　　③ 酒店问答：对于客人在携程 APP 上向酒店提问所涉及位置相关的问题，

▲图 5-4　携程 APP 的问答详情

商家可以在 eBooking 点评问答页面，提供详细全面的回答。

如图 5-4 所示，客人仅询问到滑雪场的时间，该商家则对酒店到滑雪场及周边景点的车程都做出详细回答，不仅解决了该客人的问题，也为拥有相似疑惑的客人解决了问题。

4. 酒店政策

从酒店详情页到订单填写页，均会显示"订房必读"，即酒店政策。酒店政策关系到客人的入住办理、用餐选择甚至是能否住店，有相当一部分客人会在提交订单前，因为酒店政策放弃下单。

酒店政策包括入离时间、儿童政策、宠物政策、早餐信息、停车场、信用卡及第三方支付，商家可以在 eBooking→信息维护页面设置或修改（部分政策需业务经理维护）。

（1）入离时间

打开 eBooking 酒店政策页，点击入离时间右侧的"编辑"按钮，商家可以对入住时间、离店时间做出修改，如图 5-5 所示。对于客人来说，多数人最关心的是最早的入住时间、最晚的离店时间。

▲图 5-5　eBooking 入离时间

① 入住时间：最早入住时间一般设定在 14:00。商家在淡季可以适当将最早入住时间提前，满足想提前住店的客人的需求。

除了非 24 小时前台的酒店，多数酒店的最晚入住时间"不限"，一旦填写了最晚入住时间，超过最晚入住时间后，该酒店当天在携程官网会显示房间已订完。

② 离店时间：最晚离店时间，一般设定在 12:00。为满足延迟退房需求，

部分酒店会允许客人14：00再退房。若无法面向全部客人延迟退房，就不能将最晚离店时间设为14：00，以免引发投诉。最早离店时间一般设为"不限"，如图5-5所示。

（2）儿童政策

现在，越来越多的父母会带着孩子出游。对于接待客人居多的酒店，尤其要重视儿童政策的设定，尽可能满足亲子客人的需求。

如图5-6所示，儿童政策包含了是否允许儿童入住、儿童可否使用现有床型、是否提供加床服务等。在条件允许的情况下，商家应适当放宽儿童政策限制。

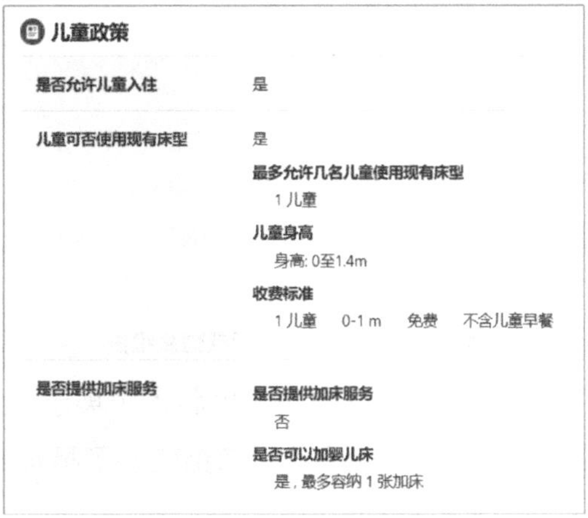

▲图5-6　eBooking儿童政策

（3）宠物政策

不少年轻人会选择携带宠物出门，而允许宠物入住的酒店极少。在携程列表页"筛选"中，有一个筛选条件为允许携带宠物，若商家能抓住这个机会，便能收获一波额外的流量。

在eBooking→信息维护→酒店政策→宠物政策页面中，商家可勾选是否允许携带宠物，是否会额外收费。如果酒店能提供关于宠物的配套设施与服务，既能提升转化率，更能收获好评。

××假日酒店推出的宠物套房，专为宠物准备了小窝、餐具、玩具、拾便器等宠物所需用品，入住过的客人反馈都相当正面。

对于携宠入住的客人，酒店若对宠物类型有限制或要核验动物免疫证明等，商家应提前联系客人告知相关事项，以免到店后产生纠纷。

（4）早餐信息

客人对于房型预订，除了考虑床型，第二大关注点就是是否含早餐。在携程酒店详情 / 设施页也会展示早餐提供的详细信息，包括早餐是否提供、类型、形式、种类、价格、时间等。对于早餐的详细信息，商家应及时去 eBooking 信息维护→酒店政策页面中补充完整，如图 5-7 所示。

早餐信息	
早餐	提供
类型	无 类型 信息
形式	自助餐
种类	无 种类 信息
价格	38 RMB
早餐时间	无 早餐时间 信息

▲图 5-7　eBooking 早餐信息维护

若商家未提供上述早餐信息，携程 APP 将不予展示。如图 5-8 所示，左边酒店仅显示了早餐形式、价格，右边酒店则完善了早餐的种类、形式、价格、营业时间，显然后者对客人更有吸引力。

早餐	
种类	欧陆式
形式	自助餐
价格	98 RMB
营业时间	每天 07:00-10:30开放

早餐	
形式	自助餐
价格	168 RMB

▲图 5-8　两家酒店在携程 APP 的早餐信息

（5）信用卡和第三方支付

客人进入下单支付环节后，支付方式会影响订单最终的成交率。进入 eBooking 酒店政策页面，商家可选择本店可支持的银行卡，包括前台可用银行卡、预订担保可用银行卡，能支持的种类越多越好。

特别注意，随着国内第三方支付的普及，越来越多的客人会选择使用支付宝、微信等第三方支付方式，酒店要尽早开通支持，尽可能满足客人的多样化需求。

（6）停车场

随着自由行、周边游的兴起，越来越多的客人会选择自驾出行，停车场会成为部分客人重点关注的信息。酒店若提供停车场，商家应及时到 eBooking 酒店政策页面维护停车场位置、充电车位、收费情况等信息。

一般来说，若能在酒店内提供免费停车场，自然是最受客人欢迎的。若无停车场，商家可提供附近公共或私人停车场信息。

如果停车场只是酒店门口马路边的车位，请勿强行添加停车场，以免出现客人随意停车被贴罚单的情况，造成客户损失及投诉。如果附近的停车场收费，建议酒店先引导客人去停车场，再为他提供免费停车券或费用报销。

5. 酒店设施

eBooking 酒店设施包括交通服务、儿童设施、休闲娱乐、前台服务、餐饮服务、康体设施、清洁服务、商务服务、娱乐活动设施、通用设施、公共区、其他服务、特色设施等类别。进入 eBooking→信息维护→酒店设施页面，可查看或更新当前酒店设施信息。

对于酒店各类设施，亲子客人会关注酒店的儿童设施，商务客人会关注酒店的交通服务，度假客人会关注酒店的娱乐活动设施。不同类型的客人，对酒店设施的关注方向有所差异。

eBooking 酒店设施页面中，部分设施的勾选需提供相册图片作为佐证。保存提交后，会由携程在 3 个工作日左右完成审核，审核通过后，新增的设施才会显示在携程官网上。商家对酒店设施的维护，讲究以下 3 个原则。

（1）完整性

若酒店为非挂牌星级酒店，携程对该店的钻级评定会受到设施服务的影响。一般来说，只要酒店拥有的设施都要在 eBooking 信息维护→酒店设施页面中进行勾选。

（2）准确性

商家勾选的所有设施服务都要符合平台定义，否则不能勾选，或勾选后审核不予通过。如图 5-9 所示，商家在勾选部分设施时，移动鼠标指针至对应设施项，eBooking 页面上会显示该设施的定义。

商家所勾选的设施，其经营主体必须为酒店本身，而非外包、物业管理。例如，某酒店公寓勾选了健身室，但该健身室属于小区物业所有，一旦公寓跟物业产生纠纷，导致客人无法使用健身室，便会引发投诉。

同时，酒店提供的设施必须是独立的个体或空间，如酒店大堂吧能为客人提供餐食、咖啡，但不能同时勾选大堂吧、咖啡厅、餐厅，若要勾选三者，三者必须是 3 块独立的区域。酒店提供的服务必须是有专人为客人提供该服务，如洗衣服务是由专门部门或专人给客人提供服务，而非提供洗衣机由客人操作。

▲图 5-9　eBooking 设施定义

（3）及时性

eBooking 酒店设施清单在 2019 年有所更新，商家可以查看是否有新增的设施项可以勾选。若酒店设施有新增或变动，商家应在第一时间进入 eBooking 信息维护→酒店设施页面更新。

5.1.2　房型层面：促进客人下单

商家可以通过酒店层面的文字信息让客人产生兴趣，房型层面的文字信息也不容忽视。调研显示，客人对房型信息的关注度甚至超过酒店信息，因为客人认为"住的是房间，又不是酒店和大堂"。

房型层面的文字信息可以分为 2 个部分：一是房型基础信息，包括房型名称、床型、面积、窗户等物理层面的信息；二是房型售卖信息，包括房型餐食、取消政策、支付方式、增值服务、优惠信息等售卖层面的信息。

1. 房型基础信息

房型基础信息能传达出房型的基本功能、特色、规格等属性，是酒店产品的根本价值所在。对于最受客人关心的房型名称、床型、窗户、面积、设施等，商家需要重点维护好。

（1）房型名称

在携程 APP 房型列表页，名称是用来区分不同房型的核心。一个好的房型名称能有效传达出该房型的功能与特色，第一时间吸引客人眼球。对于如何取好房型名称，商家可参考以下 4 种方式。

① 按档次命名：按照房型档次划分是最常见的房型命名方式，如高级大床房、豪华大床房、行政套房等，如图 5-10 所示，划分的具体依据一般是房间面积、设施规格等。

按档次命名房型的优点是，能帮客人快速了解房型差异所在，快速做出决策；这类命名方式的缺点是，房型名称过于普遍，无法展示房型特色与亮点。

② 按景观命名：对于透过窗户能观赏到景观的酒店，不管是山景、园景还是海景，都可以融入酒店名称中，如图 5-11 所示，常见的名称有山景大床房、园景双床房等，区分房型的依据是窗外景观。

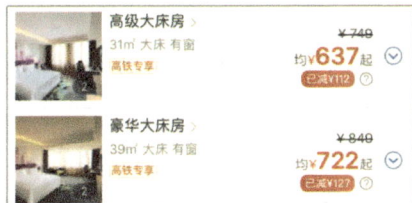

▲图 5-10　按档次命名的房型　　　　▲图 5-11　按景观命名的房型

按景观命名房型的优点是，任何客人都会向往景观好的房间，这类房型名称能激发客人对美好景物的联想，更容易激励下单；这类命名方式的缺点是，由于实际条件限制，并不是所有酒店都能按景观命名。

③ 按特色主题命名：为满足不同客群的需求，部分酒店会推出特色主题房，如针对影视爱好者推出的观影房型，面向亲子客人推出的小黄鸭主题房，如图 5-12 所示。

按特色主题命名房型的优点是，当酒店获取精准客流后，下单转化率极高；这类命名方式的缺点是，商家自行打造的主题房型难以推广，酒店可以与携程签约亲子主题房，获得平台精准导流。

④ 按设计风格命名：若酒店的装修设计风格有一定特色，可以在房型名称中增加设计相关的关键词，如日式大床房、庭院房等，如图 5-13 所示。

这类命名方式的优点是，让客人快速了解房型的设计特色，即使没有景观主题也能吸引客人；这类命名方式的缺点是，若少数客人对设计风格偏好有所差异，过于突出某种风格，反而可能导致部分客源流失。

▲图 5-12　亲子主题房

▲图 5-13　按设计风格命名的房型

商家命名房型时，可参考上述 4 类方式对酒店客房分类取名，但要注意避免以下 3 类问题。

一是房型名称过多，客房分类太细导致房型差异小，客人难以区分差别，增加选择难度。

二是房型名称过于抽象，部分酒店使用"青青子衿""陌上花开"等文学词汇，令人难以理解。

三是房型名称过于花哨，在房型名称上堆砌了过多的关键词，如法式浪漫山景精品行政大床房，无法明确展示房型特色与差异。

（2）房型设施

进入房型详情页，客人可查看该房型的设施信息，包括便利设施、媒体科技、食品饮品、浴室、室外景观、其他等分类。一般来说，该房型提供的设施越多，越容易吸引客人预订。

进入 eBooking 信息维护→房型设施页面，商家如需勾选某一项设施，要选择是所有客房还是部分客房，如图 5-14 所示。对于涉及费用的设施，商家需勾选免费或收费以及价格。

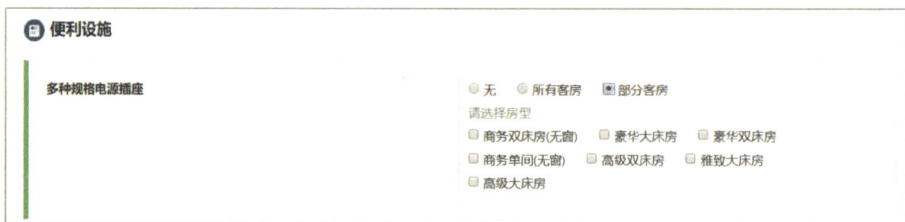

▲图 5-14　eBooking 房型设施勾选

2019 年 eBooking 房型设施页面有所更新，iPad、智能马桶、自动窗帘等新增设施项，酒店客房若能提供应及时更新至 eBooking。这些新型设施被客人查看之后，有利于刺激订单成交。

同酒店设施一样，在维护房型设施时，商家要保证所勾选的设施符合平台定义。所有房型设施必须是在房间里长期放置的才能勾选，而不是需要客人致电前台才能获取。

（3）基本信息

除了房型设施、房型名称之外，客人还会查看房型的基本信息，最受关注的是床型、窗户等。点击 eBooking 信息维护→房型信息页面中的任意一个房型"详情"按钮，即可修改基本信息。

① 床型：客房的床型主要有 4 种，大床、双床、单人床、多张床，点击打开图 5-15 所示的下拉列表框，可查看每一类床型对宽度的定义，也可设置床型实际宽度。对于多张床的房型，商家可设置床的张数。

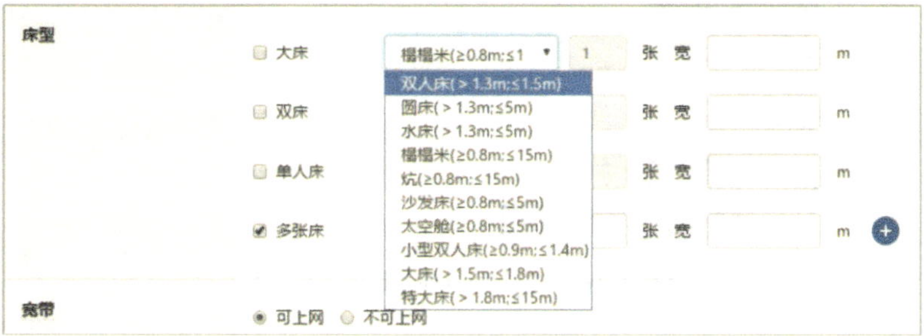

▲图 5-15　床型信息维护

② 窗户：商家可以在基本信息中，选择该房型的窗户信息，包括有窗、部分有窗、内窗、天窗、封闭窗、无窗，后面 4 种窗户的含义如下。

内窗：窗户朝向走廊，光线比较暗，通风效果比较差。

天窗：窗户设在屋顶上用以通风和透光。

封闭窗：不能打开的窗户，是密封的，不能通风透气。

无窗：房间没有窗户（窗户在卫生间，同样视作无窗）。

除了窗户、床位信息之外，商家可以在 cBooking 房型信息页面中自行维护标准房型、房间数、楼层、标准入住人数、面积、加床、宽带、无烟等信息。

对于影响客人入住的房型信息必须告知，否则可能引发投诉，商家可以联系业务经理进行维护。另外，房型名称如需修改，商家也要联系业务经理。

2. 房型售卖信息

每个物理房型可以包装出多个不同的售卖房型，供客人挑选。房型售卖信息一般包含取消政策、支付方式、增值服务、优惠信息等。

（1）取消政策

根据取消政策的限制程度，同一款房型设定的取消政策越严格，其售卖价格通常越低，这是出于提升转化率的考虑。携程在 2018 年推出阶梯取消政策，随着入住时间的临近，客人的取消成本呈阶梯上升。该政策在保证转化率的同时，又降低客人随意取消的概率，建议商家优先使用阶梯取消。

如图 5-16 所示，在 eBooking 房态房价页面设置阶梯取消，参加活动后该政策将覆盖酒店全部预付房型。

▲图 5-16　eBooking 阶梯取消政策详情

（2）支付方式

携程客人可以按照现付、预付、闪住 3 种方式支付房费。在预订阶段，若客人无须支付任何费用，其心理压力往往是最小的。所以，支付方式对客人造成的心理压力从高到低排序为预付 > 现付 > 闪住。售卖定价上，同一款房型的预付价格一般会略低于现付价格。

闪住是相对最容易激励客人下单的一种支付方式，因为客人从预订到入住几乎都不用付出任何费用，离店后才会扣款，预订及住店体验较好。商家若想开通闪住需联系携程业务经理或在 eBooking 首页在线加盟，如图 5-17 所示。

▲图 5-17　eBooking 闪住

对于部分设置担保的现付房型，客人在预订时会被扣除担保费用，到店后前台又会收取一定费用，担保费用离店后才会由平台退还至原账户，这有可能造成少数客人迷惑，增加解释成本。通常，建议商家在房间极为紧张的时段才考虑担保政策。商家设置或取消担保，需联系携程业务经理。

（3）增值服务

除了房型本身的售卖，商家还可以提供部分增值服务来刺激客人下单。目前，携程上常见的增值服务有 3 类——早餐、礼盒、会员权益。

早餐是客人选择房型时，最关注的因素之一。对于每一个房型，商家可配合该房型的标准入住人数提供不同的早餐份数来售卖，如大床房最多可入住 2 人，酒店可以按照早餐份数来定价售卖——无早、单早、双早，满足不同类型客人的需求。商家对于同一物理房型，想要建立新的售卖房型，需联系携程业务经理。

礼盒是客人当次入住即可免费享用的实物或服务，并且礼盒价值不能过低，如周边景区门票等。商家可以将礼盒跟客房产品打包一起售卖，礼盒的设置需联系携程业务经理，部分关键的礼盒设置规则请参考表 5-1。

▼表 5-1 礼盒设置规则

1. 礼盒需有明确的时间段、礼品内容及数量（如按间、人、次、天、首日、每日等）
2. 各类赠送的票券至少可在酒店内抵用一项消费
3. 隐性消费的票券类规则：票券类仅限在酒店内使用（门票类可在指定点领取使用，本身免费或赠送内容非入住酒店所在城市的情况，不予录入）
4. 不允许披露客人敏感信息（身份证、护照、联系电话）
5. 接机/门票类礼盒必填四要素：①提前预订时间（提前 × 天或 × 小时）；②取消预约时间（提前 × 天或 × 小时）；③注明酒店预约联系电话；④明确接机类型（拼车、班车、专车）

会员权益是指携程会员客人可享受的酒店提供的专属权益服务，如延迟退房、免费升级等。商家在 eBooking 促销推广页面，参加权益云计划或优享会活动，对应房型中都会有标签激励信息。

（4）优惠信息

酒店有竞争力的价格可通过优惠促销标签让客人感知。报名 eBooking 促销推广活动后，售卖房型信息会显示折扣优惠，如"早鸟优惠减 42"，价格下方会显示"已减 ¥42"，如图 5-18 所示。

▲图 5-18　优惠信息

5.2　图片类信息

在读图时代，一张好图往往胜过千言万语。OTA 客人预订时，对酒店最直观的印象是由视觉内容构建出来的。酒店的豪华度、客房的干净度、交通的便利度等都能由图片反映出来，图片影响着酒店销量。

5.2.1　增加图片数量

酒店 A 的每类房间只有一张客房照，酒店 B 提供了客房全局照、窗外景观照、卫浴细节照，从客人立场来看，哪一家酒店更能让客人放心下单呢？毫无疑问是酒店 B。增加图片数量是酒店优化 OTA 图片的第一步。

1. 图片类型清单

客房是客人在酒店中主要的停留场所，却不是他们唯一关心的地方。除了房间，外观、大堂、餐厅、公共区域等场所，是客人了解酒店综合规模、风格、品质的依据，商家需要上传图片来展示这些场所。

在 eBooking 信息维护页面中，酒店图片分为 9 种：房间、外观、餐饮 / 会议、休闲、商务、家庭 / 亲子、公共区域、周边、其他。图片还可划分为 3 类，一是外景图片，二是内景图片，三是 360° 全景图片。

（1）外景图片

① 外观：客人对酒店整体的判断，一般来源于外观图片。预订豪华型酒店的客人，会以外观照片来判断酒店的豪华程度；预订经济型酒店的客人，会以外观及周边照片来判断交通、生活娱乐的便利度；预订民宿客栈的客人，则通过外观照片来了解酒店风格与特色。外观图片的拍摄可以参考表 5-2。

▼表 5-2 外观图片拍摄

拍摄对象	图片内容
主体	酒店建筑主体照片，通常是一幢楼，最好能包含日景、夜景
门头	含店招的酒店门头照片，一般是酒店入口外景，不要出现无关车辆、行人等杂乱元素
庭院	大型度假型酒店的庭院与景观

② 周边：多数客人尤其是旅游度假客人，会特别关注酒店附近的景点，因此周边景点照片也是吸引客人预订的有效手段。此外，周边的配套设施，诸如商场、便利店、银行、交通，能让客人很直观地看到酒店位置的便利性。对于位置相对难找的酒店，周边的图片是给客人到店导航的有效参照物。周边图片的拍摄可以参考表 5-3。

▼表 5-3 周边图片拍摄

拍摄对象	图片内容
附近景点	名胜景点、周边景观、地标建筑
周边配套	酒店附近的商超、餐饮、公交站、停车场、酒店门口路牌

（2）内景图片

① 房间：酒店在 OTA 创建的每一类物理房型都应该独立拍摄多个角度的图片，如表 5-4 所示。切忌用一套照片展示不同的房型，这样做的坏处有两点，一是客人难以区分各房型的差异，二是有可能引发"照片与实际不符"的投诉。

▼表 5-4 房间图片拍摄

拍摄对象	包含元素
全局	包含床的全局图片
窗户	是否有窗、窗户布局、窗户类型
景观	窗外的海景、山景、湖景、夜景等
卫生间	卫生间格局、淋浴设施、浴缸、马桶、洗浴用品、化妆镜等细节
装饰	灯具、装饰画等
设施	电视机、书桌、沙发、小茶几、迷你吧、智能客控
特色细节	欢迎礼品、客房布置

② 餐饮/会议：餐饮类照片一般会拍摄餐厅公用区、餐厅独立包房、咖啡厅等。除了大空间的照片，餐厅照片还可以拍摄局部特写，如餐厅装饰细节、特色美食甜品等。餐厅图片拍摄可以参考表 5-5。

▼表 5-5　餐厅图片拍摄

拍摄对象	包含元素
餐厅整体	餐厅公共用餐区、独立包房、餐厅入口
餐桌摆设	餐桌配备餐具、绿植、菜品，要避开客人
宴会厅	会议、婚宴、空景，会议室摆放文具、瓶装水和讲台鲜花，婚宴设备需摆放餐具、桌花

③ 公共区域：公共区域照片通常会拍摄酒店大堂、走廊等区域，若是其他公共区域有特色亮点，如装饰画、摆件等，可以纳入拍摄范围。如果拍摄涉及前台、客人等人物照片，应签署肖像权协议。公共区域图片拍摄可以参考表 5-6。

▼表 5-6　公共区域图片拍摄

拍摄对象	包含元素
大堂	酒店正常营业状态的大堂，不同角度、不同时段拍摄
休息区	大堂可供客人休息的区域
大堂吧	拍摄大堂吧的茶水、摆设
服务	拍摄酒店员工办理入住、收拾床铺的服务场景，需签订肖像权协议

④ 休闲：一般以拍摄康体设施、娱乐活动设施为主，包括拍摄健身房、游泳池、SPA 馆、酒吧、行政酒廊、高尔夫球场、大堂吧等。

⑤ 商务：一般以会议室、多功能厅、商务中心等空间的拍摄为主，可以拍摄会议室准备完成、无人进入的画面。

⑥ 家庭 / 亲子：一般以儿童乐园、儿童俱乐部等空间与设施的拍摄为主。

商家应在 eBooking 信息维护→酒店图片页面，准确上传图片至对应分类，如图 5-19 所示。对于任何一家酒店来说，外观和公共区域两个类别的照片，应至少各提供 1 张图片。

对于酒店图片数量的要求，建议每个房型图片数量≥ 4 张。对于外观、公共区域餐饮、休闲等类别的相册，建议 0 ~ 3 星酒店每个类别图片数量≥ 3 张（若无亲子、商务设施，无须上传），4 ~ 5 星酒店每个类别图片数量≥ 5 张。图片上传没有绝对的数量标准，对于有条件的酒店，上传的图片越多越好。

（3）360° 全景图片

除了常规拍摄的图片之外，商家还可以邀请摄影师来为酒店拍摄 360° 全景图片，让客人能全方位浏览酒店内景，获得身临其境般的体验感。目前，eBooking 尚不支持商家自行上传全景图片，拍摄完成后，可以将素材发给携程业务经理，提交至携程美编组审核上传。

▲图 5-19　eBooking 酒店图片

2. 图片素材丰富

携程酒店相册，包括两个部分的图片：一是酒店官方在 eBooking 上传的图片，归在携程 APP 官方图片类别；二是精选住客点评上传的图片，归在携程 APP 住客晒图类别，如图 5-20 所示。

▲图 5-20　携程 APP 酒店相册

（1）增加官方图片数量

商家应根据上述图片类型清单，与摄影师沟通拍摄，尽可能多地上传酒店官方图片至携程 APP。若酒店状态有变化，如添加了新的设施或重新装修过，商家需要及时补拍并上传。

（2）增加住客晒图数量

携程 APP 的住客晒图是由系统从客人点评时上传的图片中精选出来的，主要收纳高质量的点评图片，这类图片由住客实拍，预订者参考的价值更高。

要增加这类图片的数量，商家可以多鼓励客人提交图文并茂的点评。三亚的一家五星酒店，会为客人提供拍摄服务，培训员工拍照水平，为客人拍摄精美大片，激发客人分享与点评的欲望。

5.2.2 提升图片质量

仅增加图片数量还远远不够，只有真正保证了图片质量，才能给酒店产品的包装起到正面作用。所以，图片的拍摄、选择、应用，都要讲究技巧与方法。

1. 图片拍摄

一家酒店的筹建动辄上千万，营销费用每年也有数十万，相比之下，图片拍摄所投入的费用只是凤毛麟角，但好的图片能给酒店带来实实在在的订单增长。所以，图片务必由建筑空间摄影师来拍摄。

（1）专业拍摄

酒店应尽量邀请有过建筑空间拍摄经验的摄影师，或向同行了解当地口碑较好的摄影师，并提前查看对方往期作品，以免后续拍摄不满意浪费金钱与时间。

①拍摄时间：酒店图片的拍摄要避免季节性、节日性，如冬季下大雪的酒店外观照片肯定不适合在携程上常年展示，酒店官方图片呈现的应该是酒店的日常状态。商家应该与摄影师沟通一天之内的拍摄时段，如除了拍摄白天的图片，可能还要拍摄夜景图片。

②拍摄对象：参照上述图片拍摄清单，商家应提前罗列好希望摄影师拍摄的内容，在拍摄前、拍摄中应与摄影师多沟通，现场及时查看拍摄的图片。商家应主动协助完成摄影师的要求，如床单的熨烫、花艺的布置。如图 5-21 所示，某酒店的外观图片，门口的行人与杂乱的车辆严重破坏了画面的美感。

③后期修饰：多数摄影师会对图片进行后期修饰，对于原片中的细微缺陷，可以让摄影师进行修补，但不要过度修图。

（2）业余拍摄

若酒店确实因为不可抗因素只能自己拍照时，可参考基础的拍摄技巧，对酒店客房、外观、公共区域等空间进行拍摄。

▲图 5-21 　某酒店的外观图片

① 客房拍摄：拍摄客房全局图片时，应保持相机 / 手机镜头平稳，拍摄者可以站在房间门口或窗户旁边，从两个角度拍摄房间全景，图片要保证横平竖直，如图 5-22 所示。

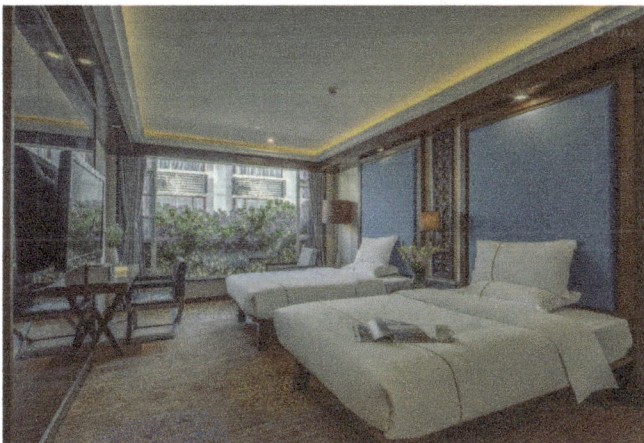

▲图 5-22 　客房图片拍摄示例

光线过暗时，可开灯拍摄，不要逆光拍摄，图片不要过亮或者过暗。完成拍摄后，对于光线偏暗的图片，可使用图片修改工具，调整图片亮度。

② 外观拍摄：拍摄酒店外观照片时，一般要拍摄酒店门头。对于外观偏旧的酒店，可考虑拍摄夜景照片。若拍摄建筑主体，应将酒店主体置于图片中央，上下有一定留白，如图 5-23 所示。

③ 公共区域拍摄：拍摄公共区域，尤其是拍摄大堂、前台时，应拍摄全局或突出有特色的区域；拍摄过程中，要保持光线充足，画面整洁无杂物，注意不要拍摄到客人，如图 5-24 所示。

▲图 5-23　外观图片拍摄示例

▲图 5-24　公共区域图片拍摄示例

2. 图片挑选

由于拍摄水平参差不齐，商家要筛选后再上传到 OTA 商家后台，尤其是酒店首图、房型首图的选择务必要慎重，否则可能会因为一张糟糕的酒店图片，导致订单白白流失。

（1）图片选择的原则

① 清晰度：清晰度是保证图片质量的基本前提，所有图片的分辨率最好能达到 1 024 px×768 px，要杜绝模糊或变形的图片。在 eBooking 上上传图片最小尺寸为 550 px×412 px，小于该尺寸则无法上传。查看单张图片的分辨率，可在计算机上点击图片，点击右键选择"属性"命令，打开"属性"窗口，点击"详细信息"选项卡，如图 5-25 所示。

② 美观度：考虑到携程平台的图片展示形式，建议商家尽可能上传横向比

例的图片。在上传图片至 eBooking 之前，可以先在手机上查看图片，根据展示效果适当裁剪。

同时，所有上传图片要保证亮度合适、色调正常、构图合理，图 5-26 所示的左侧图片，由于窗外光线过亮无法看清景观，而右侧的图片色调明显失真。

（2）酒店首图的选择技巧

商家将丰富精美的图片上传至 eBooking 后，有两类图片的选用会直接影响酒店在平台的流量获取与订单转化，这 2 类图片是酒店首图与房型首图。

① 展示：酒店首图是展示在列表页最左侧的图片，也是客人在携程 APP 打开详情页时看到的第一张图片，如图 5-27 所示。酒店首图通过作用于列表页的点击率、详情页转化率，对酒店订单量产生影响。

▲图 5-25 图片分辨率查看

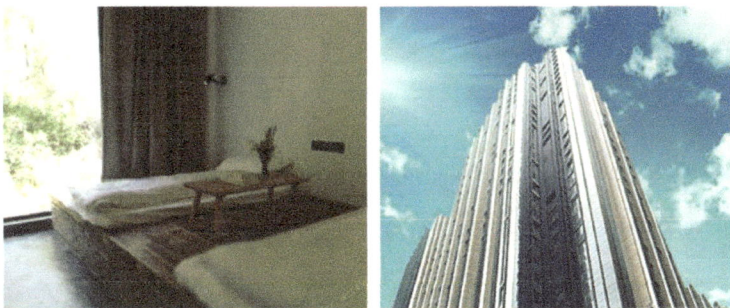

▲图 5-26 不合适的图片案例

② 选择：在 eBooking 信息维护→酒店图片页面，商家可以从酒店相册中，挑选 1 张图片，将其设置为首图。对于酒店首图的选择，建议商家从首图类型、首图风格、首图测试 3 个方向挑选出最受客人欢迎的首图。

首图类型：3 ～ 5 星（钻）酒店，建议使用酒店门头或建筑主体照片，以凸显酒店豪华程度；2 星（钻）及以下酒店，若外观图片相对普通，建议使用客房照片作为首图，如图 5-28 所示。

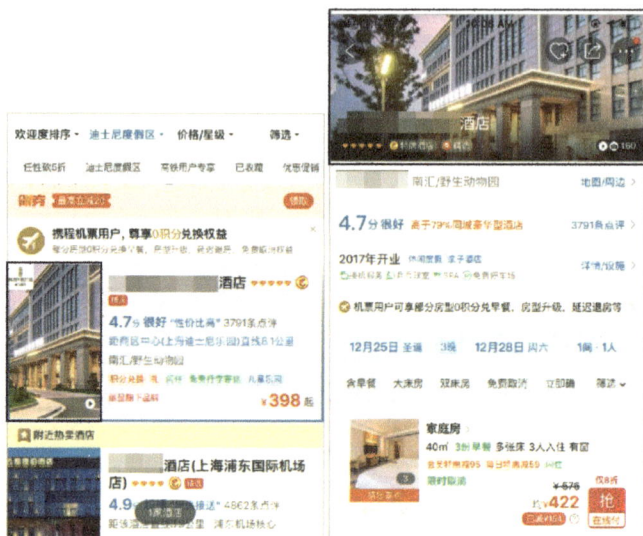

▲图 5-27　酒店首图展示

首图风格：酒店要在列表页中脱颖而出，对比列表页相近排名的酒店，首图风格最好有一定的差异。图 5-29 所示的首图中，第 2 张首图构图美观，还包含了柳树、河景景观，从视觉上更吸引人。

▲图 5-28　酒店首图类型

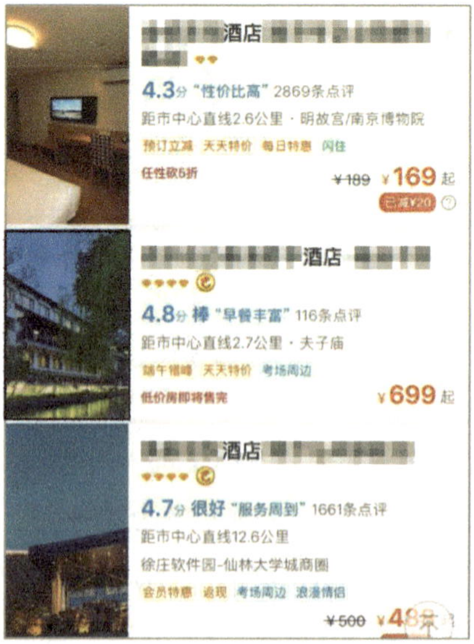

▲图 5-29　酒店首图风格

首图测试：由于首图会同时作为列表页、详情页的首图展示，系统会对图片进行裁切，商家修改首图后应及时在携程 APP 查看展示效果。

如图 5-30 所示，一般建议首图使用横版图片，若使用的是建筑主体照片，应保证酒店主体位于画面中心且上下有一定的留白，否则有可能出现列表页或详情页的图片展示不完整的情况。

▲图 5-30　酒店首图在列表页 / 详情页展示

列表页首图会影响曝光转化率，更改首图后，商家可进入 eBooking 生意通→数据中心→流量分析→ APP 流量转化漏斗页面，记录本店更改首图前后的曝光转化率变化，如图 5-31 所示。

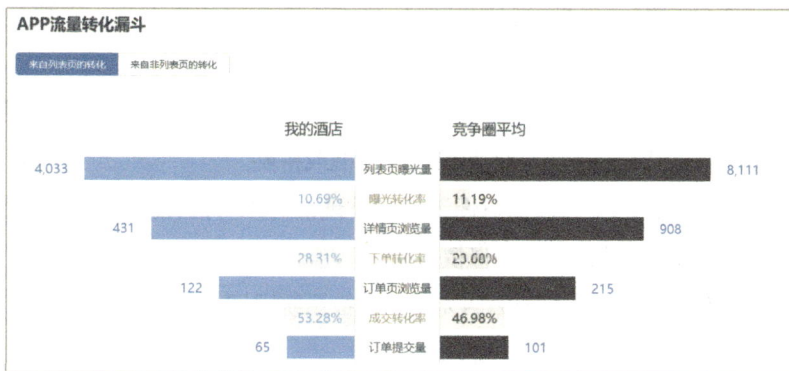

▲图 5-31　eBooking 曝光转化率

（3）房型首图的选择技巧

① 展示：在房型列表页，客人看到的左侧房型缩略图，即房型首图，如图 5-32 所示。房型首图与名称的组合，能帮客人快速了解该房型的功能与特色。

② 选择：在 eBooking 信息维护→酒店图片页面，商家可以修改房型图片。一般来说，房型图片会选择能体现该房型特色的全景客房图片，如景观房一定

要保证房型首图包含景观，如图 5-33 所示。

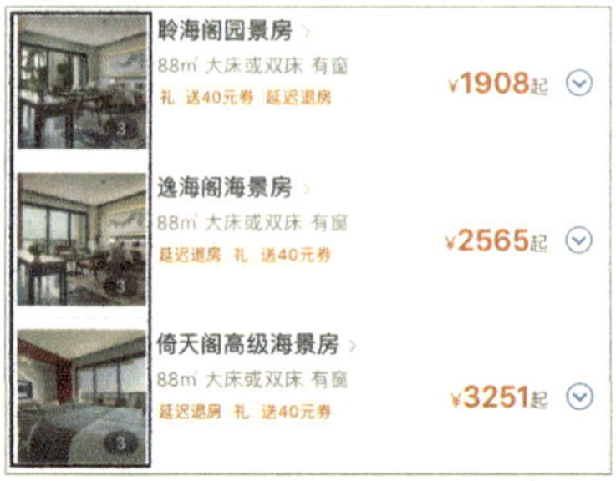

▲图 5-32　房型首图展示

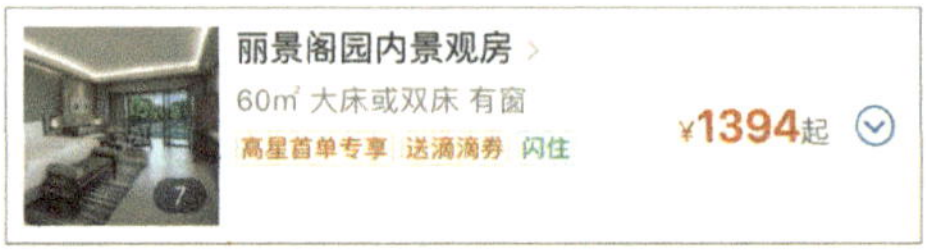

▲图 5-33　房型首图示例

（4）不推荐的图片

商家上传图片至 eBooking，会经平台审核，以下是一些关于图片审核的常见问题，商家在上传过程中务必留意并避免这些问题，问题图片会被系统退回。

①尺寸过小／体积过大：商家应留意图片的尺寸，图片尺寸如果低于 550 px×412 px，或文件大于 20 MB，图片会被退回。

②方向错误：拍摄时应横向取景，并确保图片文件按正确方向显示。

③文字、水印、广告：图片上勿包含广告、预订电话、网址、水印等信息。

④非实景拍摄：务必确保所有图片为本酒店实景拍摄图片，不要使用效果图。

⑤过度美化：避免过度美化图片，偏离实际情况的美化会对客人产生误导。

⑥边框或拼贴：避免出现任何样式的边框或拼贴。

⑦人物肖像：过多的人物肖像无益于体现酒店本身的样貌，且无版权的人物肖像照容易引发法律问题，应谨慎使用。

⑧酒店无关内容：内容与酒店无关，会被系统退回。

⑨避免出现其他酒店或品牌的 logo。

5.2.3　拓展视觉内容

除了图片之外，商家在携程还可以提供视频、图文等视觉内容，辅助客人更全面立体地了解酒店，下面介绍酒店视频、酒店图文这两类信息的维护。

1. 酒店视频

视频以动态的视觉形式，给予酒店更全方位的展示，在携程酒店相册、

详情 / 设施页均可展示。那么，商家该如何通过数十秒的短视频，促成订单转化呢？

（1）视频来源

数据显示，提供短视频的酒店，转化率与订单量都有显著提升，因为短视频能给酒店提供更全方位的展示。以三亚的一家五星级酒店为例，该酒店的屋顶有一个无边泳池，图片只能从某一个角度拍摄，拍出来的无边泳池看上去跟别的酒店的普通泳池差不多，而短视频则能 360° 全方位展示，让浏览者感到震撼。

目前，携程的短视频来源有 2 个：一是商家自行上传的，由官方提供拍摄制作而成；二是系统根据酒店相册合成的。前者提供的短视频质量往往更高，对客人的预订决策更有激励作用。

（2）视频制作

① 视频拍摄：短视频拍摄内容分为 2 类：一是硬件，包括酒店外观、大堂、客房、庭院、海滩、餐厅及各类设施；二是软件，这主要是指酒店的各种服务场景、品牌故事等软性内容。

不同类型的酒店，拍摄重点有所差异。经济型酒店一般更侧重酒店内景，而豪华型酒店除了内景，还要将周边美景、酒店外观在视频中展示出来。视频拍摄难度较高，建议邀请专业人士拍摄制作。

若是商家自行拍摄，对于视频素材可分段拍摄，无须一镜到底，不断调整灯光、布景、角度、滤镜，尽可能多尝试，多参考同行的优质视频，搜集更多的素材，便于后期剪辑。

② 视频剪辑：若邀请专业人士拍摄，剪辑工作由相应人员负责。选择自主拍摄的商家，在剪辑视频时，可选用剪辑软件——计算机端有 Premiere、会声会影等，手机端有 VUE、iMovie、小影等 APP。

（3）视频上传

在 eBooking 信息维护→酒店视频页面，商家可点击"编辑"按钮，上传或更换视频，如图 5-34 所示。同时，商家还要上传一张视频封面图。

① 视频格式：视频格式为 MP4，大小在 20 MB 以内，比例建议为 16∶9，时长控制在 30 ～ 90 秒，不允许出现第三方 logo，视频封面图格式在 jpg、jpeg、png 当中任选其一，封面图大小在 2 MB 内，不允许出现水印。

▲图 5-34　eBooking 酒店视频

② 视频审核：以下 5 类问题，可能导致审核不通过——视频颠倒，后期添加装饰性图案，画面模糊或昏暗，非酒店视频，无版权人物肖像。视频上传后，携程将在 3 ~ 5 个工作日内完成审核。

2. 酒店图文

除了视频，商家可以通过图片 + 文字的搭配，更详细地介绍该酒店的优势与特色。例如，仅看餐厅图片，客人无法判断酒店提供了哪些美食，口味如何，但这些信息却能通过酒店图文传达给客人。

（1）图文类别

在携程 APP 详情 / 设施→图文详情页，客人能看到关于该酒店图文并茂的介绍展示，分为 2 种，一类是整图形式，另一类是图片 + 文字形式，如图 5-35 所示。

▲图 5-35　酒店图文的展示

（2）图文构成

在 eBooking 信息维护→酒店图文页面，商家可上传图文内容。酒店可以从以下 4 个方面去撰写本店的图文：酒店介绍、特色房型、特色餐饮、周边推荐。对于 4 ~ 5 星级酒店，可增加泳池介绍、班车信息、养生 SPA、亲子活动、名人推荐等。

（3）图文形式

在 eBooking 酒店图文的编辑页面，商家可以选择整图形式或图片 + 文字录入形式上传，如图 5-36 所示，2 种形式的编辑方式与要求有所差异。

▲图 5-36　eBooking 酒店图文

① 整图形式：商家可以制作精美的图文海报，以整图形式上传，大小要在 10 ~ 20 MB 之间，支持 jpg、jpeg、png 格式。整图上传，需要商家提供图文素材授权书，将图文资料以缩略图形式打印，打印盖章并注明"以上信息授权给上海赫程国际有限公司免费使用"。

如图 5-37 所示，这是三亚一家酒店的酒店图文节选，该酒店以图文并茂的形式，展示了该酒店海景客房，重点提及私家浴缸、炮弹浴球等网红元素，以此来吸引客人。

② 图片 + 文字录入形式：商家也可以在 eBooking 酒店图文页直接编辑图文内容，如图 5-38 所示。酒店图文标题最多 10 个字，每

▲图 5-37　携程 APP 酒店图文案例

个段落最多 150 字，一般建议每个段落字数在 50 字以内，这样携程 APP 展示效果更佳。描述性文字需从客观角度叙事，与图片内容相呼应，标题需引人入胜，非酒店名称、设施名称或客房名称。

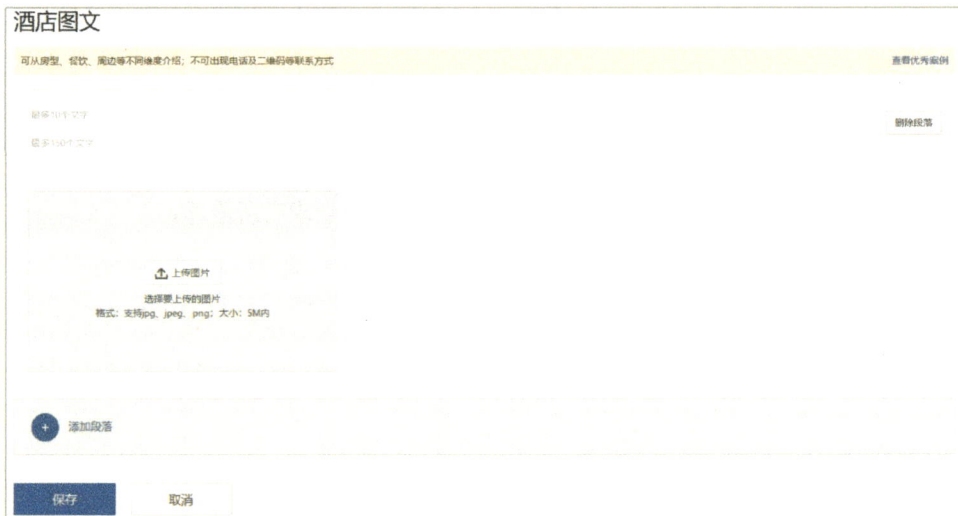

▲图 5-38　eBooking 文字录入形式

（4）图文审核

酒店图文不宜包含网址、电话、地址、社交网络账号（微博、微信等），同时应避免出现《中华人民共和国广告法》规定的禁用词或敏感信息，否则将有可能审核不通过。

5.3　互动类信息

不管是文字，还是图片信息，都是相对静态稳定的信息，在短时间难以做出快速改变。在携程，互动类信息可能被部分商家忽视，展示形式为在线咨询、点评回复、酒店问答，其可控性很强，互动类信息对转化率影响极大。

5.3.1　在线咨询

在电商平台挑选衣服，许多客人遇到问题的第一反应不是去商品详情查看，而是通过在线对话工具找到店铺客服咨询。2018 年，携程推出在线咨询工具，客人可以与商家开展在线聊天。

1. 了解在线咨询

从售前、售中再到售后，客人都能通过详情页的在线咨询入口联系到商家。尤其是在客人下单前，若商家能及时合理地回复，能有效提升下单转化率。

（1）展示位置

如图 5-39 所示，在线咨询工具在携程 APP 显示为"问问店家"按钮。客人在浏览详情页时，有任何问题，只要点击该按钮，即可向商家咨询。在 eBooking 在线咨询页，商家收到消息后，可即时跟客人对话。

▲图 5-39　详情页在线咨询入口

除此之外，在地图页、图片页、点评页、订单页、设施 / 详情页等页面，在客人预订的全流程中，都会提供在线咨询的入口，保证客人能随时随地跟酒店在线沟通。

（2）使用效果

从已开通在线咨询的酒店来看，总体订单量增长达 7%，回复得好的酒店，开通后的订单增长高达 50%。福建武夷山的一家客栈，开通在线咨询功能一个月后，通过有效沟通，订单量增加了 2 倍。

从售前到售中再到售后，商家保持与客人的实时沟通，及时帮客人解决问题，有利于提升客人从预订到住店的体验。开通在线咨询并及时回复的酒店，好评数量增加了 20%。

2. 开通设置

在线咨询入口需商家主动在 eBooking 上开通，开通后携程官网才会面向客人开放这一入口，下面介绍一下在线咨询的开通与设置。

（1）申请开通

尚未开通在线咨询功能的酒店，在 eBooking 首页右侧边栏能看到"在线咨询"按钮，如图 5-40 所示，商家点击可进入申请页面，点击"免费开通"按钮，按照提示步骤操作即可。

（2）咨询设置

开通在线咨询以后，商家要在 eBooking 做好基础设置，以免出现消息遗漏或回复不及时问题，造成订单的流失。在线咨询的设置，包括 3 个方面，一是设置服务时间，二是设置消息提醒，三是设置自动回答。

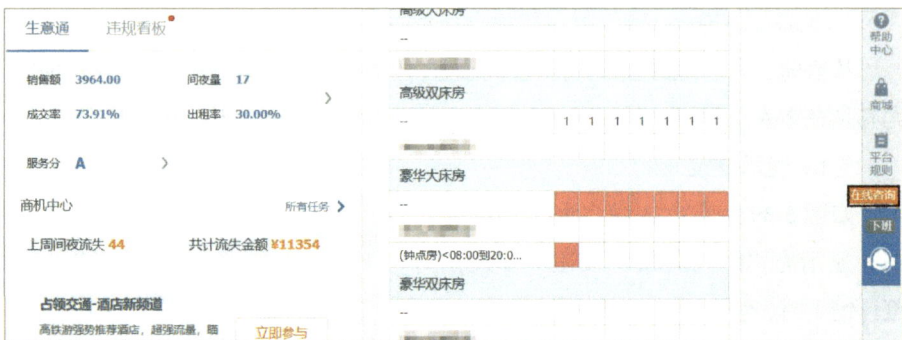

▲图 5-40　eBooking 在线咨询按钮

① 设置服务时间：点击 eBooking 右侧边栏"在线咨询"按钮，点击页面右上角按钮，进入设置页面。如图 5-41 所示，商家可设置对客服务的时间。

▲图 5-41　eBooking 对客服务时间

② 设置消息提醒：若客人发送消息，商家在 eBooking 端与 eBooking 手机端都能接收到。如图 5-42 所示，在计算机端，商家可设置声音提醒、弹窗提醒，并在计算机上始终打开 eBooking 网页，这样就能保证收到客人消息提醒。同时，可以开启短消息提醒，并输入接收的手机号，商家在手机上也能收到消息提醒。

③ 设置自动问答：在客人咨询且酒店人手不足的情况下，未必能立刻回复，商家可以通过在线咨询页面设置自动问答，对于常见问题可以第一时间自动回复客人。

如图 5-43 所示，点击"增加自动问答"按钮，在跳出的弹框中输入问题，在右侧文本框中输入答案，并将问题划分到对应类别中。对于自动问答的设置，酒店可以搜集过往高频提及的问题，设置自动问答。

▲图 5-42 eBooking 消息提醒

▲图 5-43 eBooking 设置自动问答

3. 使用技巧

对于开通在线咨询，商家需谨慎对待，一旦出现未及时回复或回复不合适的情况，反而可能造成客人不满或订单流失。所以，学会利用好在线咨询这一工具至关重要。

（1）人员配置

在线咨询的沟通与面对面的沟通一样，都讲究一定的沟通技巧。在正式开通在线咨询之前，商家应该对店内员工做好培训，主要培训销售、前厅部门的工作人员。

跟订单处理一样，商家要安排专人每日负责在线咨询的消息回复。因为回复的及时性会影响客人对酒店的好感度。一旦商家未及时回应客人的问题，客人可能就直接去别家酒店了。

（2）回复培训

除了要让员工及时回复，更要让员工掌握回复流程，使用有效的语言技巧来促成订单转化。一般来说，回复在线咨询的流程，包括答疑、推荐、结束 3 个步骤。

① 答疑：对于客人问题，酒店客服应做出详细的回答，而不是寥寥数语的冷漠回应或直接拒绝客人。例如，客人询问是否有接送去机场的班车，酒店客服的回答不应该是简单的"有"或者"没有"。

若酒店提供接送机班车，可以用如下话语回复——"酒店从 ×× 时间到 ×× 时间，每隔 15 分钟提供一班接送巴士，停靠的是 ×× 航站楼，如果您对接送机服务有特别要求，我们可以帮您安排。"

若酒店无法提供接送机班车，可以用如下话语回复——"虽然酒店暂时无法提供接送巴士，但是如果您有需要，酒店可以特别为您安排接送机服务。"

总而言之，在线咨询阶段要尽可能地想办法满足客人需求，促成这一张订单的转化。同时，商家也要保证在线咨询中所做的承诺都会在客人到店后实际兑现。

② 推荐：对于客人问题，除了做出第一步的答疑之外，酒店客服还要通过奇妙的语言艺术，展示本店的优势所在，吸引客人下单预订。例如，客人询问客房能否看到海景，酒店客服的回答可以参考如下内容。

"我们酒店的 A 房型是欣赏海景最棒的房型，早上能在房间里看海上日出呢！当然 B 房型也能看到海景，只是看日出的角度稍稍差一点，但价格更优惠。"

③ 结束：根据对话过程中的客人答复，当客人不再提问时，酒店客服可以向客人询问："是否还有什么可以帮助到您的？"若客人回答为否定，本次对话则基本接近尾声，酒店客服向客人表示"欢迎预订入住或有问题随时联系我"，即可结束本次咨询。

（3）员工考核

在 eBooking 在线咨询页面，打开"IM 值"，商家能看到总回复率、工作时间回复率、3 分钟回复占比以及与同行对比等数据指标，如图 5-44 所示，可考虑将其作为衡量客服工作业绩的考核指标之一（回复率低的酒店，IM 权限可能会被暂停或长期关闭）。当转化的订单量达到一定标准时，可给予员工相应的奖励。

▲图 5-44 eBooking IM 值

5.3.2 酒店问答

当客人在预订中产生疑问时，其可以向其他客人或商家寻求解答。在携程房型预订页，滑动手机屏幕，在住客评价下方会显示商家的"疑问解答"（又名酒店问答），如图 5-45 所示。

1. 认识问答

任何类型的客人，不管是否入住过该酒店，都可以向其他住过本店的客人与商家提问，点击图 5-45 所示的"用户问答"，客人可查看关于商家的所有问答内容。

酒店问答的价值，不仅仅在于给提问的客人解惑，还能帮助更多的潜在客人快速了解部分补充的关键信息，对订单转化有促进作用。未能显著展示的关键信息对订单转化有一定促进作用。同时，问答是酒店服务水平的展示窗口，酒店回答会被成千上万的客人看到，好的回答对酒店形象有正面影响。

① 提问：问答页面包含携程预订的支付、担保、返现、酒店联系方式等常

见问题，客人向住过的人或是酒店官方提问，商家在 eBooking 点评问答页面可以回复客人提问。

②回答：酒店回答会带上"酒店经理"标签，其他住客也可以回复提问者，但其回答会带上"住客"标签。如图 5-46 所示，是酒店官方提供给客人的答案。

▲图 5-45　eBooking 疑问解答

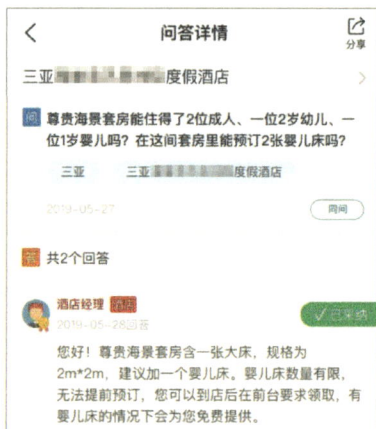

▲图 5-46　酒店给客人的答案

2. 问答使用

酒店如何通过问答，来获得更多的订单呢？关键在于 3 点：全面性、及时性、专业性。

（1）全面性

酒店对于所有客人的有效提问，尽量做到 100% 回答，即使部分问题需要重复回答。真诚热情地回答每个问题，能显示出酒店给予客人充分的尊重与关注，第一时间给予官方准确的答案，更容易赢得客人好感。

（2）及时性

商家收到提问后，应在 10 分钟内，进入 eBooking →点评问答→携程问答页面，如图 5-47 所示，给予客人答案，以免客人失去等待的耐心，造成订单流失。所以酒店每日应将问答的回复交由专人负责处理，以保证回答的及时性。

（3）专业性

商家的回答是服务水平的反映，若是敷衍了事地回复，既会导致客人不满，更会让酒店形象受损。商家应正面准确地回应客人的问题，若能解决客人的问题，准确介绍并告知即可。若不能解决客人的问题，可提供替代方案。

▲图 5-47 eBooking 携程问答

5.3.3 点评回复

点评回复是一门大学问，针对不同的客人点评，商家会有不同的回复或应对策略，本书将在第 6 章重点讲解。本节讨论的是，如何利用好商家的点评回复，进一步展示产品包装的亮点。

1. 回复方式

几乎所有的客人在预订酒店时，都会查看点评内容。可想而知，点评的浏览量很大，商家回复的曝光量必然不低，所以商家回复可以成为一个重要的营销窗口。

（1）首次回复

商家在 eBooking 后台收到客人新增点评时，可在信息维护→点评问答→携程点评回复页面中，针对客人的点评进行回复，这是商家的首次回复操作步骤。

（2）回复编辑

当商家发现之前的点评回复内容有一定问题，想要修改内容时，商家可以点击酒店回复右下角的"编辑"按钮进行修改，确认无误后，直接点击"发表回复"按钮即可，这是酒店的二次回复编辑步骤，如图 5-48 所示。

2. 回复内容

点评回复除了用来安抚给差评的客人之外，还是酒店产品亮点的营销窗口。不论是批评，还是赞誉，商家都可以通过点评回复，实现话题转移或亮点强化。

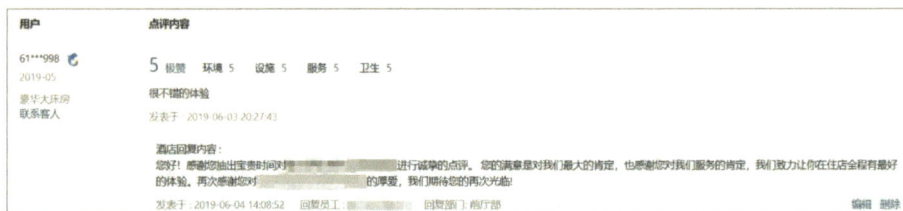

▲图 5-48　eBooking 点评回复编辑

针对批评，商家应有针对性地做出改进措施并回复，同时可适度转移话题。例如，客人提到客观问题——房间太小，酒店回复除了表达谢意外，还可以回复："您此次预订入住的是我们的豪华大床房，这是我们的基础房型，房间面积的确不是很大，给您推荐我们的高级养生房，这是我们去年推出的新房型，面积更大哦！"

针对赞誉，商家应在回复中表达感谢，并再次强调客人的赞美点。有客人在一条五分好评中提到，酒店的地理位置不错，距离 ×× 景点很近，而商家给予的点评回复是"感谢您选择我们，谢谢您的认可。我酒店毗邻 ×× 广场，紧挨着 ×× 景点，步行 5 分钟即可到达地铁 1 号线与 4 号线，周边有好几家 24 小时便利店，生活与交通都十分便利。感谢您的喜爱，期待您再次光临！"

通过点评回复，商家可以将产品卖点、条件优势、品牌理念不断强化并传递给客人，对浏览到这类信息的客人来说，无疑是信息的二次包装。

小提示：　　　　　　　**产品包装·执行清单**

序号	类型	执行明细
①	文字信息补全	打开 eBooking →信息维护，将信息评分提升至 90% 以上
②	在线咨询开通	开通在线咨询，重新添加自动回答，梳理历史回答情况，重新制定回复话术与标准
③	酒店图片优化	检查本店图片的数量、质量、首图展示，如有缺陷，及时调整或找摄影师拍摄
④	酒店问答	检查目前酒店所有问答内容，若有未回答，或不符合要求的回答，及时更新修改
⑤	点评回复	浏览排序靠前的 10 条点评内容，查看点评回复是否包含营销信息，如无则补充

第 6 章

口碑管理：
提升美誉度的三大方向

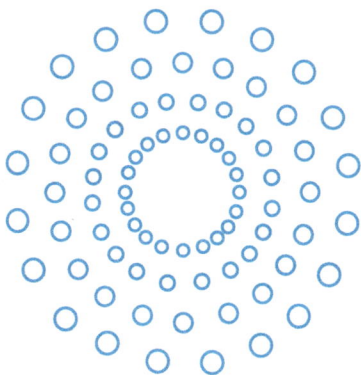

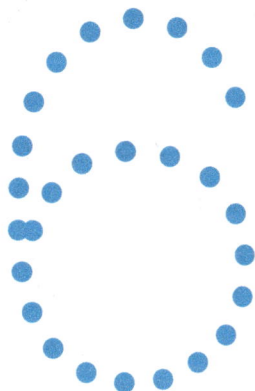

📖 **学前提示**

适用人群：负责酒店品控、服务、管理的从业人员。

阅读方式：打开携程 eBooking 网页、携程 APP，对照本章学习。

特别提醒：由于产品迭代升级，本章页面以 2019 年 12 月版为示例，如有偏差，请以平台公布的最新规则与页面为准。

从电商平台到 OTA 平台，近年来点评发挥的作用越来越大，消费者在做购买决策时越来越依赖他人对产品体验后的评论，商家也应更加重视酒店口碑管理。

携程酒店大学的数据显示，超过 9 成的携程客人在预订酒店时，都会浏览点评，其中有 6 成客人会尤其关注差评。可见，不重视口碑管理的酒店，极有可能在激烈的竞争中被消费者冷落甚至被市场逐渐淘汰。

6.1 点评规则：学习规则做好口碑

伴随消费者行为习惯的变化，酒店对 OTA 平台点评管理的态度，由早期的放之任之转变为今天的郑重其事。如何让点评成为销量提升的助力？商家首先得了解携程点评规则，才能充分发挥其价值。

6.1.1 点评影响收益

为什么点评在今天的价值愈发凸显？从本质上来看，点评能减少信息不对称，客人通过点评获得官方宣传之外的真实声音，而酒店的优质服务能通过过往客人的评价传递给更多人，提高交易的成功率。

OTA 平台基于点评特性，从规则层面进一步提升了点评的重要性。以携程平台为例，一家酒店在携程的销量由两大因素决定，一是流量，二是转化率。点评作用于这两大因素，从而影响收益，如图 6-1 所示。

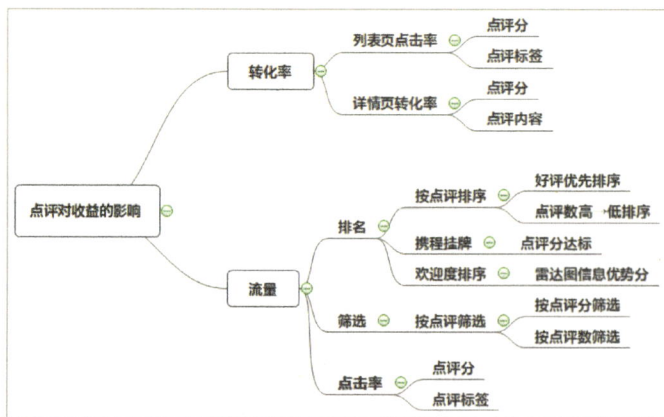

▲图 6-1　点评对 OTA 收益的影响

1. 点评影响流量

OTA 平台的流量入口很多，多数酒店最大的入口是列表页。如何让酒店被更多客人看到并且点击进入酒店详情页面，关键在于做好 3 个模块——排名、筛选、点击率，三者皆受点评影响。

（1）排名

酒店在列表页展示的位置越靠前，在客人面前的曝光机会越多。多数客人在查询页，仅设定目的地城市和入离日期，搜索所得的列表页酒店是按照系统默认的欢迎度排序依次展示的。

① 点评影响欢迎度排序：系统默认的列表页酒店是按照欢迎度排序展示的。携程 eBooking 商机中心的 6 项分值，如图 6-2 所示，会影响酒店欢迎度排序。点评是影响信息优势分的关键因素之一。

▲图 6-2　eBooking 商机中心

② 点评是挂牌必要条件：挂牌是提升酒店排名的有效工具，而点评分是挂牌申请的必要条件之一，且该指标会被长期监控。一旦出现点评分不达标酒店将面临撤牌风险。

③ 携程 APP 点评排序：除了默认的欢迎度排序，客人可以选择从点评数据方面对酒店重新排列，点评排序分为 2 类，一是按好评优先排序，二是按点评数由高到低排序，如图 6-3 所示。

（2）筛选

除了浏览系统默认的酒店列表页，部分客人还会使用列表页的"筛选"功能，

▲图 6-3　携程 APP 酒店列表页的点评排序

按照特色条件来筛选，找到符合其要求的酒店列表页。

点评是主要的筛选条件之一，客人可以按照 2 个方面来筛选：一是按点评分筛选，包括 4.5 分以上、4.0 分以上、3.5 分以上、3.0 分以上等 4 个区间；二是按点评数筛选，包括 5 条以上、10 条以上、20 条以上、50 条以上等 4 个区间，如图 6-4 所示。

数据显示，使用点评分筛选条件的客人，7 成以上会选择 4.5 分以上的酒店。由于点评的加持，即使在排名相对落后的情况下，好口碑的酒店也有可能凭借点评获得更多、更精准的曝光机会。

（3）点击率

排名、筛选影响的是酒店曝光量，而一家酒店若希望真正获得流量，前提是客人在列表页点击并进入酒店详情页。

数据显示，点评与首图、起价一样，都是影响列表页曝光转化率的核心因素，越是正向的点评，越容易激发客人点击。酒店在列表页的点评信息，包含 3 个部分：点评分、点评数量、点评标签（如图 6-5 所示）。

▲图 6-4　携程 APP 列表页的点评筛选条件　　▲图 6-5　列表页的酒店点评信息

① 点评分：点评分越高，意味着酒店的综合品质越好，对浏览者的吸引力会更强。

② 点评数量：点评数量越多，往往代表酒店销量越高，反映了酒店在携程的受欢迎度。

③ 点评标签：点评标签是从酒店点评内容中提炼出的高频关键词，能代表酒店的特色亮点。

2. 点评影响转化率

当酒店获得流量以后，转化率会决定最终订单的多少。影响转化率的因素非常多，点评是仅次于酒店位置、价格的第三大因素。调研显示，近 9 成客人会在预订过程中关注点评，而点评又通过点评分、点评数量、点评内容作用于预订决策。

（1）点评分

对于注重住宿品质的客人来说，点评分低于 4.0 分的酒店基本不在其考虑范围之内，这部分客人会关注点评的 4 个单项分——设施分、服务分、卫生分、环境分。

例如，高考期间入住酒店的考生客人会关注环境分，如酒店的位置方不方便去学校，周边环境是否足够安静以保证睡眠等。

数据显示，点评分与转化率的相关系数达到 95%，在酒店产品具备同等竞争力的前提下，高点评分的酒店更容易获得客人青睐。

（2）点评数量

消费者往往会有从众心理：喜茶将隐蔽的消费喜好转为可视的排队，成为其有效的营销方式；淘宝等电商平台会展示商家的销量，让过去的购买被"看见"，激发更多的购买行为。

在携程平台上无酒店销量展示，而点评数量能间接反映酒店受欢迎程度，这也是对点评真实性的佐证，能增加客人做下单决策的信心。数据显示，当酒店无点评或点评数低于 50 条时，转化率相对平均水平低 80%。图 6-6 所示为只有 3 条点评的酒店列表页，作为客人，你敢在网上直接预订吗？

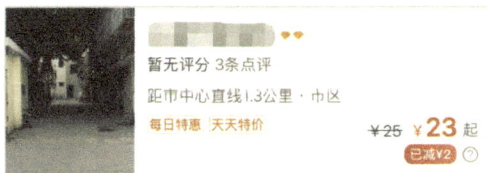

▲图 6-6　某酒店在携程列表页展示

（3）点评内容

点评分与点评数量塑造了客人对酒店的整体印象，而点评内容通过文字、图片、视频等信息，为潜在客人提供了更多细节和真实的信息。调研显示，查看带图点评的客人数量占查看点评的客人数量的百分比高达 77%，如图 6-7 所示。

图 6-8 所示的点评，这位客人在预订前注意到点评中提及的"智能马桶"，

实际入住后验证了众人对智能马桶的评价。同类点评内容的反复出现，有利于酒店特色的强化，毕竟"买家秀"比"卖家秀"更有说服力。

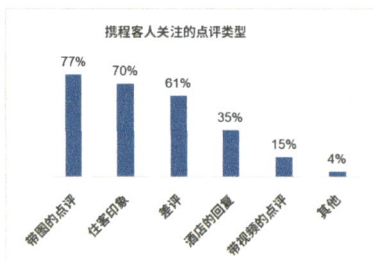

▲图 6-7　携程用户关注点评类型调研

▲图 6-8　某酒店的点评内容示例

3. 点评影响品牌

除了对订单数量有直接影响之外，许多商家没意识到 OTA 点评对于酒店品牌也是一笔宝贵的财富。一个人拥有良好的品格能在工作和生活中受到认可；一家企业拥有好的口碑能赢得客人的追捧。

（1）形象塑造

酒店在 OTA 平台上能展示的信息有限，更多的是"有无"的事实，而不是"好坏"的感受。借客人之口，酒店的形象展示会更加立体、多面。

例如，在 OTA 平台上，酒店关于早餐提供的信息只有是否含早餐、是单早还是多早等，而客人却能写出更细致、生动的描述："早餐好丰盛，汤包很好吃，还提供打包服务，很贴心。"

三亚一家五星级酒店凭借无边泳池成为"网红"酒店，酒店在携程上拥有 6 000 多条点评，有 3 000 多条正向点评提及无边泳池，1 600 多条点评上传了无边泳池的照片，如图 6-9 所示。这 3 000 多条点评相当于免费的广告，不断重复为酒店的无边泳池进行推荐。

（2）精准营销

一家酒店一天如果有 50 张订单，看过酒店点评的浏览者却可能有 500 人，优质点评能帮酒店锁定更精准的目标客群。

如果目标客群是亲子客人，那么酒店凭什么去吸引这群人？官方能展示的信息有限，而精彩的评论区更容易为酒店引流。图 6-10 中，一位亲子客人详细描述了其住店经历，对餐饮、玩乐、交通等提供了详细的攻略。更多带孩子来住的父母所想了解有关该酒店的亲子信息，都能从点评中获取。

▲图 6-9　三亚某酒店的泳池点评

▲图 6-10　亲子客人的点评内容

6.1.2　点评产出流程

商家如何提升酒店的好评、减少酒店的差评？维护好酒店在 OTA 平台的口碑，需要一套完整的流程与设计方案，而这套设计方案要结合点评产出流程来设计。

1. 点评撰写

客人写点评的流程——点评时间—点评打分—点评内容—点评展示，是商家应了然于胸的，如此才能在恰当的时机激发客人写点评。

（1）写点评的时间

① 开始时间：离店当天 14：00 以后，客人可以开始写点评。多数酒店规定的退房时间是 12：00，离店后客人才能开始写点评，这样规定是为了保证客人的体验完整，评价客观公正。

例如，一位带孩子的客人刚进客房时，发现酒店没有准备儿童用品，心生不满向前台抱怨。倘若写点评时间设定为入住后，那么一条差评就会伴随客人一时的情绪立刻上线，商家的后续安抚也无济于事了。

写点评时间延迟到离店当天 14：00 后，商家则获得了充裕的时间，开展住店氛围检查，一旦发现客人存在负面情绪，可以及时改进并安抚，挽救之前的失误，有利于酒店提升好评率。

② 结束时间：部分客人离店很长时间后，才想起来写酒店点评，这很容易出现记忆偏差。曾经出现过客人因为记忆偏差张冠李戴的问题，住的明明是 A 酒店，却给了 B 酒店差评。

为减少此类情况发生，平台规定客人最晚写点评时间是离店之后的 6 个月以内。携程会在客人离店后，通过消息推送、短信通知等方式，提醒客人写点评。

（2）写点评的激励

①积分规则。

按内容：平台鼓励客人对酒店做出真实、有效的点评，帮助更多的客人做决策。点评通过审核后，客人将获得一定的积分，点评内容字数达到 50 字以上的，获得的积分更多，具体规则如图 6-11 所示。

按时间：为激励客人尽快写点评，携程会为 3 日内写点评的客人提供额外的点评积分。对于点评数偏少的酒店，携程加大了激励力度，若该客人的点评为酒店前 15 条点评，会额外获得 200 积分，具体规则如图 6-12 所示。

点评内容	原积分规则	更新后积分规则			
		大众	新星	达人	专家
5到50字	30	30	45	60	120
50字以上	80	80	120	160	320

▲图 6-11　点评积分规则

条件	积分	详细说明
3日内点评	额外加50	离店后3日内点评额外获得50积分
酒店点评数小于15	额外加200	酒店前15条点评额外获得200积分

▲图 6-12　加大力度的点评积分规则

②积分价值。

携程点评积分可以直接用于抵扣房费，还能用于兑换国内酒店的免费早餐、免费升级房型、免费取消、免房费、延迟退房等权益，如图 6-13 所示。

（3）写点评的构成

客人打开携程 APP，进入个人中心"我的"界面，按照提示找到待点评的酒店订单，进入点评页面就可以开始写点评了，如图 6-14 所示。

①酒店评分：客人要从房间卫生、周边环境、酒店服务、设备设施 4 个方面评分，每项分值 1 ～ 5 分不等（1 分是最低分）。4 项分数全部评完以后，系统会计算 4 个单项分的平均值，将其作为该订单的点评分。

②点评内容：文字、图片、视频 3 种形式

▲图 6-13　携程酒店积分规则说明

共同构成了点评内容。文字是必填项，图片与视频为非必填项，其中文字至少要写 5 个字，图片最多可以上传 9 张。图文丰富的点评一般会获得更多积分。

③ 出游类型：客人写点评时，系统要求必须选择一个出游类型，否则无法成功提交点评。出游类型选项分别为商务出差、朋友出游、情侣出游、家庭亲子、独自旅行、代人预订和其他。

④ 点评删除：为保证点评的真实、客观、公正，每张订单最多只能提交一次点评，删除后无法再次提交点评。

⑤ 追加点评：当主点评审核通过后，客人还能追加点评，用文字、图片、视频对主点评进行补充，追加点评时无法写评分，如图 6-15 所示。

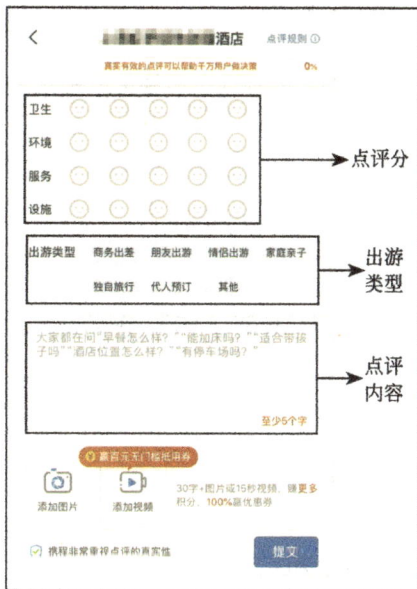

▲图 6-14　携程 APP 写点评界面

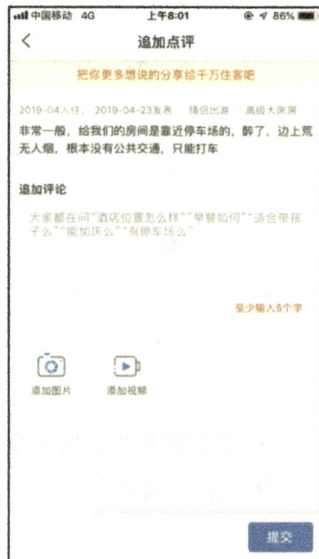

▲图 6-15　客人追加点评的界面

2. 点评审核

为促进商家和客人基于真实的交易做出公正、客观、真实的评价，为其他客人的消费决策提供有价值的参考，携程会对点评进行审核。

（1）点评初审

客人刚写完的点评，并不会立刻展示到酒店的携程点评页面，而需要通过平台审核。违反平台规则的点评，将无法成功发布并展示，违规内容包括但不限于以下内容。

A. 涉嫌违反法律法规，包括但不限于反对宪法、扰乱社会秩序。

B. 包含法律法规等禁止的敏感词汇，包括但不限于淫秽、色情、赌博、暴力、凶杀、恐怖或教唆犯罪。

C. 包含不文明词汇，包括但不限于辱骂、威胁、歧视、人身攻击、损害他人名誉或商誉。

D. 包含侵权信息，包括但不限于侵犯专利、商标、著作权等第三方合法权益。

E. 与入住体验无关。

F. 抄袭他人点评。

在此基础上，点评图片和点评视频的发布，还需要遵循以下规则。

① 点评图片规则。

携程仅接受客人真实、客观的酒店图片，点评图片必须通过审核才能展示，下列情况可能导致图片无法通过审核。

A. 非客人真实拍摄的图片。

B. 涉及无版权人物肖像或涉及个人隐私。

C. 图片带有后期添加的水印、文字等元素。

D. 图片尺寸异常（多图拼接、全景图片等），图片颠倒、变形、模糊。

E. 非入住酒店及周边的图片。

F. 涉及广告宣传的图片。

G. 可能造成他人不适或不适合公开展示的其他图片。

② 点评视频规则。

携程仅接受客人真实、客观的酒店视频，点评视频必须通过审核才能展示，下列情况可能导致视频无法通过审核。

A. 视频颠倒、模糊。

B. 无版权人物肖像或涉及个人隐私。

C. 视频带有水印、文字、相框或后期添加的装饰性图案。

D. 非入住酒店及周边的视频。

E. 可能造成他人不适或不适合公开展示的其他视频。

（2）点评核查

即使点评通过审核，平台仍然会通过技术手段和系统性核查，过滤高度相似的虚假点评，包括但不限于以下情况，点评将被删除。

A. 产生于非真实或未入住订单的点评。

B. 内容与该订单实际体验情况不符。

C. 同行或客人为获取不正当利益的点评。

D. 消费者被商家操纵并非表达真实意愿的点评。

E. 其他损害他人合法权益的不真实点评。

3. 点评展示

客人点评通过审核后，评分和内容会展示出来。目前携程上点评页面展示的内容有点评分、点评数量、点评内容，如图 6-16 所示。

（1）点评分

一家酒店展示在携程的点评分，分为 2 个方面：一是客人的单条点评分，1张订单最多写 1 条点评；二是酒店总点评分，由多条客人点评分综合计算而成，如图 6-16 所示。

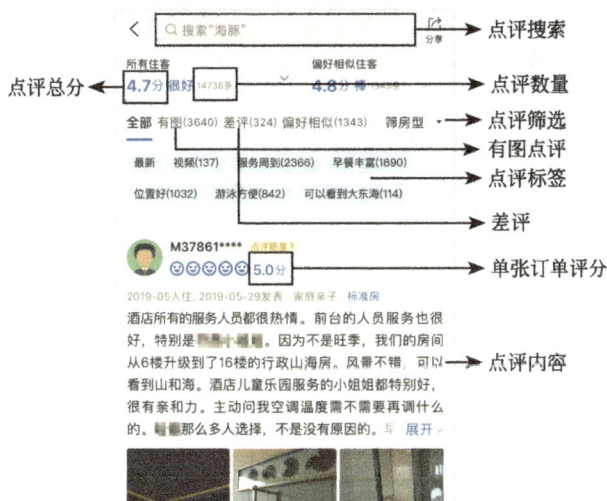

▲图 6-16 携程酒店点评页

① 单条点评分：由客人从服务、设施、卫生、环境这 4 个方面打分提交后，系统计算出 4 个单项分的平均值作为该订单的点评分展示。

评分小于 3 分的点评，被平台判定为差评，会被收录进酒店"差评"分类中。当酒店点评数量小于 5 条时，点评分不会在平台展示，这里的点评主要是指携程自有点评。

② 总点评分：酒店总点评分是系统按照一定规则，对过去 3 年内的携程酒店、携程民宿有效点评综合计算而成的。每条点评分的权重受时间影响，越接近当前的单条点评分，所占的权重越高。卫生、服务、环境、设施 4 个方面的评分同样是按照该逻辑计算而成的，计算的点评范围为 3 年以内的有效点评。

（2）点评数量

① 计算对象：酒店在携程外网展示的点评数量，包含了携程酒店、携程民宿、第三方平台、折叠置底等点评。

② 数量变化：部分酒店会发现携程显示的点评总数有时会减少。通常，点评数减少有 2 种原因。一是点评时间超过 3 年，旧点评自动过期；二是客人未入住点评、虚假点评、包含人身攻击 / 泄露他人隐私 / 敏感词等内容的点评、无意义点评、用户恶意差评、重复点评、酒店作弊点评及其他不适合展示的点评经核实后将被删除。

（3）点评内容

点评内容包含文字、图片、视频等形式，客人可以通过搜索、排序、筛选、选择标签等方式，快速找到其所关注的点评内容，如图 6-17 所示。

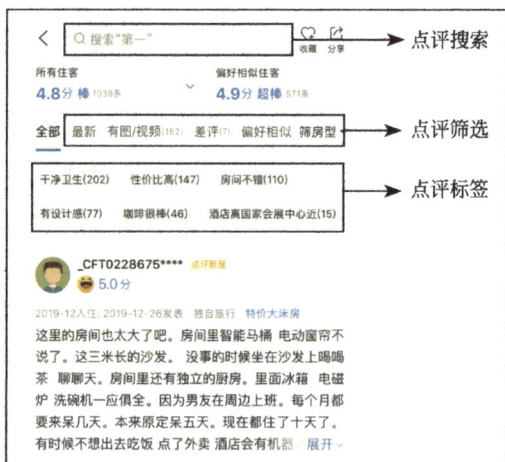

▲图 6-17　点评页的筛选、排序、标签、搜索

① 点评内容搜索：在携程 APP 点评页面顶部搜索框输入文本关键词，如早餐，可以搜索出提及早餐的所有点评内容。

② 点评内容排序：酒店点评页默认的点评内容是根据点评的时效性、内容的丰富性作为排序的依据。一般来说，点评内容里的有效文字字数越多、图片

数量越多，或上传了视频，时间越临近当下，该点评越容易被排列在靠前的位置。

③点评内容筛选：点评页提供了多个筛选按钮，如偏好相似、有图、差评、房型、出游类型等，能够帮客人快速筛选所需的点评内容。

④点评内容标签：多位客人高频提及的关键词会被系统提炼为点评标签，图 6-18 所示的这家酒店，由于许多客人点评提到"孩子喜欢""小朋友开心"等关键词，该酒店就获得了"亲子"点评标签，点击该标签，即可筛选出涉及亲子的全部点评。

对于部分地区有特色的酒店，系统会提炼出其亮点作为点评标签。例如，海南三亚有酒

▲图 6-18　亲子点评标签

店就获得了"三亚湾一览无遗"标签，而上海部分酒店带有"酒店有免费班车去迪士尼"的标签。

6.1.3　点评维护规则

随着点评影响力的加大，酒店若希望提升线上口碑，需要掌握携程点评维护规则，让好评影响扩大，让差评减少。

1. 酒店回复

对于每一条点评，酒店可以在 eBooking 上对客人的评价进行回复。恰当的酒店回复是酒店专业态度的展示，尤其是针对非好评内容的恰当回复能避免差评负面效应的扩大。

（1）回复操作

客人点评审核通过后，酒店可以在 eBooking 的点评问答页面对携程点评进行回复。若之前回复存在不恰当之处，酒店可以点击回复内容右下角的"编辑"按钮，修改回复内容，如图 6-19 所示。

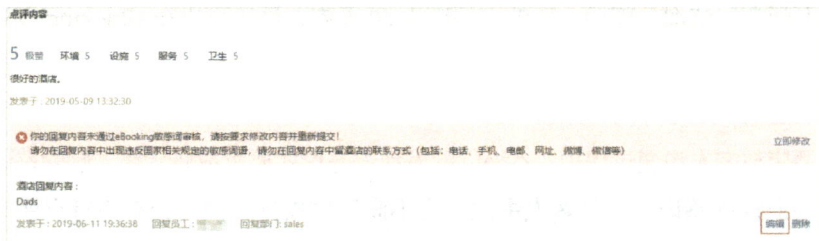

▲图 6-19　酒店回复二次编辑

（2）回复规则

①字数限制：每条酒店回复字数不超过一千字。

②平台审核：内容也会经过携程审核，对于违反规则的回复，平台可能会删除。

③内容规范：回复用词应文明，不得泄露客人隐私，不得使用谩骂、侮辱性词语，避免留有酒店的联系方式（包括电话、手机、邮箱、网址、微博、微信等）。

2. 联系客人

为保护客人隐私，eBooking 点评页面不提供客人订单号、联系方式等信息。酒店若希望与点评客人建立沟通，需要开通 eBooking 的在线咨询功能。

（1）开通在线咨询

点击 eBooking 首页右侧的"在线咨询"按钮，进入图 6-20 所示的页面，点击"立即免费开通"按钮，按照系统提示的步骤操作即可。

▲图 6-20　eBooking 在线咨询申请开通页面

（2）联系点评客人

开通在线咨询功能后，新的点评产生 30 天内，酒店可以在 eBooking 点评问答页面向该客人发起 1 次对话邀请，如图 6-21 所示。若客人在携程 APP 上接受了酒店邀请，双方即可开始聊天。

酒店与客人沟通过程中，不得以威逼利诱等形式要求或暗示客人删除差评，系统会监控敏感词，一旦客人由此产生不满导致投诉，酒店会有违背点评规则的风险。

▲图 6-21 联系客人

3. 点评申诉

点评审核通过后，平台或酒店无法对点评做出任何操作。为保证点评的客观性、保护酒店的正当权益，对于确实不合理的点评，携程合作商家可以搜集证据材料，在 eBooking 自助申诉或通过携程业务经理申诉。

（1）自助申诉规则

① 酒店最多只可同时进行 1 条申诉的处理，如有多条申诉，应待上一条申诉结束后再提交。

② 每条点评只可申诉一次，申诉结束后无法再次申诉。

③ 如收到证明材料不足的提示，应及时按说明完善证明材料，超时自动关闭。

④ 仅可申诉 30 天内新产生的点评（包括主点评和追评）。

⑤ 为保证处理速度，请不要与携程业务经理重复提交申诉。

（2）点评申诉范围

酒店可自助申诉的不合理差评分为 4 类，一是客人实际未办理入住，二是点评内容非本酒店，三是点评不宜展示，四是无实质意义点评，如表 6-1 所示。

▼表 6-1 不合理差评申诉类型

一级分类	二级分类	详细说明
不合理点评	客人实际未办理入住	点评内容中明确体现客人确实未办理，如点评中包含但不限于"没去住""没住""未入住"等表述
	点评内容非本酒店	点评文字明显不符本酒店情况：点评文字中城市／地址／景观／地名／楼层／日期／季节等明显非本酒店本订单情况。如在内陆城市酒店中出现"海边""沙滩"等词；在当地夏季入住时，出现"冰""雪"等词；出现非本城市的地名、建筑或点评图片明显是其他酒店的，酒店外观、前台、设施、logo 等明显与本酒店现有情况不符

续表

一级分类	二级分类	详细说明
不合理点评	点评不宜展示	点评内容对他人人身攻击/泄露他人隐私；如辱骂、语言攻击酒店服务人员和管理人员，涉及地域攻击等；文字中泄露他人姓名、电话号码、电子邮箱、职业、住址等或点评内容包含了不宜展示的敏感词，如涉及黄赌毒、暴力、领土争议词等
	无意义点评	点评内容为空白或无意义字符，如数字、符号、字母或无意义汉字等

此外，对于不属于上述分类的其他不合理点评，或是点评处罚申诉，酒店需要联系携程业务经理，提供所需的完整证据材料，向携程点评组申诉。

4. 点评违规

为避免虚假点评扰乱客人对酒店的判断，影响行业内的公平竞争环境，携程推出《酒店点评违规细则》，对虚假点评及酒店骚扰客人删差评等行为，采取一定的处置措施。

（1）违规行为分类

点评违规分为 2 类：一是虚假点评，这是指由非真实订单产生的评价或商家操纵消费者产生的非真实意愿评价的行为；二是骚扰客人删除点评，这是指酒店通过电话、短信、电子邮件、聊天软件等方式骚扰、利诱、侮辱、恐吓客人，要求删除已提交的点评，导致客人反感的行为。

表 6-2 所示是 4 种点评违规行为的定义。

▼表 6-2　点评违规行为定义

违规类型	违规定义
刷单点评	酒店通过刷单造成的虚假点评
强制好评	由酒店代写或酒店强迫客人填写的点评，主要包括点评行为客人不知情、点评行为违反客人意愿、点评内容背离客人实际想法等情况
诱导好评	酒店以送礼或升级房间等利益诱惑客人写好评，但客人的入住体验并不满意，觉得酒店并不值得好评
骚扰客人删差评	酒店收到客人点评后，通过各种方式骚扰、利诱、侮辱、恐吓客人，要求客人删除已提交的点评，造成客人反感

（2）点评违规危害

① 法律层面：商家的刷单、强制好评等行为，违规国家法律法规。《中华

人民共和国电子商务法》第十七条明确规定："电子商务经营者应当全面、真实、准确、及时地披露商品或者服务信息，保障消费者的知情权和选择权。电子商务经营者不得以虚构交易、编造用户评价等方式进行虚假或者引人误解的商业宣传，欺骗、误导消费者。"

②经营层面：针对明确存在点评违规（虚假点评包括未在规定期间内申诉、申诉被驳回、骚扰客人等情况）的酒店，在申诉期结束后，将对酒店处罚日期前所有点评分进行折算。被折算的点评分没有结束日期，直到自动过期为止，处罚日期节点之后产生的有效真实点评分不受该处罚影响。

6.2 好评获取：打造超预期的体验

在掌握携程点评规则之后，酒店商家应回归到点评管理的本质——通过提供好的产品与服务来获得线上的好口碑。

OTA 客人不同于其他渠道的客人，OTA 客人在下单之前已建立起对酒店的完整预期。当到店体验超出客人预期时，多数人会给酒店好评；若到店体验未达到客人的期望，差评便随之产生。所以，商家想要提升在 OTA 客人中的满意度，一个公式值得关注：满意度 = 客人体验 - 期望值。

6.2.1 售前：预期管理

当讨论如何优化产品与服务时，客人预期的管理是获取好评的关键。那么携程客人是如何建立其对酒店预期的呢？通常，携程客人的预期是由酒店图片、历史点评、价格星级、基础信息、住前沟通等因素所建构的。

1. 酒店图片

图片能帮人塑造最直观的印象，客人由此对酒店的大小、档次、环境形成初判。为了吸引客人下单，商家会拍摄精美图片上传携程，以下 4 类高频发生的问题，可能会导致实际情况不符合客人预期，引发差评。

（1）客房面积与图片不相符

房型面积是客人会重点关注的信息之一，有商家会运用拍摄手法，通过图片夸大房间面积，明明只有 10 平方米的房间，却被拍出 30 平方米的视觉效果，如图 6-22 所示。

（2）不同房型图片套用

为节约拍摄成本，有的商家会把同一张图片套用在不同房型上。例如，高级大床房与海景大床房都使用了含海景的图片，结果预订高级大床房的客人发现窗外并没有海景。

（3）实际配置与图片不符合

拍摄时为营造美好的氛围，商家会给客房摆上鲜花、水果，或是给普通房型越级配置高阶的设施，当客人实际入住时，却发现房间根本不是图片上的那个样子。

（4）房型描述与图片不一致

房型的文字描述是无窗房型，而配套的房型图片却是有窗房型，客人在预订时没注意文字信息，看照片以为该房间是有窗的，到店后房间会让客人大失所望。

客人住酒店最关注的是客房，除了要注意避免上述的 4 种情况发生，还要避免拍摄时过度补光、后期修图美化等行为，这些行为都有引发差评的风险。图 6-23 中的差评，正是由于图片导致客人预期过高而引发的差评。

▲图 6-22 被投诉的酒店图片

▲图 6-23 客人对某酒店的差评

如何避免因图片造成客人预期过高？商家可以参照表 6-3 所示的步骤，对本店图片进行检查调整，在提升转化率与控制预期之间找到平衡点。

面对越来越聪明的客人，商家展示在 OTA 平台的照片一定要经得起众人"火眼金睛"的考验，千万不要吸引来了一位客人，却因为客人的图片差评赶跑了数十上百位客人，这是得不偿失的。

▼表 6-3　图片检查步骤

步骤	改进方向	改进措施
第 1 步	基本问题检查	检查本店是否存在房型图片套用等上述 4 类基本问题，如有请调整对应图片，必要时刻重新拍摄
第 2 步	图片差评检查	在携程本店点评搜索"图片"或"照片"关键词，查看是否存在涉及图片的 3 分以下差评并统计其比例。若该比例 > 10%，需考虑对图片进行优化

2. 历史点评

近 9 成客人预订时，会浏览该酒店的历史点评。若是客人入住后，发现酒店实际产品与服务并不如点评中那般完美，差评便会产生。通常，要注意以下 2 个要点以防止客人预期过高。

（1）不追求完美点评

部分酒店盲目追求高点评分，为了 5 分好评而采取极端做法，甚至会为 1 条差评不断骚扰客人让其删除差评，如图 6-24 所示，这类行为一旦发现，既有可能引发负面追评，还属于携程点评违规行为。

完美评价有 2 种危害：一是导致客人预期过高，服务一旦跟不上就会产生差评；二是多数客人无

▲图 6-24 负面追评

法相信世界上有百分之百完美的酒店，全 5 分好评的酒店反而会让人怀疑其真实性。

为了避免客人因为评价产生远超实际的预期值，商家应该学会接受少许批评的声音，不断地改进和提升，而不是简单地去隐藏自身劣势。

（2）承诺服务必实现

① 客人公平性问题：对于点评中提及的服务与产品，如部分商家会在客人入住或离店时赠送伴手礼，多位过往住客在点评中都有提及。若有客人看到此类点评，到店后自己却未收到，会产生被商家怠慢的感受。

对于这类问题，若有部分产品与服务是针对部分人群特别推出的，请商家在提供时，向客人做出说明或在点评的酒店回复中解释清楚，以免其他客人产生误会，对酒店抱有过高的预期。

② 回复中承诺的整改：为减轻差评影响，商家会针对客人差评回复本店的整改方案。有的客人看到商家整改的承诺才放心预订，而到店后却发现所谓的承诺只是一张空头支票，这时相似的差评会再次出现。

对于这类问题，商家承诺改进的产品与服务，请务必尽快做出整改。若在短期内无法真正改进问题，可以在酒店回复中，说明预计整改完成日期，给更多潜在客人打一剂预防针。

3. 价格星级

信息的准确性是一家酒店诚信经营的根本，由于 OTA 平台部分信息失实导

致的差评占比相当之高。酒店名称、地理位置、设施服务、房型等信息，都有可能引发差评。

（1）保持高性价比

多数人都希望买到"物美价廉"产品，对于酒店也不例外，客人往往希望住到的房间，起码要对得起自己所花的钱。所以，商家对产品的定价要符合市场水平，尤其是节假日期间要控制好涨幅。如平时卖 600 元 / 间的房间在五一期间卖 1 800 元 / 间，客人获得的产品和服务不符合其认知，很容易滋生不满情绪。

（2）符合星级档次

部分客人在订酒店时，会特别关注该酒店的星级钻级。入住以后，客人会通过酒店提供的设施与服务，来判断该店是否达到其对该档次酒店的预期。若星级钻级不符合客人预期，容易造成差评。

4. 基础信息

客人在携程浏览的信息很多，但最受其关注的对象，依旧是酒店名称、酒店位置、设施服务等基础性信息。若商家有意提供部分不符合实际的信息，吸引客人下单入住后，极有可能引发差评。

（1）酒店名称不诱导

部分商家为获取更多订单，会通过酒店名称山寨或分店名称造假等方式来诱导客人，图 6-25 所示的点评客人，就是因为某酒店与连锁酒店品牌撞名，客人误以为是其平日里了解到的品牌，到店后发现自己被误导，再加上店内服务与产品未能让其满意，因而产生差评。

（2）酒店位置准确

除了价格，酒店位置是影响客人预订的第二大因素，客人尤其在意酒店跟交通枢纽、景点的距离。有商家为蹭热门区域的热度，在位置信息上造假，客人下单后或即将入住时，才告知客人准确的酒店地址，这很容易引发客人强烈的不满。

（3）设施服务真实

商家在 eBooking 上勾选的设施服务，要符合平台的定义。一旦出现设施服务未达到客人要求的情况，就会引发差评。所以，勾选服务设施时，应该将鼠标指针移动至对应设施项，先看该设施的定义，如图 6-26 所示。

例如，上海浦东机场某酒店勾选了送机服务，却经常惹来客人差评，这是因为酒店实际提供的是机场巴士，班次有限，并不符合送机服务的定义——用酒店的车安排送机服务，因此引发差评。

▲图 6-25　客人对酒店"撞名"的差评

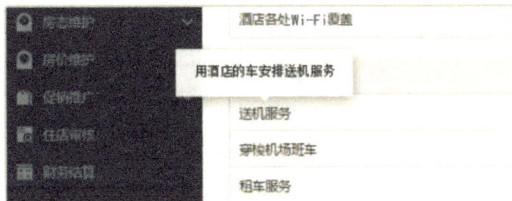

▲图 6-26　eBooking 对设施服务的定义

5. 住前沟通

除了酒店展示在携程的信息之外，住前沟通也是导致预期管理失败的高频环节，主要包括在线咨询、电话咨询、问答交流 3 个部分的沟通。

（1）在线 / 电话咨询

下单预订之前，客人有 2 个渠道可以跟酒店联系沟通：一是电话咨询，二是在线咨询。在沟通过程中，对于如何避免因为售前咨询导致差评，商家要注意以下 2 点。

① 杜绝故意隐瞒：若被客人问及酒店劣势问题，如酒店位置是否离机场较远，商家不应为促成下单而进行隐瞒，而可以用其他优势信息来鼓励客人下单，比如虽然距离远，但酒店可提供接送机服务。

② 加强前台培训：前台是对客沟通的枢纽，做好这类员工的培训很重要。部分客人预订后，会联系酒店告知自己的要求，比如安排高一点的楼层，前台需及时录入 PMS 系统中，并与下一班同事做好交接，避免答应客人的要求未能实现。

（2）酒店问答

部分客人会在携程向酒店或入住过的客人提问，对于所有问题，商家要在第一时间做出官方详细的回答，避免因为其他住客不准确的回答，造成客人对酒店的误解。

图 6-27 中，客人提问酒店是否提供接送机服务，实际上该酒店不提供接送机，仅提供固定班次的机场巴士。若客人看到非官方的不准确回答，误以为酒店有随时随地的接送机服务。客人预订到店后，却发现酒店无法提供其想要的服务，差评就会由此产生。

▲图 6-27　携程 APP 详情页的"疑问解答"页面

对于客人提问的回答，商家在 eBooking →点评问答→酒店问答页面，可以进行回复。若商家之前未全部回答，不管问题是否重复或相似，应该对所有问题给予详细准确的答复。

6.2.2　售中：体验优化

在 OTA 平台的信息展示做好优化，对客人预期做好管理后，还要从酒店的产品与服务层面，尽可能地去满足客人的预期，甚至打造超预期的体验。

1. 满足基本预期

一只水桶能装多少水，取决于最短的那块木板。酒店是一个包罗万象的产品，客人体验受到诸多因素影响，要想赢得好口碑，首先要解决"差评"因素——产品的短板，保证最基本的入住体验。

（1）解决短板

商家在着手改造之前，要明确最能触及客人的痛点在哪儿。如果客人的痛点在于设施老旧，那么酒店不管如何提升服务水平，差评也很难减少。

①定位痛点：过去的客人点评是定位痛点问题的有效依据。对点评数据的分析，能帮助酒店科学调整经营策略。打开 eBooking 点评问答页面，点击"下载"按钮，获取一定时期内的全部点评，如图 6-28 所示。

下载完点评数据明细后，商家可以先查看携程外网本店当前的卫生、设施、位置、服务 4 个单项分，再对每条非 5 分好评的内容进行分析，提炼客人提及的问题关键词。

②处理短板：对于高频提及的差评关键词，应该及时同步给酒店管理层及对应部门，制定应对方案，由上而下地推动全员去执行解决问题的方案，并及时通过新增点评的数据来判断效果。

▲图 6-28　eBooking 点评问答的"下载"按钮

（2）强化优势

商家既要解决差评的短板，也要强化自己的优势。除了分析差评，商家也可以分析本店的好评关键词，并不断地"扬长"。

以图 6-29 中的客人点评为例，该酒店近期有多条点评提及店里租的独角兽充气坐骑，在泳池里玩得很开心，并拍摄了很多图片写点评。据此，商家可以考虑调低出租价格或免费借给客人使用，来提升客人的好感度，激发客人写好评的意愿。

▲图 6-29　某酒店的客人好评

客人越来越讲究生活品质，很多人不爱用酒店洗浴用品。一家五星酒店察觉客人需求变化，统一更换洗浴用品为某知名品牌。后来好多客人会专门在好评中提及这一点，如图 6-30 所示，从而刺激了更多人预订。

三亚一家酒店发现客人都不爱用浴缸，即使客房阿姨消毒得很干净。酒店工作人员因为一条点评偶然得知部分客人会带一次性浴缸套去住酒店。于是，酒店采购了一次性浴缸袋，给有浴缸的房间全部配置浴缸袋。由此，浴缸的使用率大大提升，相关的好评数量也大大提升，如图 6-31 所示。

（3）关注竞品

了解本店的客人喜好是基础工作，但对竞争对手的关注更为重要，知己知彼方能百战百胜。点评是酒店竞争对手的重要资料，与其闷头想给客人什么，不如先看看竞争对手是如何服务客人的。

两家酒店到景点的距离差不多，为什么酒店 A 不管是订单量还是好评数都始终高于酒店 B？原来酒店 A 虽然价格略高一些，但会提供酒店到景区的接驳班车，每半小时一班，多数好评都会提及这点。

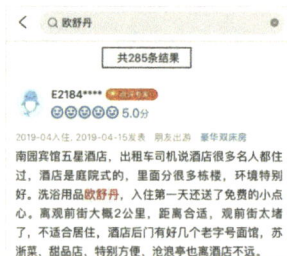

▲图 6-30　客人对洗浴用品好评

▲图 6-31　客人对浴缸套的好评

对于酒店 B 来说，后续的改进工作，除了考虑跟进接驳班车，还需要通过其他方式吸引客人，如提供导游解说等，建立起本店差异化的竞争优势，将对手酒店 A 的客人转化为自己的客人。

2. 创造峰值体验

心理学家丹尼尔·卡尼曼的"峰终定律"曾指出，人们对体验的记忆由 2 个因素决定：高峰时与结束时的感觉。这就是峰终定律。只有创造出正向的"高峰"时刻，把握好"结束"时刻，才有机会收获更多好评。

（1）关键时刻的体验设计

把握客人与酒店产生接触的关键时刻，让其有可能成为正向的高峰时刻，客人才有可能记住这些时刻，从而给酒店好评。酒店面向携程客人的关键时刻，一般有 6 个：到店前、进大堂、办入住、到客房、入餐厅、办退房。

① 到店前：酒店认为到店是体验的起点，而客人却是从自己的旅途开始算起的。酒店可以通过 eBooking 提前致电客人，为对方预备个性化服务或创造小惊喜，这样更容易收获好评，如图 6-32 所示。

▲图 6-32　客人因为"提前联系"给好评

青城山的一家酒店，曾因为提前沟通赢得客人好评。客人入住当天是周末又赶上下雨，酒店按经验预估客人可能会堵车。于是，酒店在当天早上就联系了客人，告知对方可能会堵车的情况。结果到了18：00，客人依旧还没到，天还下起了暴雨。酒店再次联系客人，明显察觉到对方情绪的焦躁，直到21：00客人才到店。这时，酒店准备好了热腾腾的姜茶，客人一进门就送到其手中。本来一直在抱怨酒店偏僻路远的客人，热饮下肚后，情绪好了很多。当时客人也抱怨了酒店无明显的路标指示，酒店向客人做出解释，并以向客人咨询对服务运营是否有好的建议来缓解客人的情绪。离店以后，客人还给了一个好评。

到店前的沟通主题，可参考表6-4。

▼表6-4　到店前沟通主题

到店前沟通	沟通内容
沟通到店时间	了解客人是否会入住、到店大致时间、是否要取消，减少客房闲置风险
告知到店关键事项	告知客人诸如当地天气、穿衣指南、交通线路等，省去客人途中的麻烦
询问客人需求	了解客人对房间的要求，亲子客人较多的酒店可询问是否携童入住

② 进大堂：客人对酒店综合印象的形成，多半来自其进入大堂的一刹那。有特色的大堂设计，热情周到的前厅服务，是赢得客人好评的有效手段。

如图6-33所示，一家皮影主题酒店在大堂设立的小型皮影戏剧场，供客人观看表演、免费学皮影绘画课。客人一到店，就会有种"惊艳感"，在酒店的500多条点评中，约1/3的好评提及了皮影戏。

▲图6-33　皮影主题酒店

对于到大堂的阶段，如表6-5所示的这几种场景的服务，容易收获客人的好评。

▼表6-5 容易收获好评的场景服务

场景	服务
提前到店	有空房则安排客人提前入住，无空房应让阿姨加快清扫并告知客人需等待的时间，同时帮客人安排好行李寄存，引导至大堂吧休息并提供免费饮品
自驾到店	如果停车场与大堂有一定的距离，可以安排人员前去迎接，帮忙拿行李，夏季主动帮客人把车套上遮阳罩
外出/归来	对于要外出的客人，主动做好旅游路线推荐、天气提醒等，都有机会赢得好评；对于归来的客人，主动热情问候，视情况提供饮品等

③办入住：从入住办理到进房之前，是绝大多数客人与酒店人员产生交集的主要环节，对客服务一般包括4步，即迎客、登记、排房、介绍。

迎客：前厅员工还要注意观察客人的需求，如带孩子的客人可能有儿童用品的需求，情侣客人可能有庆祝纪念日的需求，通过察言观色帮客人提供其可能需要的服务。

登记：酒店提升入住登记手续的办理效率，除了要保证人手的配备之外，还可以通过引入自助入住机，提供专人引导，培养客人自助入住的习惯，如图6-34所示是客人给予酒店自助机的好评。

排房：关注客人的个性化需求，对于特别状况及人群，可考虑免费升级房型，如图6-35所示。若是客人在订房时已经提出特别要求，前台要根据系统中的记录，提供符合对方需求的房间。若是凌晨到达的客人，尽量安排在靠近电梯口或是隔壁无人的房间，避免声音较大吵醒隔壁客人。

▲图6-34 客人给予自助入住机的好评

▲图6-35 免费升级带来的好评

介绍：办理完入住手续后，前台可以对本店用餐、设施、服务及周边做出介绍，给客人做好电梯口位置的指示，或安排专人带客人入住房间并做介绍，图6-36

所示的点评，专门称赞了酒店的带客入房服务。

④ 到客房：房间是客人停留最久的地方，酒店可以通过软硬件结合的服务，在客人进客房、在客房、离客房 3 个环节，创造超出预期的体验。

办理入住被升级，退房很快闪退，服务很好会带你去入住楼的房间，沿途还介绍酒店历史和设施。房间备品用的是欧舒丹高级有品味，风格是古色古香的苏式布置。

▲图 6-36　提及带客入房的好评

进客房：进入房间的一刹那，如果能让客人产生想要"尖叫"的冲动，那么酒店已经成功了一大半。若酒店房间本身特色亮点有限，可通过细节来创造惊喜感，图 6-37 所示是酒店为过生日的客人做的布置。

▲图 6-37　客房布置

在客房：客人住店期间，客房阿姨是与客人接触次数最多的人，许多客人会冲着阿姨热情专业的服务态度，给予酒店好评。

青岛一家酒店的客房阿姨打扫房间时发现，房间是一家亲子客人在住，入住时赠送的小西红柿也吃完了。于是，客房阿姨清扫完房间后，又准备了小西红柿与玩具送给客人。客人收到后非常惊喜，再三对阿姨表示感谢，离店后主动给酒店打了一个好评。

上述案例中，客房阿姨的服务不是等待客人询问再提供，而是主动观察客人的习惯与需求，提供个性化的服务，这类服务更容易创造惊喜。但是，随着今天消费者观念的转变，酒店也要拿捏好服务的分寸。部分酒店悄悄地主动把客人的脏衣服洗了，这背后存在一定的风险，如客人会觉得隐私被侵犯，或是有可能损坏衣物而寻求赔偿。

离客房：在客人准备退房到达前台之前，酒店员工应该主动向客人问候，若对方的物品较多，应主动协助并帮助对方按电梯。

⑤入餐厅：餐厅讲究的不仅仅是食物的口味好坏，客人对餐厅的服务水平也十分看重，尤其是早餐，酒店可以从餐食质量、人员服务 2 个方面去打造优质体验。

餐食质量：早餐的开放时间、食物的种类是否丰富、口味是否合适，会直接影响客人给好评还是差评。酒店可以根据客源结构、口味偏好，开发出更符合客人需求的早餐，如图 6-38 所示是客人晒出的造型精美的早餐。

▲图 6-38　客人在携程点评中晒出的早餐

人员服务：在用餐期间，酒店要设专人引导客人到就餐地点，主动帮客人推荐菜品，主动跟客人沟通，及时回应客人的询问。对于提早离店的客人，餐厅人员可帮客人打包早餐。

⑥办退房：在"峰终理论"中，结束时刻能给客人留下深刻的体验记忆，所以酒店要把握好离店退房的这一时机。为离店客人提供叫车或送机服务，提供交通路线规划建议，及时主动联系遗落物品的客人，提供行李寄送服务，这些都容易增进客人的好感。

同时，酒店应安排前厅经理、服务管理或前台，主动与客人沟通其住店感受。若客人存在不好的感受，应诚恳表达歉意，可考虑做出合规范围内的弥补。对于体验较好的客人，可提醒对方 14：00 后对酒店进行点评。

（2）激发好评时机

6 个关键时刻的体验设计有可能让客人对酒店留下印象，而写点评的习惯并不是人人都有，还需要通过合理的人为方式去激发。

根据"峰终理论"，人们的体验记忆来自高峰时刻与结束时刻。客人离店后，所能记住的是最好的体验、最差的体验、最后的体验，并根据实际情况，给予相应的好评或差评。

① 高峰时刻：每一个高峰时刻，都是好评诞生的机会。例如，客房阿姨主动给孩子送小玩具，孩子母亲对阿姨表示谢意，这时阿姨就可以合理地提醒，如果客人对酒店服务满意，可以在离店后给予好评。客人体验的高峰时刻有可能发生在客人住店的任意一个环节，所以好评并不是单个部门的事，而是整个酒店的任务。

② 结束时刻：办理退房时提醒客人给好评，是加强对方记忆点的一个良好时机。但是，酒店要注意提醒的方式，不要弄巧成拙，最终引发差评，甚至被判定为虚假点评。

③ 激励时刻：部分客人写点评是为了获得更多的携程积分，离店后平台会以消息推送、短信通知等形式，鼓励其写点评。酒店可以关注携程点评积分规则与活动，制定台卡放置前台提示客人写点评赢得积分。

注意，在以上任意一种情况下，酒店都得对提醒语言进行斟酌，避免直接向客人索要好评。酒店可提供小礼品作为鼓励，但不得以礼品作为利益交换条件诱导好评，如图 6-39 所示的行为，容易招致客人反感。

▲图 6-39　客人表示反感"要好评"

（3）员工激励机制

一名前台跟客人聊天时，其脸上是带着微笑还是全程冷漠，给客人带来的心理感受是完全相反的。因为一个微笑，客人可能给好评；因为一次冷漠，酒店也可能被差评。

在携程任意挑选一家点评分为 4.9 的酒店，有超过 9 成的点评内容提及"人"的因素，所以酒店可以通过合理的员工激励机制，激发员工对客服务的积极性。

① 设定目标：有合理且可执行的目标，员工明白如何执行会获取奖励，才会有持续的动力去完成目标。

例如，一家酒店点评分目前是 3.9 分，有 1 000 条点评，店长给下属设定了一个目标，一个月内达到 4.8 分。多数员工都明白，这是难以达到的目标，也就没有了动力。

那么，如何才能设定可执行的点评目标呢？酒店先要设定一个总的目标，比如在 3 个月内点评分由 4.5 分提升至 4.6 分。设定总目标以后，再去拆分子目标。

点评分由服务分、卫生分、设施分、位置分 4 个单项分组成，前 3 者可通过人为努力提升，酒店可以把这 3 个单项分的子目标拆分到对应部门。比如卫生分肯定是划分到客房部，服务分可以划分到前厅部，设施分可以归到工程部，给每个部门设一个小的目标。

设定目标时要保证其可行性，对不同部门可设定不同的考核目标，避免采取一刀切的方式。例如，一家酒店点评中的服务分是 4.5 分，卫生分只有 4.1 分，若是要求这 2 个单项分都要在 1 个月内完成 4.6 分的目标，那么对于负责卫生分的客房部是不公平的。

当点评分达到较高水平时，酒店的考核目的是维持稳定，而不是评分增长，这时可以用好评率（好评率 = 好评数量 / 月点评总数）作为目标。

▲图 6-40　提及员工的点评

② 分配奖励：一家酒店的服务是通过团队的配合完成的，所以酒店对于点评的奖励分配应以团队为单位，而不是一条好评奖励一个人。

图 6-40 所示的点评，客人称赞的点有 3 个，即客房阿姨、酒店位置、游览服务。这些要素共同构成了好评。但是，客人只提到了陈阿姨的名字，而若把这条好评的奖励发放给陈阿姨，那么另外一位提供讲解的员工自然会感到不公平。

奖励的分配方式很多，不同酒店的激励制度不同，比如有酒店采取阶梯激励的方式，把目标的完成分成 3 档。第 1 档是 A 档，完成后给予 1.5 倍的绩效奖金；第 2 档是 B 档，给予 1 倍的绩效奖金；第 3C 档，仅完成了目标的 80% ~ 90%，给予 0.8 倍的奖金。

③ 执行监控：设定好奖惩制度以后，酒店要对员工做好定期培训，让大家掌握在不同场景中的对客服务技巧。同时，酒店应给予一定的授权，让一线员工有权限与能力去处理各类突发状况。

对于员工执行效果判断，酒店要定期统计数据并反馈至全员。若以点评分作为大目标，携程目前在 eBooking 展示的点评分会精确到小数点后三位，商家可持续记录点评分、卫生分、服务分、环境分、设施分等，具体见表 6-6。

▼表 6-6　点评数据分析表

日期	新增好评数量	新增差评数量	点评分	卫生分	服务分	环境分	设施分	差评原因	好评原因

6.3　差评管理：让负面效应最小化

世界上没有完美的服务，即使酒店对员工培训得再到位，服务流程设计得再完美，差评仍有一定的概率会发生。所以，如何通过在店沟通预防差评，在差评上线后合理应对，是商家需掌握的点评管理技巧。

6.3.1　预防：有效沟通防差评

及时关注到客人的诉求，让客人的不满情绪在店即可得到纾解，能有一定的概率拦截下部分严重差评。了解不同类型客人的诉求，增加对客沟通途径，可以有效拦截差评。

1. 了解差评客人

客人写差评的原因千差万别，因为前台态度糟糕，因为卫生条件差，因为早餐不好吃，等等。写差评的客人类型，主要有 3 类：沉默的客人、投诉的客人、不讲理的客人。

（1）沉默的客人

这类客人是指从入住到退房从未跟酒店抱怨过一句，却在离店之后给酒店差评的客人。这类差评客人的出现，主要是由于酒店缺乏与客人的主动沟通，未能听见客人的声音，或是忽略了客人的感受。

（2）投诉的客人

这类客人是指在店期间已显露出负面情绪，向酒店抱怨或投诉过进而给差评的客人。这类客人给差评的原因主要有 3 类，一是体验过于糟糕，二是投诉或抱怨未得到回应，三是投诉或抱怨未得到合理解决。

（3）不讲理的客人

这类客人的差评描述往往与事实存在一定偏差，如不可取消订单未入住给差评，无理要求未获得酒店同意给差评，又或是评价内容说都还不错，评分却只愿意给两三分。若确实是遇到恶意差评，可以通过申诉渠道，向携程提出点评申诉。

2. 如何避免差评上线

酒店点评管理的核心在于预防差评上线，在客人离店之前解决其不满，这就需要商家做好 2 个方面的工作，一是增强在店沟通，二是有效响应需求。

（1）增强在店沟通

多数酒店的产品与服务，在现实条件的约束下，很难达到客人心中要求的完美标准。酒店在客人住店期间，若能通过对客沟通，及时发现客人的负面情绪并纾解，是有机会避免差评上线的。

① 员工主动沟通：员工需增强对客沟通的主动性。酒店与客人的多个接触点，从入住、带客、客房、餐厅到退房，都是对客沟通的好机会。酒店应保证在店期间，对每位客人起码有 1 次主动的沟通。

② 增加反馈渠道：酒店要主动为客人提供沟通渠道，保证客人有问题能第一时间找到反馈对象。当客人入住时，酒店应主动告知客人沟通反馈的方式，让客人有需求或想要抱怨时，都能找到渠道。常见的沟通方式参照表 6-7。

▼表 6-7　常见的沟通方式

时机	沟通方式
入住时告知	告知客人如何电话联系前台
	提供前厅经理或管家的名片
	提供酒店投诉电话
客房内提供	客房内手机扫码抱怨
	在线咨询反馈
	客房留言条询问

（2）有效响应诉求

酒店除了要主动与客人沟通之外，更要重视客人的一切在店诉求，不管是客人主动提出的，还是由员工观察所发现。客人在店产生不满，酒店的处理态度与方式会决定客人是否会在 OTA 上写差评。以下总结了客诉问题的常见处理流程，供读者参考。

① 倾听：当客人表达不满时，服务人员要做的不是辩解，而是站在客人的立场上，表达酒店对客人的尊重与理解，承认存在的问题。在这一过程中，酒店应该思考客人真正的诉求，明确客人的预期。

② 安抚：真诚地向客人表达歉意，如果需要其他部门协助解决，应及时同步信息至对应人员，并应告知客人解决问题的预计时间，做好客人情绪的安抚，让客人放下心来，但是一定不要做出无法实现的承诺。

③ 解决：客人的要求存在合理与不合理两种，对于前者酒店按流程处理即可，对于后者建议采取折中的方式处理或是提供替代方案。不管能否彻底解决，至少让客人看到酒店有所行动且态度积极。

④ 跟进：客人传达到的第一人，不管后续解决如何，这名员工都应该及时跟进问题的处理情况，回访客人的满意度。若客人评价依旧相对负面，应该将相关信息传达至相应部门，提升后续服务的品质。

对于客人问题的解决，酒店应提前准备好预案，并给予员工一定授权，让基层酒店工作人员也能第一时间为客人解决好问题。酒店解决问题方式得到客人认可后，有可能将投诉转化为好评。

图 6-41 所示的点评中，孩子住酒店被浴室门夹伤手指，酒店快速采取应对措施，提供有效且温暖的协助与关怀，客人不仅消除了不满情绪，还盛赞了酒店，成为该酒店的忠实客人。

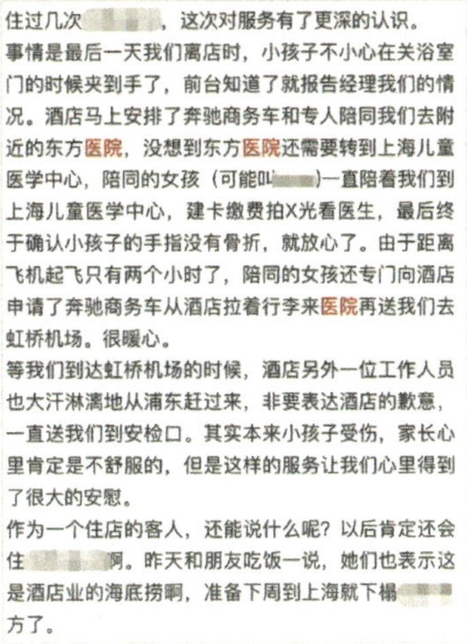

住过几次█████，这次对服务有了更深的认识。
事情是最后一天我们离店时，小孩子不小心在关浴室门的时候夹到手了，前台知道了就报告经理我们的情况。酒店马上安排了奔驰商务车和专人陪同我们去附近的东方医院，没想到东方医院还需要转到上海儿童医学中心，陪同的女孩（可能叫█████）一直看着我们到上海儿童医学中心，建卡缴费拍X光看医生，最后终于确认小孩子的手指没有骨折，就放心了。由于距离飞机起飞只有两个小时了，陪同的女孩还专门向酒店申请了奔驰商务车从酒店拉着行李来医院再送我们去虹桥机场。很暖心。
等我们到达虹桥机场的时候，酒店另外一位工作人员也大汗淋漓地从浦东赶过来，非要表达酒店的歉意，一直送我们到安检口。其实本来小孩子受伤，家长心里肯定是不舒服的，但是这样的服务让我们心里得到了很大的安慰。
作为一个住店的客人，还能说什么呢？以后肯定还会住█████啊。昨天和朋友吃饭一说，她们也表示这是酒店业的海底捞啊，准备下周到上海就下榻█████了。

▲图 6-41　客人对酒店处理问题好评

6.3.2　应对：合理解决差评

调研显示，约 6 成携程客人会特别关注点评中的差评内容，这些内容确实会对酒店转化率有一定影响。所以，当差评上线后，商家应找到合理的处理方式，让差评的负面效应最小化。

1. 3 类差评类型

不同类型的差评，商家应采取不同的处理方式。通常，OTA 平台上的差评可以分为 3 种类型：事实型差评、模糊型差评、偏差型差评。

（1）事实型差评

客人在差评中指出的问题是客观存在的，虽然严重程度与酒店官方认定的不一致，表述未必完全公正客观，却属于客人主观感受的范畴之内，是合理存在的差评类型。

例如，一家西安酒店提供本地早餐，从南方城市来旅游的客人给差评"早餐口味重又油腻，根本没什么能吃的"，而多数北方客人却评价早餐很好吃。虽然这位南方客人是以个人主观标准去评定早餐的口味，却也是属于事实型的差评范畴。

事实型差评中，客人对问题描述会相对细致，往往会配上"差评"图片以佐证自己的观点，会被浏览者认定为"有参考价值"的评价，还可能会被系统排在相对靠前的位置，给酒店带来的负面效应偏大。

（2）模糊型差评

愿意写下数百字长篇幅的点评客人是少数，多数客人写下的点评只是简略评价，如图 6-42 所示，未对问题做详细描述，诸如"服务不是很好""感觉很一般"之类的描述。这类模糊型的差评，主要影响是拉低了酒店的点评分。由于模糊型差评参考价值不高，一般会排在酒店点评页面相对靠后的位置。

▲图 6-42　模糊型差评示例

（3）偏差型差评

偏差型差评通常是指与事实存在巨大偏差的点评，产生的原因通常有 4 种：一是客人对酒店有误会；二是客人无理要求未被满足后的发泄型差评；三是同行竞争对手的恶意打击；四是客人离店太久以后写点评出现记忆偏差甚至张冠李戴。

2. 差评的处理流程

对于事实型差评，酒店收到后应第一时间做出整改，再在 eBooking 点评问答页对客人做出回复；对于模糊类、偏差类差评，酒店可以通过在线咨询工具，联系客人了解差评原因。

（1）核查差评原因

当客人明确说明差评原因时，酒店可以根据其说明的情况去核查，若确实为客观存在的问题，应想办法解决该问题。

若客人差评原因模糊，酒店可以通过 eBooking 点评问答→"联系客人"按钮，如图 6-43 所示，通过携程在线咨询向客人发起对话邀请，客人接受邀请后，双方可以开始在线对话，联系过程中注意以下 3 点。

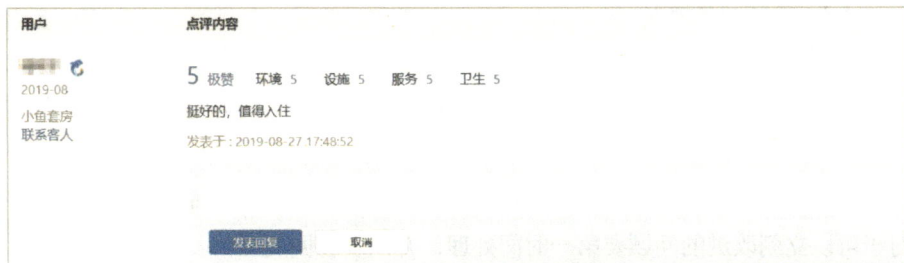

▲图 6-43　eBooking 联系点评客人

① 注重及时性：酒店在线联系客人要及时，如需联系客人，尽量在收到差评后的 24 小时以内主动去联系客人。时隔太久联系客人，会导致联系的成功率降低。

② 设置专人处理：在线咨询即时聊天工具如同微信聊天一般，对沟通的实时性要求很高。如果点评客人接受对话后，酒店的回复跟不上，反而更让客人反感。因此，酒店尽量设置专人来做好差评维护，能够快速有效地跟差评客人沟通。

③ 有效安抚客人：在联系客人之前，酒店可根据点评反馈出的客人心理，做出针对性的沟通，以便在第一时间安抚客人情绪，再向对方了解其差评原因。若是客人存在索要钱财删差评等行为，应及时保留相关证据，不要轻易对这类行为妥协。

（2）差评回复原则

调研显示，如果客人在做回复和不做回复的两家酒店之间选择，**68%** 的客人会选择做回复的酒店。多数酒店已意识到回复的价值，但如何回复差评有讲究。

① 差评回复要及时：酒店应该在 24 小时以内完成差评的合理回复。因为每延迟 1 小时，就会有不少客人看到这条差评，酒店可能因此出现客源的损失。

② 差评回复要真诚：部分酒店的回复使用同一套模板，对于客人提出的问题视而不见，反而一直在推销自己的产品，这不仅会让点评客人本身十分反感，还会导致更多的潜在客人流失。

③差评回复有针对：酒店应该对差评中提出的问题做出针对性说明，尤其是有效的改进措施。调研表明，6 成以上客人希望在酒店回复中看到具体的改进措施，而不是泛泛而谈的"我们会做出改进"。

（3）差评回复参考

对于事实型、模糊型、偏差型差评，酒店回复的思路有所不同。当商家不懂得如何回复时，应打开携程 APP，看看同行是如何回复客人的，以下是部分酒店的差评回复参考。

①事实型差评回复：对于客人提出与事实相符的差评，酒店应该及时自查，对于可以立刻改进的问题要第一时间处理，并同步在回复里。

对于环境设施类的差评，如图 6-44 所示，可参考的回复思路为表达歉意→已做改进措施→强调不会再犯。酒店对事实型差评的回复内容如下："尊敬的客人，很抱歉未能带给您完美的入住体验，我们深感内疚。关于您提出的问题，我们十分重视，已逐一制定整改措施：1. 大堂油烟问题，我们现在已彻底解决，前几天因为风向原因，致使排风管道倒灌，以后不会再出现类似的情况了；2. 目前酒店双人间的床大部分都是宽 1.2 米的尺寸，我们目前无法进行调整，推荐您体验大床房哦。再次向您致以诚挚的歉意，希望您能给我们再次为您服务的机会，体验新房间。"

对于人员服务类的差评，如图 6-45 所示，酒店可参考的回复思路为表达歉意→强调处罚→加强管理不再犯。该酒店的具体回复内容参考如下："亲爱的客人，非常抱歉给您带来不愉快的入住体验。您提到的问询回答含糊的问题，我们已经根据首问负责制对当事员工进行了教育和处罚，酒店领导高度重视这个问题，已经在全店开展应知应会培训。另外您有任何需求，可随时与我们值班经理联系，我们竭诚为您服务，保证您满意。祝工作顺心，阖家幸福！"

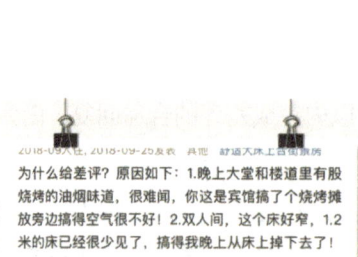

▲图 6-44　环境设施类差评

▲图 6-45　人员服务类差评

② 模糊型差评回复：部分客人的点评当中，打差评的原因很模糊或是字数极少，如凑字数的"呵呵呵呵呵呵呵"或"我觉得这家店很一般"。对于这类差评回复，酒店应让其他客人看到自己的专业服务态度。酒店回复内容可参考："感谢您的光临，我们经营这家客栈是本着家的理念来做的。出门在外最重要的是便捷、舒适、顺心，所以我们一定会更用心地提供服务，致力于细节的完善与创新，不断给客人惊喜！我们实在不知道您的这个评价的意思，欢迎您电话联系我们提供您的建议，期待您的再次光临。"

③ 偏差型差评回复：酒店收到疑似不符合事实的差评后，应该先从酒店内部进行调查，明确事情的完整经过，有确切证据可证实主要责任不在酒店方时，可以直接用事实礼貌回应，保证别的客人也能辨别孰是孰非。

如图 6-46 所示，对于要求或行为无理的客人，故意报复给差评，酒店的回复可以用事实来回应。以下是具体回复内容参考："不好意思啦，这位客人，就算我们再完美，您的差评也是会给的。酒店钢琴用琴时间是 10：00—19：00，您却带着孩子 8：00 就在玩钢琴（不是弹）。担心影响其他客人，前台善意提醒了一下，您就在前台骂了前台女孩 20 分钟，我们也没还一句嘴，再怎么过分，我们始终是微笑以对……"

3. 差评处理的不当做法

以下是差评的 3 种不合理处理方式，商家务必要注意，以免产生点评违规，造成更大损失或严重伤害客人体验。

（1）骚扰客人删除差评

当差评产生后，部分酒店会通过各种方式找到客人，要求对方删除差评，这类行为很容易引起客人反感。一旦产生投诉，该酒店的行为将属于点评违规。

部分客人会因为"删差评"骚扰，在追评中表达自己的不满，如图 6-47 所示，这类追评会引发更多浏览者对点评的怀疑，这意味着即使是酒店用真实服务所积累下来的好评，也可能白白浪费。

（2）泄露客人私人信息

在客人入住后，部分酒店会登记客人信息、联系方式等。当客人给出差评后，部分酒店可能会将差评内容跟客人住店信息对应，甚至在酒店回复中暴露客人的姓名等信息，如图 6-48 所示。这会让客人觉得隐私被泄露，看到这类回复的潜在客人，也会产生抵触心理。

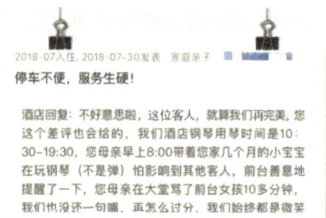

▲图 6-46　偏差型差评回复

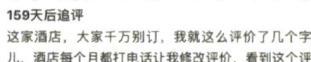

▲图 6-47　客人在追评中对"删差评"骚扰吐槽

▲图 6-48　酒店回复直呼客人姓名

（3）跟客人对骂或千篇一律的回复

作为酒店，商家很难要求客人拥有同理心，站在商家的角度去思考问题。所以，确实会存在部分客人的差评故意抹黑酒店形象，让人难以接受。

这也导致，有些时候部分酒店觉得委屈，会在回复中跟客人直接对骂起来，也有酒店比较平和，对于客人的差评始终用千篇一律的模板去回复，这两种做法都是不可取的。酒店要始终坚持给客人友好、专业、真诚的印象，图一时痛快，损失的不只是一位客人，更会让其他潜在客人对酒店敬而远之。

小提示：　　　　　　　　　　**点评管理·执行清单**

序号	类型	执行明细
①	点评分析	下载酒店全部点评，分析酒店的好评、差评关键词
②	员工激励	制定酒店的员工激励方案，下载点评数据并制表统计
③	点评回复	查看酒店是否有未回复的差评，如有可参考本章模板回复
④	服务流程	重新设计酒店对客接触关键时刻的服务

第 7 章

流量获取：
让好产品遇见对的人

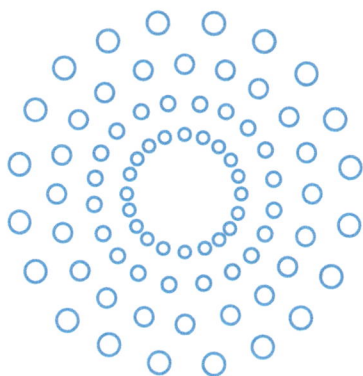

学前提示

适用人群：负责酒店 OTA 渠道增长的运营人员或销售人员。

阅读方式：请打开携程 APP、携程 eBooking 网站，结合本章内容学习。

特别提醒：由于产品迭代升级，本章页面以 2019 年 12 月版为示例，如有偏差，请以平台公布的最新规则与页面为准。

不管是任何一个渠道的售卖，都离不开流量。对于线下门店来说，如果能够获得一个好位置，客流量自然少不了。对于酒店在 OTA 平台的售卖，获得更多的流量，同样需要好的入口、好的位置。本章将从搜索流量、筛选流量两个方向，来讨论如何实现酒店在 OTA 平台的流量增长。

7.1 搜索流量：如何被客人快速找到

了解如何提升流量，先得明确一个公式：流量 = 曝光量 × 点击率。点击率即曝光转化率，即有多少客人在看到酒店后，愿意点击进入详情页，一般会受到酒店展示的首图、点评、起价等因素的影响。对于首图等因素的优化，本书第 4-6 章已进行详细阐述，而曝光量的提升是本节讨论的重点。

搜索流量是指客人设置一定条件搜索，通过列表页并进入酒店详情页所带来的流量，这是多数酒店在携程的主要流量来源之一。提升搜索流量，先得让酒店通过搜索在列表页获得更多的曝光量，而曝光量增长的一个关键在于提升酒店在列表页的排名。

7.1.1 七大排序类型

以携程平台为例，客人可以选择不同的排序类型，对列表页的酒店展示顺序进行重新排列。排序类型通常包括欢迎度排序、智能排序、好评优先、点评数高→低、低价优先、高价优先、直线距离近→远 7 类，如图 7-1 所示，点击左上角关于排序的按钮，即可选择不同的排序类型。

▲图 7-1 列表页排序类型

1. 欢迎度排序

携程欢迎度排序是指客人仅使用城市、入离时间等条件搜索，未添加任何地标点，所获得搜索结果列表页是默认按照欢迎度排序展示的，这是携程平台最常见的排序展示类型。

经常讨论的排名提升多数是指欢迎度排序的提升。通常，影响欢迎度排序列表页的排名因素有 3 类，一是酒店排序分，二是酒店挂牌情况，三是金字塔等工具的使用。

2. 智能排序

当客人使用地标点作为搜索 / 筛选条件时，如搜索上海东方明珠塔，搜索结果列表页会按照智能排序进行展示。智能排序的酒店展示，是采取千人千面的个性化推荐方式，将不同类型的酒店展示给适合的客人。

例如，客人张先生搜索了东方明珠塔附近的酒店，按照其历史消费习惯，其一般预订一千元以上的五星级酒店。那么，系统便会将符合这一价位且位于东方明珠塔附近的酒店，优先展示给张先生，同时减少价位不匹配的酒店展示（如一两百元的经济型酒店）。

3. 好评优先

欢迎度排序、智能排序，一般是系统根据客人搜索条件，默认出现的排序类型，而好评优先等类型的排序，是客人主动选择的结果。

选择好评优先的排序类型后，客人看到的酒店列表页是由系统结合点评分、点评数量综合计算后，按照顺序对酒店进行展示的。

4. 点评数高→低

点评数 高→低排序，是严格按照酒店点评数量从高到低排序。

5. 低价优先

低价优先排序，是严格按照酒店的售卖起价从低到高排序。

6. 高价优先

高价优先排序，是严格按照酒店的售卖起价从高到低排序。

7. 直线距离近→远

直线距离 近→远排序，一般是按照酒店跟客人搜索地标点之间的直线距离从近到远排序。

由于酒店的位置、价位、点评难以在短时间内人为地实现巨大变化，所以要实现曝光量的提升，关键在于欢迎度排序、智能排序的优化。

7.1.2　欢迎度排序优化

进入携程 eBooking 生意通→商机中心页面的酒店表现概览，简称酒店排序分，如图 7-2 所示，包括客户价值分、价格感受分、房源保障分、信息优势分、服务质量分、商户诚信分，通过优化这 6 项指标能有效提升排名。

酒店表现概览的 6 项指标是针对酒店日常经营表现的评估，采用 5 分制考核，主要对酒店销量、价格、房源房态、服务质量、诚信经营等表现综合计算。

▲图 7-2　eBooking 酒店表现概览

1. 客户价值分

客户价值分评估的是酒店在携程平台上的受欢迎度程度，越受客人欢迎的酒店，越会被平台优先推荐展示给更多潜在客人。

（1）影响因素：影响酒店客户价值分的因素有 2 个：一是酒店近期间夜量，是指酒店近期在携程系全渠道的总间夜量，包括直采渠道和供应商渠道；二是酒店近期营业额，是指酒店近期在携程系渠道的总营业额与贡献度。

对于间夜量、营业额水平的评估，会横向对比的对象是同城市同挂牌池内的最优秀者，即特牌酒店跟特牌池内最优秀的酒店比较，金银牌酒店跟金银牌池内最优秀的酒店比较，无牌同理。

（2）提升方法：对于客户价值分的提升，商家可以重点从短期销量的快速增长入手。点击 eBooking 商机中心→客户价值分，商家可以查看系统推荐的任务，针对性地完成并优化，如图 7-3 所示。

▲图 7-3　eBooking 客户价值分任务

短期提升销量的方法有 3 个：一是报名促销活动，扩大优惠力度，刺激客人下单；二是参加扫码住，转化线下散客到携程预订，积累销量；三是投放广告，快速获取流量提升订单量。

2. 价格感受分

价格是影响客人预订决策的关键因素之一，酒店提供的价格越有竞争力，对客人和平台的价值越高，该酒店就越容易被携程优先推荐展示，而价格感受分是对酒店价格的评估指标。

（1）影响因素：影响价格感受分的因素有 2 个：一是酒店的价格竞争力；二是酒店的价格变化幅度。价格竞争力是指酒店在携程平台售卖的所有房型均提供有优势的价格，而价格变化幅度可以根据一个公式来衡量——价格变化幅度 = 当前酒店起价 / 酒店历史成交价。

（2）提升方法：对于价格竞争力的优化，商家每日要做好各个平台的价格监控，保证能提供给携程客人更有竞争力的价格；对于价格变化幅度的优化，商家可以多参加优惠促销活动，提供高性价比的产品。

其中，价格变化幅度会横向对比所有其他酒店。例如，国庆期间，同商圈的酒店都在涨价，若某酒店涨价幅度小于竞争对手 / 不涨价 / 降价时，那么该酒店的价格感受分的分值一般会更高。所以，酒店在调控价格时，应将价格控制在合理的区间内，保证价格符合产品价值。

如图 7-4 所示，商家可以点击 eBooking 商机中心→价格感受分，根据系统推荐的任务，采取调整措施，提升酒店价格感受分。

▲图 7-4　eBooking 价格感受分任务

3. 房源保障分

有保障的房源是保证客人体验的基础。首先得订得到房间，其次订房后商家能尽快确认。房源保障分正是基于此，是携程客人预订体验的一项指标。

（1）影响因素：影响房源保障分的因素有 2 个：一是酒店保留房和 FS 订单

占比，这是指酒店的保留房和 Freesale 订单在携程全渠道订单中的占比；二是酒店房态良好度，综合衡量酒店热销房型、全部房型的可预订情况，其统计周期为实时。

（2）提升方法：对于保留房和 Freesale 订单占比，商家可以从 3 个方向去提升：一是联系携程业务经理，增加各个房型，尤其是热销房型的合同保留房数量，或直接开通 Freesale；二是及时在 eBooking 后台添加临时保留房；三是调整保留时间，尤其是部分预订高峰较晚的酒店，可以适当延长保留时间。

对于房态良好度，商家可以从 2 个方向去提升：一是要及时维护至少未来 30 天内的房价，保证客人可以在携程上预订；二是要及时在 eBooking 维护酒店房态，当相应房型有房可售时，应及时打开售卖。

如图 7-5 所示，点击商机中心→房源保障分，商家可以查看酒店当前分值详情，根据系统提示任务进行优化调整。

▲图 7-5　eBooking 房源保障分任务

4. 信息优势分

酒店信息是客人预订决策的关键，在缺乏足够信息展示的情况下，绝大多数客人不敢贸然下单。所以，携程平台会优先推荐信息完整度高的酒店给客人。

（1）影响因素：影响信息优势分的因素有 2 个：一是酒店信息分，这是根据酒店官方提供的信息进行评估所得的分值；二是酒店点评分，这是由历史客人综合评价打出的评分。

一般来说，客人、商家双方提供的信息，从主客观层面共同构建了酒店在携程平台的形象。酒店信息分越高，往往意味着该店在携程平台的展示越正面。

（2）提升方法：对于酒店信息分的提升，关键在于保证信息的真实性与完整性。打开 eBooking 信息维护页面，商家可以对图片、设施、房型、政策、基本信息等方面进行补充。尤其要注意图片的优化，在保证图片数量的同时，还要保证图片的质量。更多酒店图片的优化方法，请阅读本书第 5 章。

关于点评分的提升，商家需要在遵循点评规则的基础上，通过好的服务与产品获得好评，通过预期管理与在店沟通等方法预防差评。更多点评提升的方法，请阅读本书第 6 章。

点击 eBooking 商机中心→信息优势分，如图 7-6 所示，可查看系统推荐的本店近期需优化的任务，按照提示完成操作即可。

▲图 7-6　eBooking 信息优势分任务

5. 服务质量分

服务质量分是对酒店与携程合作运营质量的评估，会重点考核订单确认时长、房源保障、房态质量等方面。对于服务质量高的酒店，携程会优先推荐展示给客人。

（1）影响因素：对服务质量分有加分作用的因素有 4 项——5 分钟确认订单比例、保留房和 FS 订单占比、无缺陷订单数、闪住，对服务质量分有减分作用的因素有 6 项——到店无房、到店无预订、确认后满房、确认后涨价、操作错误、承诺服务未提供。

（2）提升方法：提升服务质量分的方法并不难，只要严格按照服务质量分的加减分规则，做好 4 个加分项的优化，避免 6 个减分项的发生，即可保证服务质量分维持在较高水平。

点击 eBooking 商机中心→服务质量分，如图 7-7 所示，即可进入酒店服务质量分的详情页面，查看本店近期的服务缺陷明细等信息，并按照提示及时处理问题。更多关于服务质量分提升的具体方法，请阅读本书第 10 章。

▲图 7-7　eBooking 服务质量分任务

6. 商户诚信分

诚信经营是平台与商家开展良好合作的前提，为减少不诚信行为的发生，携程推出商户诚信分，来保障平台与客人的正当权益，让更多合规经营的商家获得优先展示的机会。

（1）影响因素：一切不诚信的经营行为，都有可能造成商家诚信分的扣减。在携程 eBooking 平台规则页面，商家可查看最新《诚信分细则》，常见的违规行为有低价保障、拖欠平台服务费等。

（2）提升方法：所有酒店的商户诚信分初始值为 5 分，只要不出现违规行为，诚信分便会一直保持满分状态。违规行为的避免，关键在于做好培训，保证基层员工了解违规行为的定义，懂得如何避免违规行为发生。

如图 7-8 所示，点击 eBooking 商机中心→商户诚信分，商家可查看本店诚信违规明细，包括违规时间、违规内容、扣分情况等。更多关于商家诚信分的优化方法，请阅读本书第 10 章。

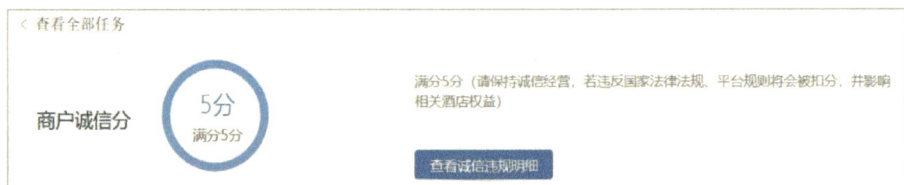

▲图 7-8　eBooking 商户诚信分详情

7.1.3　智能排序优化

为了让客人更加高效地找到其期望的酒店，携程推出智能排序，全面提升预订效率。相对其他类型的排序，智能排序下展示的酒店能更精准地符合客人预期，提升流量转化率。

1. 认识智能排序

智能排序是指采取个性化推荐的方式向客人展示推荐酒店，是将客人在携程平台的历史消费习惯等信息，跟平台上的酒店信息进行匹配，将合适的酒店展示给合适的人。

在携程平台上，客人搜索某一地标点或者在列表页使用地标点筛选，如客人搜索某一景点、车站、机场等地标点时，系统会自动生成智能排序的列表页，如图 7-9 所示。

智能排序除了基于客人的历史消费习惯来推荐匹配的酒店，还会根据客人搜索使用的位置信息，推荐更靠近其目标地点的合适酒店。

除了在智能排序列表页，系统会采取个性化推荐的方式展示酒店，在欢迎度排序列表页，酒店的展示顺序是在特牌、金银牌、无牌酒店的基本展示规则基础上，融入一定的个性化因素。

▲图 7-9 携程 APP 智能排序

例如，两家酒店都是特牌酒店，一家度假型酒店的价位在 1 000 元上下，另一家商务型酒店价位在 300 元左右，对于一位经常出差爱订三四百块酒店的客人，系统通常会优先推荐第二家酒店。

2. 智能排序规则

智能排序是将适合的酒店推荐给适合的客人，系统会将可能影响客人预订的因素，跟酒店的各类属性信息，一一对应匹配起来。

（1）客人属性

涉及客人属性的因素，包括消费水平、历史预订、近期点击与收藏情况、出行目的、出行方式、品牌爱好、客人年龄、性别以及其他因素。

（2）酒店信息

酒店展示在平台上的各类信息中对预订决策产生关键影响的是价格星级、酒店名称、优惠幅度、房态情况、品牌信息、地理位置、点评分、酒店特色、设施设备以及其他因素。

（3）匹配关系

系统会将酒店因素与客人因素一一对应相匹配，如图 7-10 所示。酒店要精准获取智能排序的流量，应该及时补充完整酒店信息，保证系统能准确识别并推荐给合适的客人。

① 客人的消费水平与酒店价格星级、优惠幅度有关联。

② 客人历史预订酒店情况与酒店名称信息有关联。

③ 客人近期点击 / 收藏酒店的信息与酒店名称信息等有关联。

④ 客人出行目的与酒店地理位置有关联。

⑤ 客人出行方式与酒店地理位置、酒店特色有关联。

⑥ 客人品牌爱好与酒店品牌有关联。

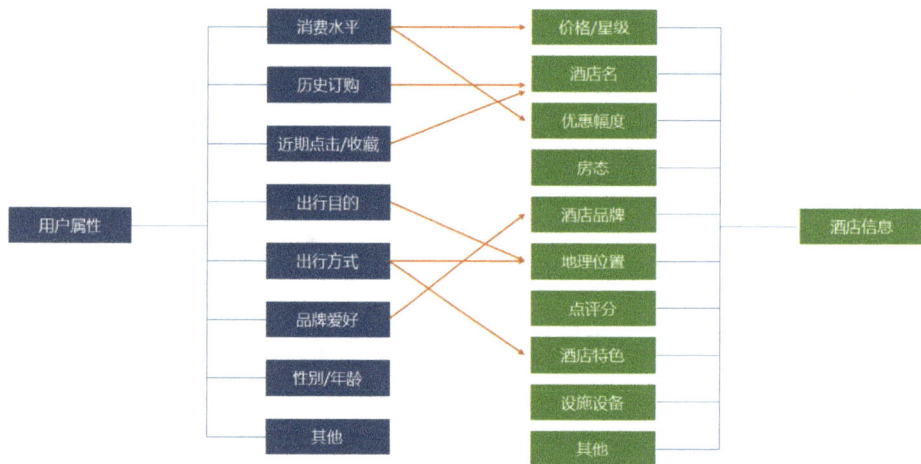

▲图 7-10　客人因素与酒店信息的匹配

7.2　筛选流量：满足多样化需求

通过搜索进入列表页后，部分客人会使用顶部筛选项进一步缩小其要挑选的酒店范围。携程平台提供给客人的筛选项分为 3 类：位置距离筛选、价格 / 星级筛选、特色条件筛选。

7.2.1　位置距离筛选

位置距离筛选是相对使用频次较高的筛选项，系统会根据各个城市的实际

▲图 7-11 携程 APP 智能排序

情况，提供直线距离、热门、商业区、机场车站、行政区、地铁线、景点、大学、医院等筛选条件。

1. 地标位置筛选

当客人选择了一个地标点作为筛选条件后，如虹桥火车站、城隍庙等，通常筛选所得的列表页，会按照智能排序展示，如图 7-11 所示。

商家若希望酒店在智能排序中获得更靠前的展示位置，商家首先需要在 eBooking 信息维护→酒店基本信息页面的酒店地址栏中，填写准确的路名及门牌号，以保证系统再推荐时能展示准确的位置距离信息。

其次，商家需要对酒店品牌、价格星级等信息进行维护，保证系统能精准推荐。商家填写的酒店各类信息越完整正确，越容易被系统有效地推荐给合适的客人，流量转化率往往会越高。

2. 商业区 / 行政区筛选

当商家使用商业区或行政区筛选时，系统一般会筛选出属于该区域范围的酒店，按照欢迎度排序展示。如图 7-12 所示，通过携程 APP，商家可以查看某一商业区的用户选择占比，预订上海酒店的客人有 7.5% 的客人选择了迪士尼度假区，这反映了各个商圈的大致流量分布。

商业区的流量分布可以作为酒店开发选址的重要参考依据。通常，携程客人选择占比越高的商圈，其市场热度往往越高。

有相当一部分客人会按照商业区筛选酒店，如出差去国家会展中心的客人会选择国家会展中心的商业区。商家通过对欢迎度排序的优化，可以提升商圈内的排名。

▲图 7-12 商业区筛选

7.2.2　价格 / 星级筛选

除了地理位置，酒店价格星级是客人预订时关注的重要因素。习惯预订五星级酒店的客人在选定目标区域后，会更倾向于选择符合其消费习惯的价格星级区间。

1. 价格区间覆盖

在列表页顶部筛选时，客人可以按照他可以接受的价格来选择酒店。通常，酒店售卖的产品价格区间覆盖面越广，越容易覆盖更多的客群。

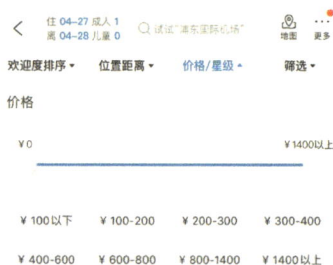

▲图 7-13　价格区间筛选

例如，一家上海的酒店的价格区间在 450 ~ 600 元，那么该酒店只有当客人选择 400 ~ 600 元的价格区间时，才有可能被筛选出来，如图 7-13 所示。如果酒店的价格区间能向下进行延展，如增加一个 390 元的房型，那么就能多覆盖一个价格区间——300 ~ 400 元，从而获得更多的曝光机会。

（1）向下覆盖

商家在调整本店价格区间时，可以参考携程 APP 的城市价格区间。以上海地区为例，客人可以筛选的价格区间有 8 个：100 元以下、100 ~ 200 元、200 ~ 300 元、300 ~ 400 元、400 ~ 600 元、600 ~ 800、800 ~ 1 400 元以及 1 400 元以上。

对于上述提及的 450 ~ 500 元价格区间的酒店，可以向下再覆盖一个价格区间，通过参加携程优惠促销活动提供一定的优惠折扣，向下覆盖到 300 ~ 400 元的价格区间。

（2）向上覆盖

在多数情况下，酒店的价格区间拓展以向下覆盖为主，如有可能，商家也可以将价格区间向上延展。对于高阶房型，增加早餐、礼盒等增值产品或服务，提升产品的整体溢价，实现向上的价格区间覆盖。

2. 星级钻级匹配

星级是文化和旅游部对酒店的评定，而钻级是由携程参考酒店图片、装修、服务、相对市场价格、点评等因素综合评定的。客人筛选酒店时以星级钻级作为判断酒店规模档次的依据。

通常，星级钻级由酒店客观条件决定，难以在短期内发生很大的改变，对酒店流量影响相对较小。酒店要保证本店产品与服务要符合相应水准，否则有可能引发客人入住后的投诉与差评。

7.2.3　特色条件筛选

列表页顶部的"筛选"是特色条件筛选，客人可以使用更精细化的条件，包括酒店类型、优惠促销、特色主题、酒店品牌等，选择更加符合他所期望的酒店，如图 7-14 所示。

▲图 7-14　酒店特色条件筛选

1. 优惠促销

优惠促销的筛选项是酒店相对容易满足的条件，参加了对应的促销活动，如门店新客、每日特惠，当客人选择这些筛选按钮时，报名活动的酒店一般会被筛选出来。

2. 设施服务

设施服务的筛选项包括了免费 Wi-Fi 上网、厨房、洗衣机、免费停车等最受客人关心的设施服务。商家可以点击展开所有的设施服务项，查看本店是否需要新增相应的设施服务，满足不同客人需求，保证筛选时能获得曝光展示。

3. 床型早餐

床型、早餐是客人预订酒店时，最关心的两大房型因素。对于床型，商家可以根据房间实际格局，尽量满足不同客人对床型的需求——大床、双床、单人床、多张床。对于早餐，每个房型都可以附加多类早餐份数，如单早大床房、双早大床房。

4. 酒店点评

客人对点评的筛选分为 2 个方向，一是点评数量的筛选，二是点评评分的筛选。一般来说，客人更倾向于选择点评数量多、点评分高的酒店，这也是酒店日常运营的重点工作之一。关于如何提升点评，请阅读本书第 6 章。

5. 支付方式

支付方式分为在线付款、到店付款、闪住 3 种，商家可以联系携程业务经理，设置现付、预付的不同房型。对于闪住，商家可以在 eBooking 首页在线加盟自助开通。开通时需要酒店设定订单的押金系数——建议设定能覆盖房间内消费品金额的系数，以保证后续客人消费可以正常扣除。

6. 携程服务

携程服务包括了亲子主题房、立即确认、免费取消、有条件取消、店内商城、可订等筛选项，商家只需完成签约携程亲子房、设置保留房、设定免费取消或阶梯取消政策、开通店内商城等动作，即可符合对应的筛选条件。

7. EASY 住

EASY 住包含了闪住、预约发票、免费行李寄送等筛选项，酒店只需开通对应服务，即可满足对应的筛选条件。

8. 酒店属性

对于酒店类型、特色主题等由平台判定的酒店属性条件，一般无法轻易修改。如果商家对酒店所属的类型、特色主题有异议，可以联系平台业务经理确认是否符合修改标准。

小提示： **流量提升·执行清单**

序号	类型	执行明细
①	排序分优化	每日记录排序分并按照规则优化各个分值
②	增加筛选条件	查看本店可增设满足的筛选条件有哪些

第 8 章

> # 工具使用：
低成本撬动高收益

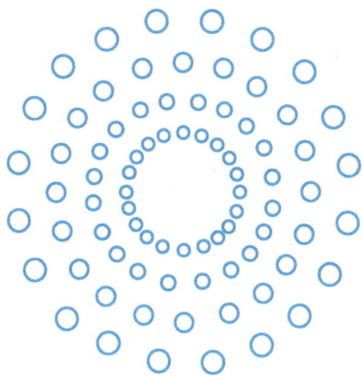

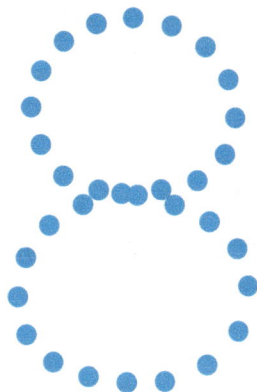

📖 **学前提示**

适用人群：酒店 OTA 运营专员、销售人员。

阅读方式：请打开携程 eBooking 网站，结合本章内容学习。

特别提醒：由于产品迭代升级，本章页面以 2019 年 12 月版为示例，如有偏差，请以平台公布的最新规则与页面为准。

酒店要在 OTA 平台获得高收益，关键要不断地提升流量。除了通过提升排名等方式获取流量之外，商家还可以运用好平台提供的各类营销工具，用低成本撬动高收益。

本章将介绍商家在运营酒店过程中可以使用的两类工具：一是促销工具，通过各类活动专辑位给酒店精准导流；二是赋能工具，是携程平台为酒店提供的经营效率提升工具，例如亲子房、店内商城、生意通、激励商城。

8.1 促销活动：多种场景灵活组合

多数酒店会报名参加 OTA 平台的各类促销活动，但是不知道如何用促销工具给酒店引流，如何使用各类促销工具。本节将以携程平台为例，详细介绍促销工具的作用以及不同类型促销工具的使用方法，帮助酒店更好地使用促销工具，提升流量及收益。

8.1.1 促销活动价值

多数人都了解一个 OTA 运营公式：订单量 = 曝光量 × 点击率 × 转化率。促销工具对酒店 OTA 运营的价值，是通过作用于曝光量、点击率、转化率这 3 项指标实现的。

1. 促销影响曝光量

参与促销活动的酒店能为客人提供高性价比的产品，携程自然会优先向客人推荐这类酒店，通过查询页促销专辑位、列表页筛选入口等，增加额外的曝光机会。

▲图 8-1 查询页促销专辑位展示

（1）促销专辑位

从携程官网到携程 APP，参加促销活动的酒店会获得各个渠道的活动专辑位展示。以携程 APP 为例，在酒店查询页顶部和第二屏的多个活动专辑位展示促销活动，如图 8-1 所示。客人只要点击了某一专辑位，就能看到参与该活动的所有酒店。

（2）促销筛选入口

进入列表页后，点击页面右上角的"筛选"，进入默认的筛选条件页面，"优惠促销"首先推荐的是各类优惠促销活动的筛选条件，如图 8-2 所示。

当客人选择任意一类促销活动筛选时，如门店新客，客人就会获得一个仅仅只有报名了"门店新客"促销活动的酒店列表页，极大缩小了其所挑选的范围。与此同时，这些参加门店新客立减活动的酒店，获得的曝光机会也能大幅提升。

从查询页的专辑位到列表页的筛选入口，参与促销活动的酒店相对未参加的酒店，曝光量就获得了先发优势。

▲图 8-2　优惠促销的筛选条件

2. 促销影响点击率

酒店在列表页的点击率即曝光转化率。当酒店展示在客人面前时，有多少比例的人愿意点击进入详情页，这才是决定流量的关键。促销工具从价格、标签两个方面来影响点击率。

（1）价格激励

当酒店参与优惠促销活动后，在列表页的价格下方通常会显示"已减¥××"的优惠信息，如图 8-3 所示，让客人明确感知到酒店的优惠力度，来刺激客人点击进入酒店详情页。

▲图 8-3　促销价格激励

（2）标签激励

除了通过促销价格激励，列表页酒店信息中的促销标签，如图 8-3 所示的"情侣特惠减 71"，还能为客人定向吸引一批更精准的客源。

通过提升曝光量和点击率，促销工具为酒店赢得了更多的流量。当客人进入酒店详情页后，促销工具又开始发挥出其对转化率提升的促进作用。

3. 促销影响转化率

促销对转化率影响，是通过价格优惠提示、促销标签提示，让客人受到优惠折扣的激励，产生消费下单的冲动。促销并不是简单的打折，可以作为提升整体收益的手段之一，携程有数据显示，参加促销活动后酒店的转化率同比增长 10%，流量提升 21%。

8.1.2 常规促销参加

OTA 平台推出不同类型的促销工具以满足商家的线上营销需求。携程 eBooking 后台提供了多类促销工具，可分为常规折扣类、库存管理类等类型。

1. 常规折扣类

常规折扣类促销工具是针对酒店所有客人推出的日常折扣活动。商家通过提供入住折扣提升价格竞争力，通过优惠来刺激客人下单，例如携程平台的天天特价促销。

天天特价是商家可以灵活使用的自运营促销工具。商家可以根据酒店自身运营情况，如淡旺季、同商圈竞争力、售卖情况等，商家可以自由设置折扣力度、促销时间。天天特价是携程平台最受商家欢迎的促销工具。

（1）使用场景

所有商家均可报名参加天天特价活动，该活动会更适用于同商圈内同质竞争对手于数量较多的酒店。商家使用天天特价，能让客人感知到明显的价格优势，促成订单的成交。

湖北武当山附近有一家老牌知名酒店，其所在景区附近的同类型酒店特别多。自从该酒店 2018 年 11 月初参加天天特价活动后，酒店营业额环比提升了 31.82%，而天天特价的活动收益占总收益的 82.75%。

（2）推广位置

天天特价活动的展示位置包括携程国内酒店首页第二屏活动推广位展示、首页活动推广展示、列表页标签、列表页筛选等，如图 8-4 所示。

（3）参加方法

打开 eBooking 促销推广页面，找到天天特价并点击"马上创建"按钮，进入图 8-5 所示的页面，商家可以灵活设置促销时间、促销折扣、促销房量、参加房型等信息，可以根据经营情况灵活调整。

商家可以在 eBooking 上自定义设置折扣，或直接设置立减的金额。对于活动促销时间，商家可以选择不做促销的时间段。例如，一线城市商务酒店，周二、周三的入住率较高，商旅客人对价格的敏感度稍低，商家可以考虑选择该时段不做促销。

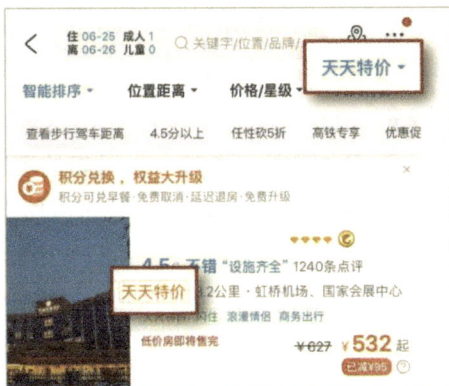

▲图 8-4 天天特价在列表页的展示

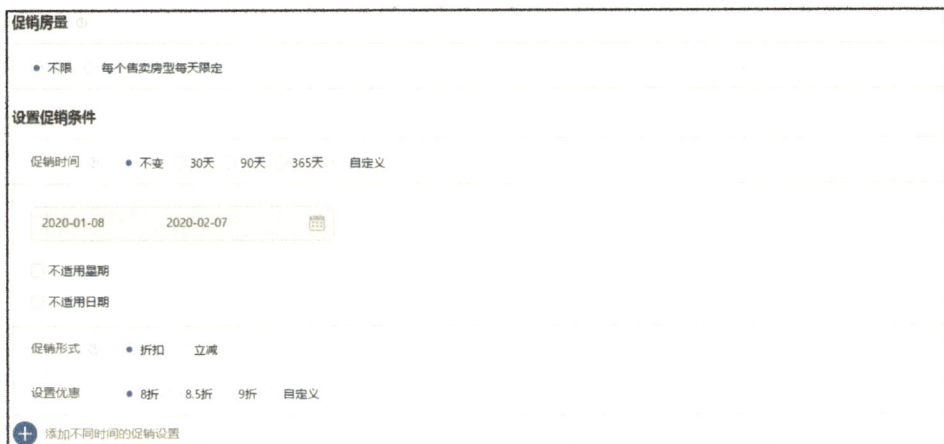

▲图 8-5 天天特价报名入口

2. 库存管理类

库存管理类促销工具是为帮助酒店提升入住率，减少空房、尾房数量，保证总体收益而推出的工具，例如携程的促销工具有今夜甩卖、连住优惠、提前预订、限时抢购、多间立减等。

（1）今夜甩卖

今夜甩卖是一项酒店库存管理类的促销活动，主要针对当日未能满房的酒店所设计，避免酒店房间空置会给酒店造成损失。

① 使用场景：今夜甩卖是降低尾房闲置风险的工具，帮助酒店抓住每日最后一波客流，提升酒店收益。广州的一家快捷连锁酒店，位于一家知名医院附近，每晚空房数量多。考虑到在医院附近住酒店的客人多为患者家属，其入住

时间往往是晚间到第二天早上，入住时间短，对价格较敏感。于是，该酒店选择报名今夜甩卖活动，报名当天入住率比参与前提升了 **74.29%**，当日流量提升了 2 倍。

② 参加方法：参加今夜甩卖的酒店需对本店当日的预订进度进行跟踪分析。当酒店预订量不如预期时，可以加快推进售卖进度，尽快参与今夜甩卖活动，数据显示，参与今夜甩卖活动的酒店的预订高峰为 18：00—20：00，酒店可以结合大数据及本店实际情况，设定活动开始时间。

如图 8-6 所示，酒店可以选择今夜甩卖的优惠力度、开始时间、促销房型等信息，在当日入住率过低的情况下，可考虑加大活动的折扣力度。

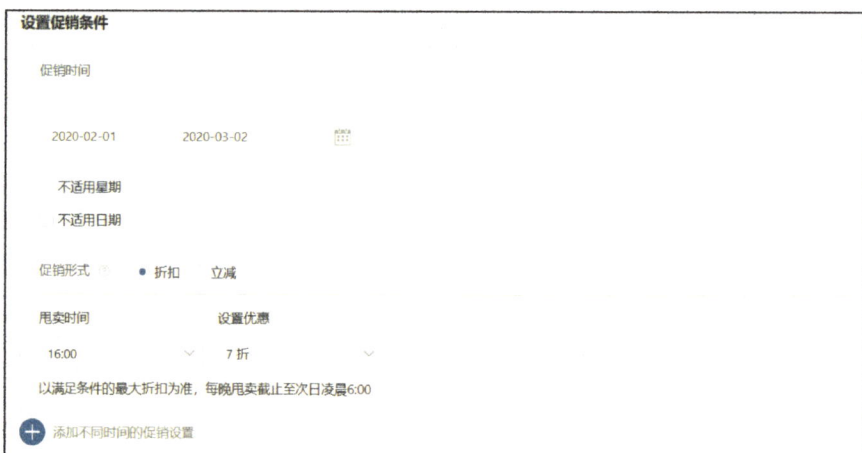

▲图 8-6　今夜甩卖报名页面

（2）连住优惠

连住优惠是一项针对酒店库存管理的促销活动，设定连住条件并针对给予优惠，来吸引客人在本店预订更多间夜，从而实现酒店整体入住率与收益的提升。

① 使用场景：酒店通过设置连住优惠，一能吸引本身有连住需求的客人，二能拉动预订高峰时期前后的入住率。例如，对于广州会展中心的一家主题酒店来说，在大型会议前后，多数商旅客人有多日住店的需求。在参加连住优惠活动之前，客人平均连住天数为 1.77 天。为提升会议前后日期的入住率，酒店参加了连住优惠促销活动。加大折扣优惠力度，酒店参与活动后，客人平均连住天数提升至 2.28 天，预订间夜量提高了 **129%** 以上。

② 参加方法：连住优惠的设置关键在于天数或连住日期的设置，建议酒店根据不同时期的实际情况来设置。如图 8-7 所示，酒店可以设置连住的天数、促销时间以及对应的优惠折扣，还可以点击"新增促销"来设定另一段时期的连住条件。

促销时间

2020-02-01　　2020-03-02

不适用星期
不适用日期

促销形式　　● 折扣　　立减

连住天数　　　　　设置优惠
2天　　　∨　　7 折　　　∨　　　⊕

⊕ 添加不同时间的促销设置

▲图 8-7　连住优惠报名页面

例如，许多客人国庆去三亚度假，7 天当中会选择住好几家不同的酒店，每家只住一两天。为吸引客人连住，酒店可以参与连住优惠，将连住天数设置为 3 天或 4 天甚至更多，来保证整个国庆假期的出租率。根据不同类型的客源，住店习惯会有所不同，比如商务客人一般入住 2 ～ 4 天，那么商务型酒店的连住优惠可以考虑将连住天数设置在 2 ～ 4 天。

（3）提前预订

多数客人习惯提前 0 ～ 1 天预订酒店，而提前预订的使用能够帮助酒店提前锁定客源，降低客房闲置风险，尤其适合淡旺季明显的酒店。

① 使用场景：在酒店旺季，参与提前预订活动，吸引一部分冲着折扣早早预订的客人，保障入住率，能帮助酒店更好地把控预订进度与调控收益策略；在酒店淡季，通过提前预订的优惠，酒店能比同行提前抢夺客源，减轻入住前后的售卖压力，保证酒店的基本收益稳定。

② 参加方法：提前预订的设置关键在于把握好提前预订天数，同时提供足够吸引客人下单的优惠力度。在 eBooking 生意通→数据中心→用户分析页面，会提供本店客人的提前预订天数，如图 8-8 所示，酒店可以参考该数据并结合当

下实际情况来设置。数据显示，酒店在参与提前预订时，将时间设置为提前 1 ～ 3 天给予预订折扣往往会更受携程客人欢迎。

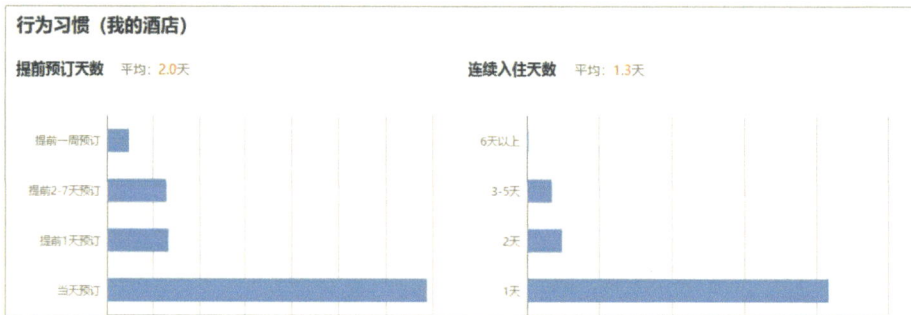

▲图 8-8　eBooking 用户分析页面

酒店在参与提前预订活动时，需设定促销时间、提前预订天数、优惠折扣等信息，也可以参照图 8-9 所示的页面，新增促销时间，对不同时期设定不同的促销策略。

▲图 8-9　提前预订报名页面

（4）限时抢购

限时抢购活动主要针对入住率不如预期的酒店而设计。酒店在一天 24 小时内会存在预订量的峰值与谷值，酒店可以通过在指定时段提供较大的折扣优惠来刺激客人下单。

① 使用场景：限时抢购是一种类似于饥饿营销的策略，只在指定时段开放优惠价格，客人看到后会产生一种紧迫感，担心不下单就错失这一好机会。重

庆的一家高星网红酒店，平日里平均房价高，在淡季参加了携程的限时抢购活动来刺激客人抢订。数据显示，参与该活动后，酒店流量环比提升了 250%，收益提升了 3.68 倍。

② 参加方法：在 eBooking 数据中心→用户分析页面展示了本店历史预订高峰时段，酒店可以根据本店预订时段分布，设置合适的抢购时间段。此外，酒店还可以设置促销参与房型、促销折扣等条件，如图 8-10 所示，可以用较低的价格为酒店引流。

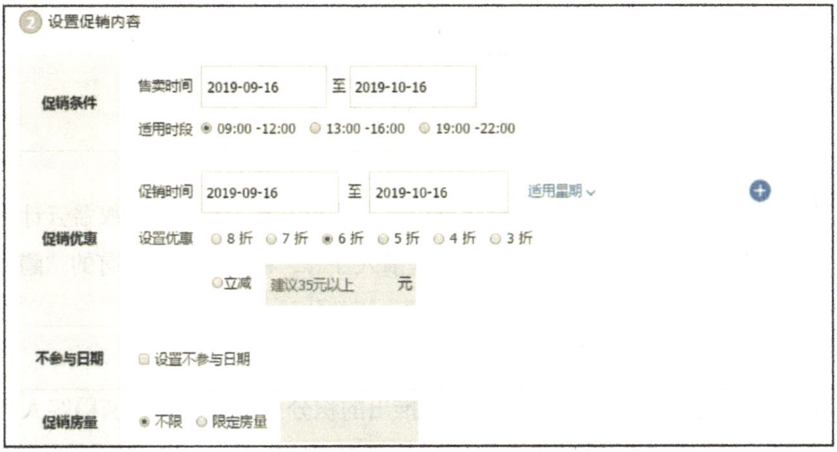

▲图 8-10　限时抢购报名页面

（5）多间立减

数据显示，全国近 20% 的客人有多间入住的需求，从三代同堂的家族出行到年轻人假期的朋友聚会，新订"小团体"市场不容小觑，携程基于此推出了多间立减工具。

① 使用场景：多间立减针对多人出游且出游周期较长的客群，以预订多间为条件，以优惠的价格作为刺激点，来吸引自由行的小团体客人预订。通常，多房预订计划的客人往往会比其他人更早地规划行程，平均预订周期会提前 12 ~ 14 天，这有利于酒店提前锁定客源，保障基本收益。

② 参加方法：打开 eBooking 促销推广页面，找到多间立减报名入口，进入图 8-11 所示的报名页面。酒店可以设定促销内容，包括起订房间数量、参与房型、价格规则、参与日期等。

▲图 8-11　多间立减报名入口

3. 增值权益类

除了常规促销工具，携程平台还推出了增值权益类工具，例如权益云计划、积分抵扣房费、付费延住、延迟退房、提前入住等，将部分酒店已有的"隐形"权益，转化成营销卖点，为更多客人提供良好的体验。

（1）权益云计划

权益云计划是由携程针对会员客人推出的积分兑换类活动，携程客人通过消耗已有的一定积分，来兑换入住酒店的增值权益服务，参与该活动的酒店，在携程 APP 会显示"积分兑换"标签。

① 使用场景：参加权益云的酒店无需降价，只需为客人提供一定的权益服务，包括免费早餐、免费取消、延迟退房、免费升房、免房等权益，刺激客人预订。同时，通过积分兑换相应的权益服务，增加客户的好感度，提升酒店好评率与复购率。

所有参加权益云计划的酒店，都会在列表页获得积分兑换标签，同时也能被客人通过积分兑换筛选项查询到，增加额外的精准流量。数据显示，获得该标签之后，客人点击进入详情页的比例提升了 23.2%，参与后的酒店订单量相比未参加时，提升了 18.3%。

② 参与方法：打开 eBooking 促销推广→权益中心，即可进入如图 8-12 所示的报名页面，权益内容包括免房、免费早餐、免费升级、免费取消、延迟退房等，请确认酒店可以提供后再参加。

　　酒店可以根据本店情况，设置权益比例，即有多少间夜可以获得相应权益。对于免房的提供，商家需设置参与的房型。

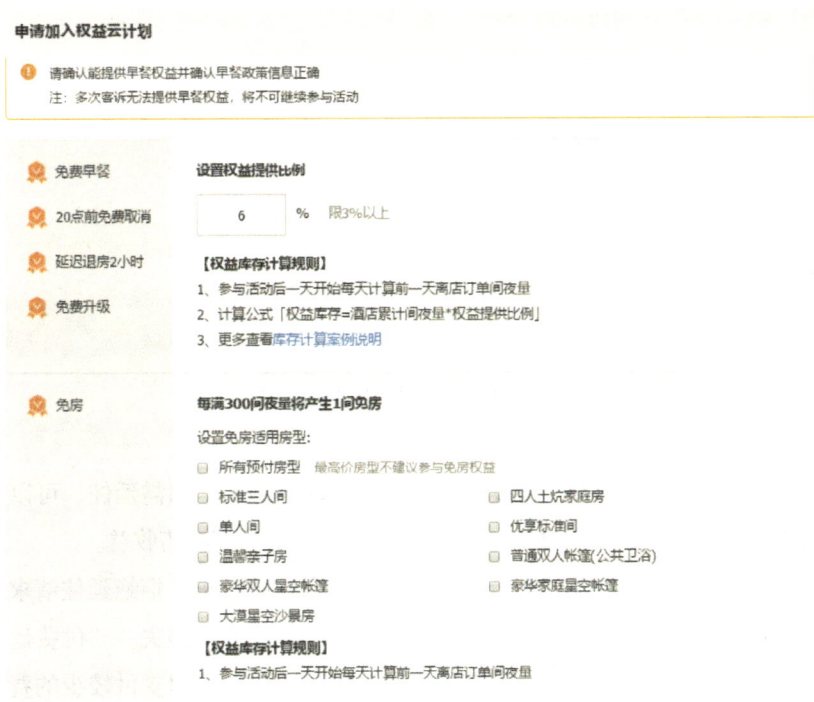

申请加入权益云计划

⚠ 请确认能提供早餐权益并确认早餐政策信息正确
注：多次客诉无法提供早餐权益，将不可继续参与活动

🏅 免费早餐
🏅 20点前免费取消
🏅 延迟退房2小时
🏅 免费升级

设置权益提供比例

[6] %　限3%以上

【权益库存计算规则】
1、参与活动后一天开始每天计算前一天离店订单间夜量
2、计算公式「权益库存=酒店累计间夜量*权益提供比例」
3、更多查看库存计算案例说明

🏅 免房

每满300间夜量将产生1间免房
设置免房适用房型：
☐ 所有预付房型　最高价房型不建议参与免房权益
☐ 标准三人间　　　　　　☐ 四人土炕家庭房
☐ 单人间　　　　　　　　☐ 优享标准间
☐ 温馨亲子房　　　　　　☐ 普通双人帐篷(公共卫浴)
☐ 豪华双人星空帐篷　　　☐ 豪华家庭星空帐篷
☐ 大漠星空沙景房
【权益库存计算规则】
1、参与活动后一天开始每天计算前一天离店订单间夜量

▲图 8-12　权益云计划报名页面

（2）积分抵扣房费

　　"积分抵扣房费"是指携程会员客人在下单前，可通过账户里的积分抵扣一定的房费，通过这类优惠福利来提升客户体验，提高转化率。

　　① 使用场景：价格是影响预订转化率的核心要素，多数酒店在订单填写页仍会有近一半的流失。参与"积分抵扣房费"活动的酒店，能通过会员积分抵扣客人一定金额的房费，增强客人在最后一个步骤下单的决心，有利于成交转化率的提升。

　　② 参与方法：打开携程 eBooking 促销推广→权益中心，找到"积分抵扣房费"权益活动。如图 8-13 所示，设置权益提供比例、参与免房的房型，即可报名该活动。

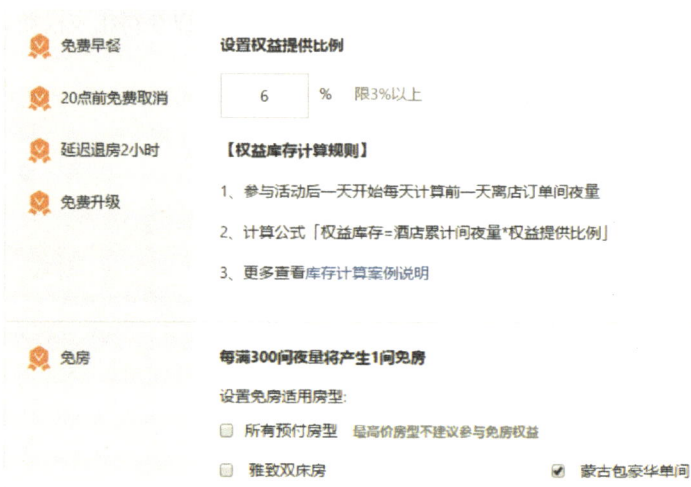

▲图 8-13　积分抵扣房费报名页面

（3）付费延住

"付费延住"是客人入住报名这类权益活动的酒店，如需延住，可以在携程直接付费申请，这样在维护客户体验的同时，又能保障酒店收益。

① 使用场景：每家酒店都会遇到客人提出延住的请求，拒绝延住请求容易导致客人不满，同意免费延住请求又会造成一部分收益的损失。"付费延住"工具的推出，解决了商家的这一困扰，客人只需通过向携程支付较少的费用，即可享受延住的服务。该工具在保障客户体验的同时，又能利用客房的闲置时段提升收益。

② 参与方法：打开携程 eBooking 促销推广→权益中心，找到"付费延住"权益活动参加，如图 8-14 所示，设置参与活动的房型、适用条件，即可成功报名该活动。

（4）延迟退房

许多酒店在客房出租率低的时期，允许客人延迟到 14：00 退房，以提升客人体验。报名"延迟退房"活动的酒店，在携程列表页会提示可以"延迟退房"，以该增值权益作为酒店的卖点之一。

① 使用场景：商家可以根据近期房态，选择是否报名延迟退房活动。在酒店淡季可以参加延迟退房活动，以吸引有相关需求的客人。

② 参与方法：打开携程 eBooking 促销推广→权益中心，找到"延迟退房"

权益活动，如图 8-15 所示，设置参与活动的房型、适用条件，即可成功报名该活动。

▲图 8-14　付费延住报名页面（2019 年 12 月版）

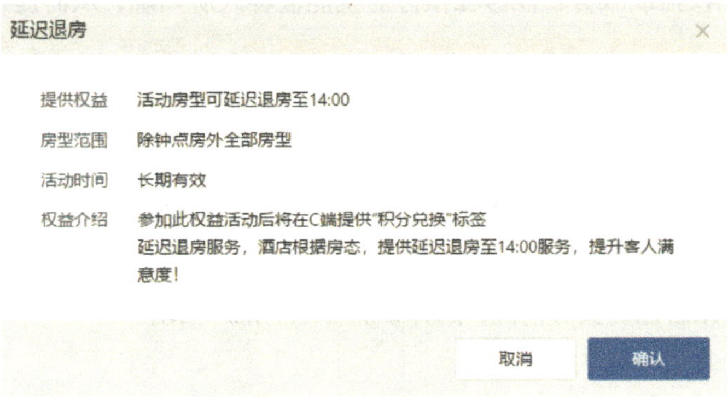

▲图 8-15　延迟退房报名页面

（5）提前入住

酒店一般会设置最早入住时间，而部分客人往往提早到店，却会被告知无法办理入住。"提前入住"活动是指，酒店报名该活动后，可以为客人提供提前 4 小时入住的权益。

① 使用场景：酒店一年之中的入住率会有一定的波动，旺季入住率高很难给客人提前办入住，淡季房间空置多，商家可以将"提前入住"作为一项增值权益。尤其是异地客人占比高的酒店，客人很容易因为航班、高铁等班次因素，提前到店。如果在预订过程中，就展示"提前入住"权益，有助于提升流量转化率。

② 参与方法：打开携程 eBooking 促销推广→权益中心，找到"提前入住"权益活动，如图 8-16 所示，确认好活动要求，报名即可。

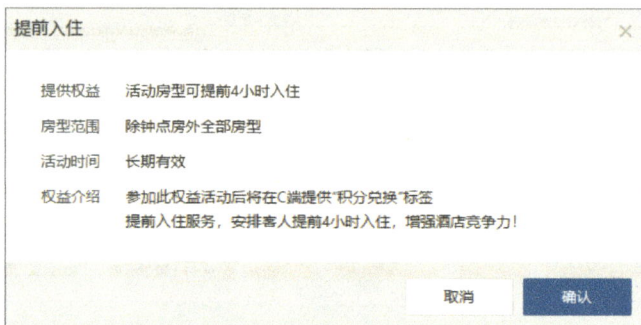

▲图 8-16　提前入住报名页面

除了提前入住、延迟退房等权益活动，携程还提供迎宾水果等权益活动，可供酒店选择参加。对于商家来说，这类活动的最大价值在于，让酒店日常为客人提供的权益或服务，能够在预订前就能被客人所知晓，从而提升酒店产品竞争力。

8.1.3　热点活动参加

除了各类促销工具，OTA 平台会结合时令节庆，推出热点营销活动。这类活动携程还推出了结合时令节庆、会员赋能等类型的营销活动。酒店需要根据当下热点并结合酒店实际情况，选择参加合适的推广活动。

1. 时令节庆类

时令节庆活动一般是跟一年之中的各个关键时节、假日等结合的活动。这些活动会通过携程首页、酒店首页专辑位、列表页标签等方式展示，提升酒店流量效果显著。本节介绍的是 2020 年携程平台的热点活动日历。

（1）1 月时令节庆活动

1 月热点关键词：腊八节、小寒、春运启动、寒假开始、大寒、除夕、春节、开工日。

图 8-17 所示为 2020 年 1 月携程平台活动参考。个别活动因新冠肺炎疫情可能调整或取消，这里仅作为示例供读者参考。针对不同客人开展活动，所列节日既有中国传统节日，又有西方传统节日。

▲图 8-17 2020 年 1 月携程平台活动参考

（2）2 月时令节庆活动

2 月热点关键词：立春、元宵节、寒假返校日、情人节、春运结束、龙抬头等。

图 8-18 所示为 2020 年 2 月携程平台活动参考。

▲图 8-18 2020 年 2 月携程平台活动参考

（3）3 月时令节庆活动

3 月营销关键词：惊蛰、妇女节、白色情人节、清明活动征集等。

图 8-19 所示为 2020 年 3 月携程平台活动参考。

3月05日 惊蛰
【天天特价】设置好，和客人一起共赴春光！

3月07日 女生节

3月08日 妇女节
要做就做自己的女王，【时令活动】安排！

3月12日 植树节

3月14日 白色情人节
浪漫情人，【情侣特惠】不能错过

3月15日 消费者权益日

3月18日 清明活动征集
清明【错峰全覆盖】开始征集啦！

3月20日 春分
全网最春天的活动【春季特惠】

▲图 8-19　2020 年 3 月携程平台活动参考

（4）4 月时令节庆活动

4 月营销关键词：愚人节、清明节、世界地球日等。

图 8-20 所示为 2020 年 4 月携程平台活动参考。

4月01日 愚人节 报名「限时抢购」
年度乐趣最多的节日，大家一起开心开心！

4月05日 清明节

4月07日 躁动的春天，参加「早订优惠」
平复那些落漠的心灵~

4月15日 舒适「优享会」活动
在这个梅雨季，给用户别样入住体验

4月20日 谷雨

4月22日 世界地球日

4月30日 「错峰全覆盖」端午节小长假 活动开始报名啦！

▲图 8-20　2020 年 4 月携程平台活动参考

（5）5 月时令节庆活动

5 月营销关键词：劳动节、五四青年节、开工日、520、世界无烟日等。

图 8-21 所示为 2020 年 5 月携程平台活动参考。

5月01日 劳动节
节日进行时，五一【节日全覆盖】再不报名就错过了！

5月04日 五四青年节

5月05日 立夏
是时候去海边啦，【海滨特惠】安排！

5月06日 开工日
五一【稳峰全覆盖】，保证流量不间断

5月10日 母亲节
带着家人出去玩耍，【春季特惠】记得从参加哦

5月20日 520
浪漫情人节，【情侣特惠】少不了

5月22日 高考房
【学生专享】，为高考流量保驾护航

5月31日 世界无烟日
一起做个无烟酒店吧

▲图 8-21　2020 年 5 月携程平台活动参考

（6）6 月时令节庆活动

6 月营销关键词：儿童节、端午节、父亲节、夏至等。

图 8-22 所示为 2020 年 6 月携程平台活动参考。

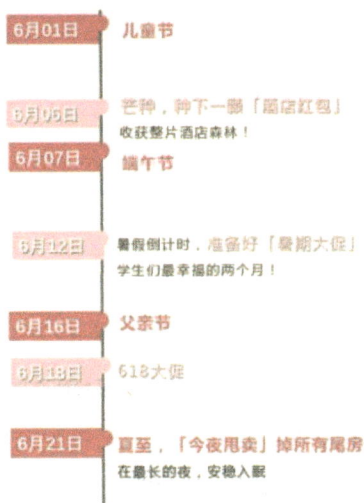

6月01日 儿童节

6月05日 芒种，种下一颗「酒店红包」
收获整片酒店森林！

6月07日 端午节

6月12日 暑假倒计时，准备好「暑期大促」
学生们最幸福的两个月！

6月16日 父亲节

6月18日 618大促

6月21日 夏至，「今夜甩卖」掉所有尾房
在最长的夜，安稳入眠

▲图 8-22　2020 年 6 月携程平台活动参考

（7）7 月时令节庆活动

7 月营销关键词：暑期出行高峰等。

图 8-23 所示为 2020 年 7 月携程平台活动参考。

日期	活动
7月01日	**建党节**
7月02日	**暑假开始** 学生放假啦，【暑假大促】全面上线
7月06日	**小暑** 一起去海边嗨皮吧～【海滨特惠】那您记得报名哦
7月11日	**暑期出行高峰** 【出行特惠】为你带来精准出行流量
7月22日	**大暑** 那么热的天气出来玩，【连住优惠】更适合哦!

▲图 8-23　2020 年 7 月携程平台活动参考

（8）8 月时令节庆活动

8 月营销关键词：立秋、处暑、99 酒店节上线等。

图 8-24 所示为 2020 年 8 月携程平台活动参考。

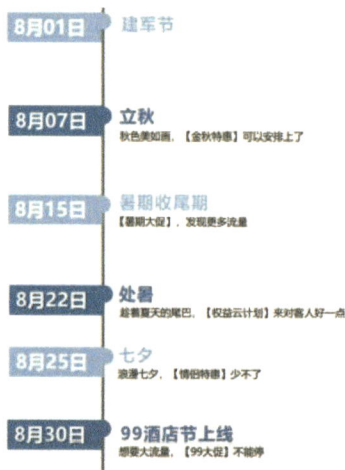

日期	活动
8月01日	建军节
8月07日	**立秋** 秋色美如画，【金秋特惠】可以安排上了
8月15日	暑期收尾期 【暑期大促】发现更多流量
8月22日	**处暑** 趁着夏天的尾巴，【权益云计划】来对客人好一点
8月25日	七夕 浪漫七夕，【情侣特惠】少不了
8月30日	**99酒店节上线** 想要大流量，【99大促】不能停

▲图 8-24　2020 年 8 月携程平台活动参考

（9）9 月时令节庆活动

9 月营销关键词：白露、教师节、秋分等。

图 8-25 所示为 2020 年 9 月携程平台活动参考。

9月01日 开学日
学生返程高峰期，【出行特惠】安排

9月07日 白露
国庆小长假的【提前预订】要准备起来啦！

9月09日 99酒店节
99酒店节，酒店人自己的节日

9月10日 教师节

9月15日 国庆活动开始征集
国庆【锦峰全覆盖】开始报名啦！

9月23日 秋分
【金秋特惠】安排好，秋季订单没烦恼

9月27日 世界旅行日
【门店新客】来欢迎全世界的新朋友吧

9月30日 国庆活动全面上线
黄金周倒计时，【节日全覆盖】快来报名吧！

▲图 8-25 2020 年 9 月携程平台活动参考

（10）10 月时令节庆活动

10 月营销关键词：国庆、中秋、寒露、重阳、万圣节等。

图 8-26 所示为 2020 年 10 月携程平台活动参考。

10月01日 国庆节、中秋节
双节合一，【节日全覆盖】发神力

10月05日 国庆过半
假期过半，卖不掉的空房用【今夜甩卖】就够了！

10月08日 寒露
国庆返程高峰，【锦峰全覆盖】流量不停歇

10月18日 旺季减弱
用【天天特价】来重置顶新的计划吧

10月23日 霜降
忙完这2个月，有空给自己放个假吧！

10月25日 重阳
带爸妈出门，【权益云计划】服务更优质

10月31日 万圣节

▲图 8-26 2020 年 10 月携程平台活动参考

（11）11 月时令节庆活动

11 月营销活动关键词：立冬、小雪、"双旦狂欢"、感恩节等。

图 8-27 所示为 2020 年 11 月携程平台活动参考。

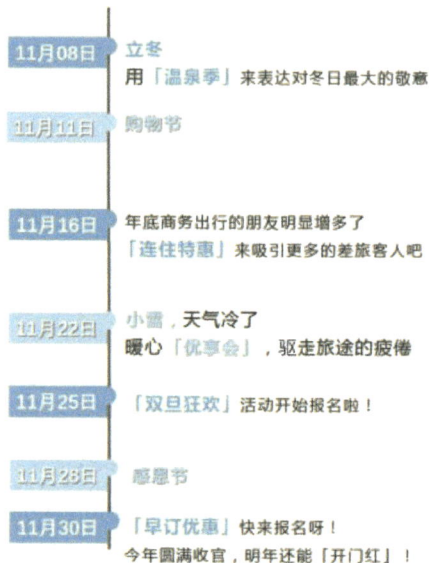

11月08日	立冬 用「温泉季」来表达对冬日最大的敬意
11月11日	购物节
11月16日	年底商务出行的朋友明显增多了 「连住特惠」来吸引更多的差旅客人吧
11月22日	小雪，天气冷了 暖心「优享会」，驱走旅途的疲惫
11月25日	「双旦狂欢」活动开始报名啦！
11月28日	感恩节
11月30日	「早订优惠」快来报名呀！ 今年圆满收官，明年还能「开门红」！

▲图 8-27　2020 年 11 月携程平台活动参考

（12）12 月时令节庆活动

12 月营销活动关键词：大雪、平安夜、研究生考试、跨年夜等。

图 8-28 所示为 2020 年 12 月携程平台活动参考。

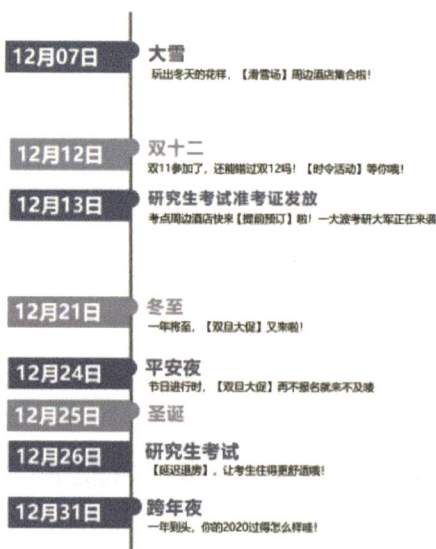

12月07日	大雪 玩出冬天的花样，「滑雪场」周边酒店集合啦！
12月12日	双十二 双11参加了，还能错过双12吗！「时令活动」等你哦！
12月13日	研究生考试准考证发放 考点周边酒店快来「提前预订」啦！一大波考研大军正在来袭
12月21日	冬至 一年将至，「双旦大促」又来啦！
12月24日	平安夜 节日进行时，「双旦大促」再不报名就来不及咯
12月25日	圣诞
12月26日	研究生考试 「延迟退房」，让考生住得更舒适哦！
12月31日	跨年夜 一年到头，你的2020过得怎么样哦！

▲图 8-28　2020 年 12 月携程平台活动参考

8.2 赋能工具：全面提升酒店收入

除了促销活动工具，携程还提供了赋能工具，协助商家获取流量、全面提升酒店收益。本节将结合扫码住、流量收割机、酒店商城、亲子主题房等工具详细介绍。

8.2.1 流量工具

本书第 7 章已介绍了酒店在携程上获取站内流量的方法，而本节介绍的流量收割机是获取站外流量的有效方法。

当客人在携程 APP 或小程序预订酒店，选择在带有"任性砍 5 折"标签的酒店下单后，他可以发起砍价，分享砍价链接至社交平台的好友或朋友圈，邀请对方砍价。当订单成交且客人离店后，他会获得砍价返现。

并不是所有订单都能邀请朋友砍价，只有酒店在携程使用了流量收割机工具，当客人在该酒店下单后，他才有机会发起砍价获取返现。

1. 流量收割机的作用

对于客人来说，他能通过朋友帮助砍价，获得携程返现，提升预订体验。对于商家来说，流量收割机的价值，不仅在于刺激客人预订参与活动的酒店，更在于给酒店带来站内站外的曝光，是一种有效的营销工具。

① 站内曝光：在携程 APP、小程序的酒店列表页，开通流量收割机的酒店，会获得"任性砍 5 折"的专属筛选项，客人可以筛选出能砍价的酒店，酒店因此能获得更多曝光。进入酒店详情页后，会在房型列表上方看到"先预订该酒店，可砍价到 5 折"的激励横幅，订单填写页也会有相关激励提示，促进客人下单。

② 站外曝光：当客人完成预订后，携程会立即通过弹窗，提示客人发起并邀请朋友砍价，实现裂变推广。参与流量收割机的酒店，其酒店名称、图片等信息，有机会在砍价分享的传播过程中，获得强力曝光，展示位置包括微信分享卡片、朋友圈海报、小程序活动页等位置，如图 8-29

▲图 8-29 砍价提示分享页面

所示。

2. 如何开通流量收割机

商家在 eBooking 计算机端，打开生意通→工具中心页面，进入流量收割机入口即可（APP 端可直接进入生意通查看报名入口），如图 8-30 所示。

▲图 8-30　砍价提示分享页面

开通流量收割机设有一定门槛条件，当酒店商户诚信分小于或等于 3 分，无法开通流量收割机推广。报名参加流量收割机的酒店，目前无需承担砍价活动给客人的返现和用券成本，只需支出活动报名费即可。同时，在携程激励商城，商家可以通过钻石兑换满减券或季卡优惠等活动，节约推广成本。

8.2.2　收益工具

酒店仅仅关注流量还不够，如何提升总体收益，关键仍在于产品。酒店商城提供了线下各类产品的售卖平台，而亲子主题房是通过产品优化来提升收益的，而服务市场最大限度地帮助酒店降低用品采购成本。

1. 酒店商城

随着消费升级时代的来临，客人住酒店早已不再是睡觉那么简单，在酒店的体验感变得愈发重要，一半以上的客人有过在酒店内消费的经历。针对这一需求变化，携程推出酒店商城，所有酒店内的产品都能在酒店商城售卖，包括客房套餐、餐饮娱乐、客房升级、伴手礼、门票交通、会议宴会等。

（1）商城价值

上架酒店商城的产品，会在携程 APP 首页特价·爆款频道、携程酒店首页特价·预售入口售卖，在常规的酒店详情页客人也可以直接预订商城内产品，如

图 8-31 所示。高品质的酒店产品，还有机会获得携程直播、官方公众号、头部自媒体等站内外顶级流量的推荐。

携程APP首页 banner推荐　携程APP首页特价·爆款频道　携程酒店首页特价·预售入口　酒店详情页 酒店商城

▲图 8-31　酒店商城在携程 APP 的展示

对于酒店来说，携程酒店商城为店内各类产品，尤其餐饮、SPA、会场等附加产品，提供了免费的线上曝光与购买入口，有利于提升酒店总体收益。

（2）产品售卖

打开 eBooking 酒店商城页面，商家可以新建产品，如图 8-32 所示，添加产品至准备的分类中，并填写产品信息、售卖规则、使用规则、联系方式与预约等信息，提交商品信息。

▲图 8-32　eBooking 酒店商城页面

在酒店商城的产品管理页面，商家可以对当前售卖的单个产品进行查看、复制、预览、删除等操作。对于产品数量多的酒店，可以按照分类或产品 ID 查询。

当商家在酒店商城收到产品购买订单后，可以在 eBooking 酒店商城→在线预约页面，处理好客人的预约订单。在已处理预约中，商家可以查看处理后的预约订单。

（3）结算管理

商家需要跟携程定期结算产品的款项。在 eBooking 酒店商城的结算管理页面，商家可以进行提款申请与开票操作，如图 8-33 所示，如需更改相关账号，需按页面提示进行操作。

▲图 8-33　eBooking 结算管理

2. 亲子主题房

随着二胎政策的全面开放，亲子游市场热度持续火爆，越来越多的家长选择带孩子出游，住酒店就成为一个刚性需求。携程联合各大 IP（Intellectual Property，知识产权）推出亲子主题房，与酒店商家一起，为亲子客人打造独特的住宿体验。

（1）市场痛点

亲子市场庞大，许多酒店在尝试做亲子房，希望从中分一杯羹，但却面临着多重困难与考验，尤其是开发成本、品牌侵权、营销曝光这 3 大问题。

① 开发成本高昂：许多人想到亲子酒店，首先会想到的是儿童游乐设施，这类设施的投入成本较高，尤其是已开业的酒店，再增添这些设施极为困难。

② 品牌侵权问题：部分酒店从某些电商平台自行购置物料，会选择受孩子喜欢的经典动画角色。殊不知，这些物料虽然价格便宜，但没有品牌授权，已经有酒店为此付出数十万元的赔偿代价。

③ 缺乏流量导入：部分酒店自行开发儿童设施与主题房，但因为缺少流量导入，无法进入亲子客人视线，浪费了开发成本。

（2）合作价值

携程推出亲子房，重点针对以上 3 大难点分别提供了合理的解决方案，且经过市场的成功验证，在提升客人体验的同时，也保障了商家利益。

① 20 分钟轻量改造：携程亲子主题房是通过主题软装陈列布置和亲子设施的布置，无须房间硬装改造，即可营造出浓厚的亲子酒店氛围，成本可控。即使是商务酒店，在亲子客人预订后，只需 20 分钟，即可将房间改造成亲子房。

② IP 联合无须担心有授权费：好的 IP 能快速吸引到亲子客人，但 IP 的使用往往意味着烦琐的流程与高昂的费用。携程从 2018 年开始就跟多个 IP 品牌方合作，酒店通过携程可以直接使用相关物料。

③ 获得流量与转化的提升：合作亲子主题房的酒店会获得携程酒店首页推荐，还能获得筛选按钮与标签的支持。携程还会为亲子主题房提供免费的拍摄支持，再辅之以亲子主题房标签，提升转化率。

数据显示，亲子房为合作酒店带来 20% 以上的流量提升，升级为亲子房后的平均房价相较原房型价格增加了 225 元，预订亲子房的酒店点评分均值高达 4.86 分。

（3）产品类型

从最早的 YOYO 亲子主题房开始，携程陆续推出了大嘴猴、小黄鸭、绿豆蛙等诸多知名 IP。除 IP 装饰氛围之外，携程也有在升级客房亲子功能方面做出诸多尝试，如跟好孩子、华硕、小熊尼奥等知名品牌合建智能早教、未来空间、AR "魔法类" 功能亲子房，跟贝亲共建低幼亲子周全安心照顾类功能亲子房，如图 8-34 所示。

携程在不断拓展与业界 IP 的合作，表 8-1 所示是截至 2019 年 10 月推出的亲子主题房产品类型及明细。此外，部分房间还会搭配小熊维尼、彼得兔等形象，所有 IP 均为正版授权，酒店无须再为 IP 付费。

▲图 8-34 携程亲子主题房实拍图

▼表 8-1 携程亲子房产品清单

产品类型	产品明细
大嘴猴主题房	提供包含床品、卧室用品、安全防护、主题装饰用品、儿童洗沐用品、玩具及儿童礼包共 51 项单品
盼酷小黄鸭主题房	提供包含床品、卧室用品、安全防护、主题装饰用品、儿童洗沐用品、玩具及儿童礼包共 51 项单品
绿豆蛙主题房	提供包含床品、卧室用品、安全防护、主题装饰用品、儿童洗沐用品、玩具及儿童礼包共 42 项单品
YOYO 海洋主题房	提供包含床品、卧室用品、主题装饰用品、儿童洗沐用品、玩具及儿童礼包共 29 项单品
携程 × 好孩子	提供包含床品、智能早教设备、儿童出行用品、儿童洗沐用品共 13 项单品
携程 × 贝亲	提供包含床品、儿童洗沐用品、玩具及哺喂用品共 10 项单品
携程 × 华硕开心超人主题房	提供包含床品、华硕智能机器人、儿童洗沐用品、玩具共 20 项单品
携程 × 小熊尼奥 AR 魔法屋	提供包含床品、AR 儿童礼包、儿童洗沐用品、玩具共 16 项单品

（4）合作流程

亲子主题房的合作流程一般包含 4 个步骤：一是酒店方与携程洽谈签订合作协议；二是确定合作后由携程发送亲子房物料至酒店；三是使用亲子房物料

对客房进行改造；四是携程提供亲子房免费拍摄，完成上线售卖。若商家有兴趣合作，可以联系携程业务经理咨询。

3. 服务市场

随着国内酒店行业的迅速发展，酒店用品需求不断增长，一方面是新建酒店的投资需求，另一方面是存量酒店更新、改造以及日常运营需求。

（1）行业痛点

在酒店用品采购方面，诸多酒店管理者存在着共同的困扰，包括供给侧规范性问题、采购集中性差、采购人员不专业等。

① 采购集中性差

国内存在大量单体经营酒店，因而采购集中性很差，难以实现标准化、批量性、周期性、大额度的采购，因此在采购过程中的议价权较低。

② 供给侧规范性

目前，国内酒店用品生产企业 98% 以上属于中小型企业，在一定程度上，其产品生产和管理水平参差不齐，酒店采购到的产品质量良莠不齐的情况，也时有发生。

除此之外，采购管理的专业化程度低，从业人员存在缺乏专业培训、供需侧信息不对称等问题，对多数酒店管理者来说，如何用合理的成本采购到高质量的酒店用品，仍然是一个难题。

有数据显示，20% 的酒店差评是源自于对酒店用品与设施的投诉，酒店采购业的信息化、规范化、透明化的需求越来越强烈。

（2）合作价值

基于以上，携程上线"酒店服务市场"（TripMall），打造一站式的酒店用品服务集采平台，代替分散、质量良莠不齐的线下耗品批发城。

① 全品类综合平台，一站式解决采购问题。

打开携程 eBooking 服务市场，如图 8-35 所示，酒店可以在此找到各类所需用品，从客房用品、布草、厨房、建材到云迹机器人、客房拍照服务、酒店培训及人员招聘、酒店建筑设计、金融贷款等服务，都可在 TripMall 找到。

② 发挥集采优势，降低采购成本 10% ～ 30%。

携程选择优质用品供应商开展独家深度合作，对工厂生产资质进行严格筛选与评估，以保证用品与服务的质量。

▲图 8-35　携程服务市场页面

同时，平台能更有效地发挥集采优势，为酒店至少降低 10%～30% 的成本，为合作商户提供质量和价格的双重保障。

③ 无忧购物，省心放心

在 TripMall 购物可以 7 天无理由退换，最快 48 小时发货，确保收货效率和满意度。

（3）如何使用

打开 eBooking 页面，点击进入"服务市场"页面，即可在线挑选采购酒店所需用品，如图 8-36 所示。

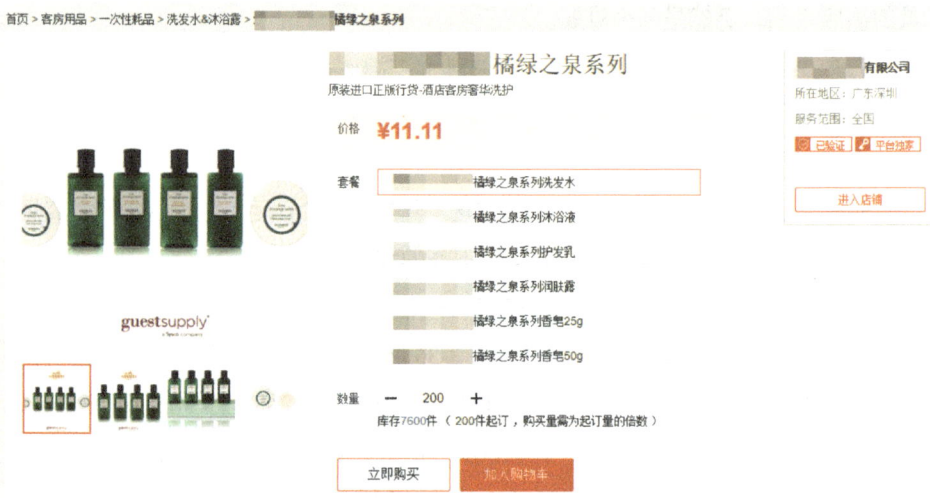

▲图 8-36　服务市场商品

① 在线选择：酒店可以在服务市场页面，找到想购买的用品或服务，查看

其厂商及产品介绍，选择你要采购的数量。

②免房支持：采购下单，携程酒店服务市场除了支持现金支付外，也支持免房置换。

③物流配送：下单后，会由厂商直接打包用品，由专业物流公司直接发货至酒店。

8.2.3　赋能工具

除了推出营销、收益等工具来帮助酒店实现直接有效的推广，携程还推出了激励商城、发票管家等工具，对酒店的线上线下运营提供进一步的支持。

1. 激励商城

激励商城是携程专为酒店商家搭建的一套激励体系。运营表现优异的酒店可以获得商城内的虚拟货币——钻石与金币，商家可以通过钻石金币来兑换商品，鼓励商家积极运营，提升线上销量。

（1）什么是激励商城

打开 eBooking 首页，进入携程激励商城，如图 8-37 所示的位置，商家可以查看本店当前拥有钻石金币收入明细、兑换明细。

商家在 eBooking 激励商城的任务中心，能查看酒店要完成的任务以及对应的钻石金币奖励。在获取一定数量的钻石金币后，商家可以兑换相应的商品。

▲图 8-37　激励商城页面

（2）获取钻石金币

商家要获取钻石金币，需要先按照要求完成 eBooking 所提示的激励任务。

常见激励任务有保留房间夜任务、EBK 5 分钟确认率任务等，如图 8-38 所示，商家可在任务中心查看。从本质上讲，任务设定是为了促进酒店提升运营水平，奖励与扶持优质商家。

▲图 8-38　任务中心

在节假日等特殊时期，携程激励商城会发布临时任务，这些任务的奖励力度往往更大。例如，2019 年清明节假期，激励商城上线了"千元红包大作战·专属钻石换流量"任务。

2. 携程酒店发票管家

在酒店对客服务中，开票是一项烦琐重复的工作，过去往往需要前台一字一字手动输入住客企业抬头、核对订单信息，客人很容易出现对开票等待时间长的抱怨，携程为此推出酒店发票管家工具。

（1）什么是携程酒店发票管家

携程酒店发票管家，是一款专为酒店定制的智能开票工具，秉持着"让顾客更便捷，让酒店更省心，让开票更安全"的宗旨，致力为酒店行业提供最高品质的发票产品和创造更全面的服务场景。酒店通过发票管家，能为住客提供完整高效的开票体验，包括客人入住前预约开票、客人前台扫码开票、客人离店后线上后补发票等，提升酒店的智慧服务能力。

对于酒店来说，发票管家提供了市面最全的企业抬头库，支持企业抬头自动联想、门店二维码、手机扫码枪小程序等多种抬头上传方式，不仅能够服务携程客人的开票需求，同时可以满足所有客人的前台扫码开票诉求；保证开票准确性的同时，帮助酒店对发票相关事务进行高效管理，节省了大量的人力和时间成本。

（2）开通申请

酒店如果希望申请开通使用酒店发票管家，可以联系平台预留的邮箱，提供酒店 ID 和联系人电话或登录携程 eBooking 直接下载安装，携程可以为酒店定制与寄送酒店专属扫码开票二维码台牌。

（3）发票管家的使用

客人使用发票管家，通常发生在 3 个场景之中——入住前预约发票、在前台扫码开票、离店后在线补开发票，酒店通过该工具可以帮客人高效完成开票。

① 入住前预约发票：携程客人如需离店时快速拿到发票，可以在其携程订单详情页"预约发票"，提交开票信息。完成预约后，酒店会在 eBooking 和酒店发票管家中同时收到开票消息提醒，在空闲时间完成开票即可，在客人离店钱准备好发票，待客人离店时可以直接领取。

② 前台时扫码开票：客人无论是否在携程下单，都可以直接扫描前台携程提供的二维码，输入关键字，系统自动联想企业抬头，快速提交发票信息，酒店可根据客人上传的企业抬头，输入开票金额，直接开票。

③ 离店后补开发票：若携程客人离店时忘记或来不及申请发票，可以在携程 APP 订单详情页点击"酒店开票"，提交在线补开发票申请，酒店会在收到开票消息提醒后，选择开票。携程客人后补开票将仅针对有电子发票资质的酒店开放。

小提示：　　　　　　　　　　**工具使用·执行清单**

序号	类型	执行明细
①	常规促销的选择	查看当前使用的促销工具，根据本章介绍的不同场景下的促销，在 eBooking 上新增或调整
②	营销活动的计划	通过 eBooking 后台或业务经理，了解未来 1 ~ 2 个月平台有哪些主推的时令活动，制定活动参与计划
③	酒店商城的开通	确认本店是否可上线产品在商城售卖，包括客户套餐、餐饮、会议等，如有，可以在 eBooking 后台新建与管理
④	钻石金币的兑换	查看本店在激励商城当前有多少钻石金币，可以进入商品兑换页面，查看有哪些商品可以兑换

第 9 章

数据分析：
客人是如何流失的

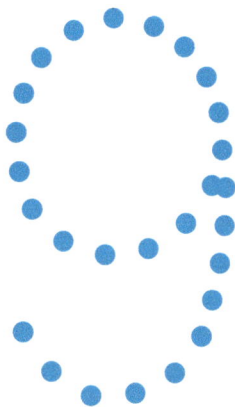

📖 **学前提示**

适用人群：酒店销售、收益、OTA 运营等岗位人员。

阅读方式：打开携程 eBooking 生意通→数据中心页面对照学习。

特别提醒：由于产品迭代升级，本章页面以 2019 年 12 月版为示例，如有偏差，请以平台公布的最新规则与页面为准。

数据是酒店运营决策的重要依据，OTA 渠道更是能为商家提供海量的珍贵数据，本章以携程 eBooking 数据中心为例，帮助商家认识 OTA 平台的各项数据指标，掌握 OTA 数据分析方法，从而更好地调整酒店的线上经营策略。

9.1　读懂酒店数据

商家会关注本店的出租率、营业额、单房收益等核心数据。而对于 OTA 渠道的数据分析，需要关注的远不止这些，除了结果数据之外，还要关注过程数据指标，如此才能掌握提升 OTA 渠道销量的方法。

9.1.1　数据分析的价值

相对线下渠道，OTA 销售的特别之处在于其不仅能直接展示商家自身经营情况的好坏，还能通过数据展示与分析解读经营状况好坏背后的原因。商家可以借助 OTA 数据分析工具，对影响销量的各类指标进行优化，从而实现酒店销量的有效提升。

1. 洞察原因

"上个月投放的金字塔广告，效果怎么样？"当领导突然提出这么一个问题时，员工该如何回答？有人的回答可能是："嗯，感觉还不错，排名提高了一些，上周的客人比之前多了不少，估计是某广告带来的。"

绝大多数的领导并不爱听到一个含糊不清的答案，而数据能让你给出一个更专业的答案："使用某工具 1 个月，获得流量增长 1.2 万次，带来预订金额 22 万元，同比去年增长 80%。"

对于传统的营销渠道，如户外广告、报纸杂志等，酒店未必能弄清楚自己投入的钱到底带来了多少回报，而 OTA 平台数据能告诉酒店每一笔投入的回报情况。

若酒店近期销量平平，商家也能通过 OTA 数据分析定位本店销量不佳的原因，了解竞争对手如何分流本店的订单，定位运营背后的问题与亮点。

2. 精准决策

数据分析是日常经营策略制定的核心依据。对于酒店来说，如何对市场热度做出精准预测，如何保证在 OTA 上的投入产出比最优，都依赖于数据分析来实现。

（1）市场预测

商家要实现收益最大化，要对未来一定时期内的价格、出租率等做出预测。以国庆假期为例，不少客人提前一两个月就会在携程上预订酒店，那么酒店就必须以上年同期数据作为参考，提前在 OTA 平台做好价格预埋，并根据预订进度及时调整价格。

（2）营销测试

不管是参与促销活动，还是做广告投放，如需投入一定营销费用来引流，酒店可以通过前期的营销测试来判断该项目是否值得长期投入，或是否需要投入较多资金。

图 9-1 所示是广告的投放数据展示，投入 702.20 元的费用，最终给酒店带来 5 697 元的销售额。商家可以根据投入产出比来判断是否需要调整广告的投放场景，是否要继续投放。

▲图 9-1　广告数据分析页面

3. 业绩增长

OTA 平台的销量增长规则透明，人为干扰的因素极少。商家可以根据数据对本店线上运营进行诊断分析，快速找到增长提升的方向。

如图 9-2 所示，在携程 eBooking 生意通→数据中心页面为商家提供了全面的

▲图 9-2　eBooking 数据中心

数据看板，无论是实时的排名、流量、出租率、竞争对手调价数据，还是一定时期内的销量、点评、用户分析数据，商家都能在此获取。

9.1.2 数据指标的了解

在正式分析携程数据之前，商家先要掌 OTA 平台的核心数据指标定义。一家酒店要在 OTA 渠道获得更高的销量，3 项核心数据指标必须特别关注——曝光量、访客量、转化率。

1. 曝光量

曝光量是指在一定周期内酒店被展示给了多少携程客人。通常，酒店在携程的曝光量主要来自列表页的展示，展示形式为精简的关键信息卡片。

列表页的曝光量主要有 2 个来源，一是客人查询所得的搜索结果列表页，二是客人点击活动专辑页进入参与该活动的酒店列表页。

（1）搜索结果列表页

当客人仅设置城市、入离日期、价格星级等非地标点条件来查询时，列表页会按照系统默认的欢迎度排序来展示，如图 9-3 所示。当客人设定具体地标点条件来查询时，列表页的酒店会按照智能排序来展示，如图 9-4 所示。

▲图 9-3　携程 APP 欢迎度排序　　　　▲图 9-4　携程 APP 智能排序

在搜索结果列表页中，酒店展示的顺序越靠前，也就意味着其能获取的曝光量会越高，这就需要商家设法提升酒店在携程的排名。酒店排名会受到欢迎

度排序、挂牌等因素的影响，详见本书第 7 章。

（2）活动专辑列表页

客人点击携程酒店活动专辑展示位，如图 9-5 所示，可以进入参与活动详情页，如图 9-6 所示，查看参与该活动的酒店列表。

不同的活动会吸引到不同的客群。一般来说，选择合适的活动参加，能帮助酒店吸引精准的客群，获得更多的曝光机会。

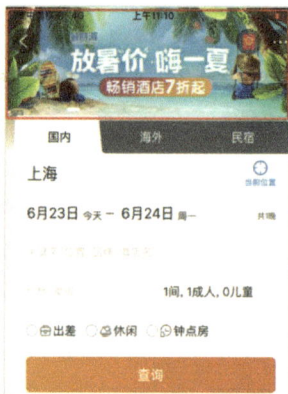

▲图 9-5　暑期活动专辑展示

▲图 9-6　活动详情及参与酒店列表页

2. 访客量

访客量是指在一定周期内点击访问酒店详情页进行浏览的人数，即通常所说的流量。曝光量不等于访客量，只有客人点击进入了酒店详情页，才计为流量，如图 9-7 所示。

酒店流量主要由列表页曝光转化而来，只有提升曝光转化率，才能促进流量的增长，而曝光转化率由酒店展示在列表页的名称、首图、起价、位置、点评、标签、星级钻级等信息所决定，如图 9-8 所示。

3. 转化率

转化率是指在一定统计周期内酒店订单数量占访客量的比率，即转化率 = 订单量 / 访客量。一家酒店订单量要实现增长，流量与转化率二者缺一不可。

从客人角度来看，转化率可以理解为酒店对客人是否有吸引力，尤其是详情页的内容展示，这包括酒店信息、价格、点评、图片等多个方面。即使访客量不算特别高，如果转化率相对不错，同样能获取相对可观的订单量；反之，即便访客量再高，转化率过低，酒店仍旧很难获取订单。

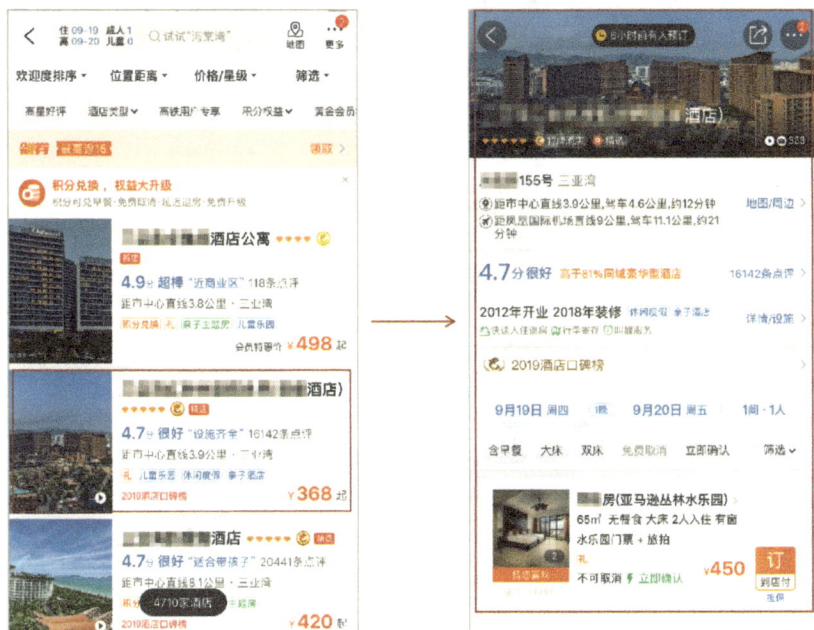

▲图 9-7　从列表页点击进入详情页，才计为 1 个访客量

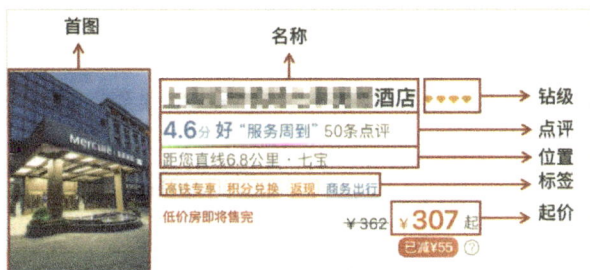

▲图 9-8　酒店在列表页的信息展示

"订单量 / 访客量"的转化率是指狭义上的流量最终转化率，而更广泛的转化率贯穿客人预订路径中的各个环节，如下单转化率是指进入酒店详情页的客人，点击预订进入订单填写页的比例。

从列表页到详情页，从详情页到订单填写，从订单填写页再到订单提交页，如图 9-9 所示，每一个环节的转化率最终决定一家酒店在携程的销量。

酒店查询页	酒店列表页	酒店详情页

订单填写页	订单提交页

▲图 9-9　客人在携程的预订路径

9.2　如何分析 OTA 平台数据

在 eBooking 生意通→数据中心页面提供了商家最关心的经营数据、市场分析、用户行为等多种数据。商家可以从自我分析、流量提升分析、转化提升分析 3 个方向来诊断分析本店数据。

9.2.1　自我分析

一天的访客量为 500，预订订单数为 49，这一数据到底算好算坏？商家在进行自我分析之前，首先要找到参照物——既要参考去年同期的数据还要了解竞争圈的同期数据，自我才能获得清晰的认识判断。

1. 定位竞争对手

在线下渠道，酒店的竞争对手只是同商圈的同档次酒店，但是在 OTA 渠道，抢走本店客人的酒店可能会跟本店相隔几十千米。

试想一个场景，客人计划去三亚度假，但还没想好是去海棠湾还是去亚龙湾。于是客人仅设了入离日期，在三亚的城市列表页挑选酒店。如图 9-10 所示，相隔很远的海棠湾的酒店和亚龙湾的酒店也会成为对手。

因此，OTA 上的竞争对手范围更广，只有设置好竞争圈，商家才能合理地对本店进行分析，及时把握竞争对手的动作及市场变化。在选择竞争对手酒店时，建议从 3 个角度去设置。

▲图 9-10　三亚城市列表页酒店展示

（1）附近同类型酒店

这是指同商圈或同行政区等地理位置相近，且星级、价格、规模相似的酒店，也是绝大多数商家都已经在关注的竞争圈酒店。

（2）排名相近的酒店

这是指不管是在城市列表页还是在同商圈列表页的排名位置与本店相近的酒店，如上述提及的三亚海棠湾与亚龙湾的酒店，应列入竞争圈酒店。

（3）分流较多的酒店

当客人在携程浏览过本店，结果没预订，反而跑去另一家酒店下单，那么这家酒店有很大概率是竞争对手。eBooking 数据中心→流量分析页面会显示近 7 天的本店订单流失去向。

分流本店订单多的酒店应该被设为竞争圈酒店。图 9-11 所示的 2 个数据指标——同时浏览率、下单转化率，其数值越高，意味着该酒店抢走的订单越多。

▲图 9-11　eBooking 流失访客去向

商家在 eBooking 数据中心中可设置的竞争圈酒店最多为 25 个，最低为 10 个。酒店可以在竞争圈页面直接关注系统推荐的同行酒店，也可以搜索酒店名称关注，还可以在流量分析页面关注抢走本店订单多的酒店，如图 9-12 所示。

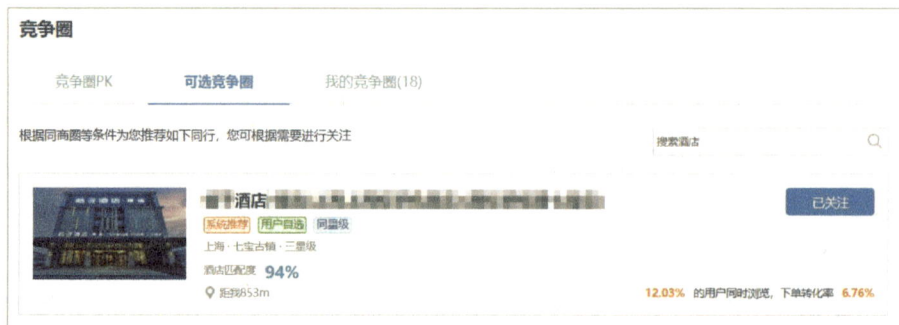

▲图 9-12　eBooking 竞争圈关注

2. 流量提升分析

设定好本店竞争圈之后，商家即可进入本店 OTA 运营分析的环节。第一步要分析本店流量，从曝光量与曝光转化率 2 个方面，找到流量不足的原因。

（1）了解本店流量概况

在 eBoooking 数据中心→实时数据页面，商家可以查看当天实时的访客量，这只能代表当天的流量变化。要判断酒店流量水平，需要在更长时间周期内，进行横向、纵向对比。

在携程 eBooking 流量分析页面，如图 9-13 所示，提供了昨天、过去 7 天、过去 30 天的总体流量概览，还能对比查看竞争圈酒店的平均流量，图 9-13 中该酒店过去 7 天的浏览量一直低于竞争圈平均水平。

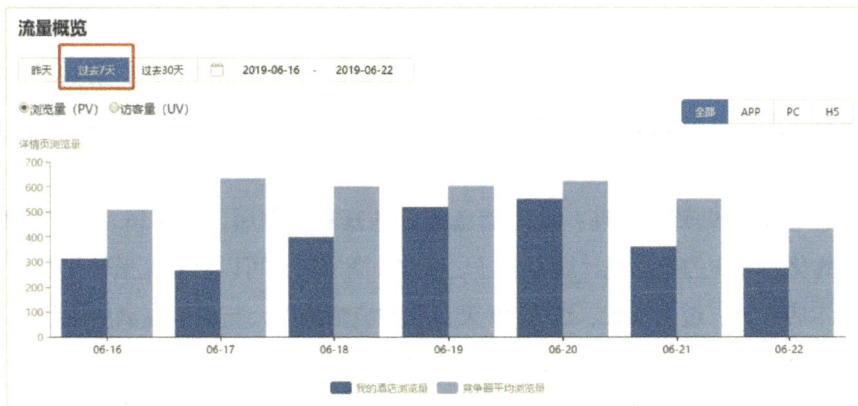

▲图 9-13　酒店流量概览

（2）了解酒店排名及原因

酒店流量主要是由列表页曝光量转化而来，提升曝光量的关键在于提升排名。在 eBooking 数据中心→实时数据页面，商家可查看本店当前在所处城市中的实时排名。在排名分析页面则提供了酒店在不同日期的商圈排名查询，默认展示酒店当天的商圈排名，如图 9-14 所示。

▲图 9-14　eBooking 商圈排名

酒店在携程平台自然排名的高低是由 eBooking 商机中心的 6 项指标共同决定的，如图 9-15 所示。当酒店排名下降时，可查看商机中心是否有某项指标出现明显下降。如何提升商机中心 6 项分值，详见本书第 7 章。

酒店表现概览

提升下述分数，可提升排名

3.24	4.91	3.78
客户价值分	价格感受分	房源保障分
4.99	4.13	4.3
信息优势分	服务质量分	商户诚信分

▲图 9-15　eBooking 商机中心

（3）判断流量提升方向

流量 = 曝光量 × 曝光转化率。若酒店流量低于竞争圈均值，商家就要分析到底是哪个环节出现问题，是酒店排名靠后导致曝光量不足，还是列表页起价、点评、首图存在问题导致曝光转化率过低。

① APP 流量转化漏斗：设定流量概览的查看周期后，图 9-16 所示的 APP 流量转化漏斗中的数据统计周期会随之变化。商家每天可以查看流量转化漏斗，了解本店昨天、过去 7 天、过去 30 天获取的流量情况，与竞争圈酒店进行横向对比，再结合酒店排名等数据，找出流量不足的原因。

图 9-16 中转化漏斗显示的"我的酒店"，其曝光转化率已高于竞争圈均值，这说明酒店在列表页的首图、起价、点评等方面做得不错，但其浏览量未能提升，关键在于酒店曝光量大约只有竞争圈均值的一半。所以，要提升该酒店的整体流量，提升排名、增加流量入口是关键策略。

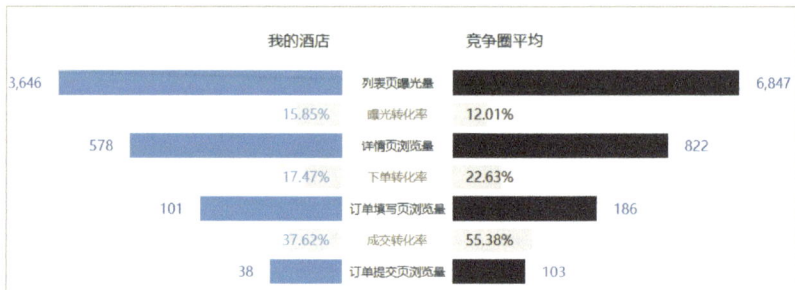

我的酒店		竞争圈平均
3,646	列表页曝光量	6,847
15.85%	曝光转化率 12.01%	
578	详情页浏览量	822
17.47%	下单转化率 22.63%	
101	订单填写页浏览量	186
37.62%	成交转化率 55.38%	
38	订单提交页浏览量	103

▲图 9-16　APP 流量转化漏斗

② 流量来源分析：要想提升曝光量，首先要在 eBooking 流量分析页面了解一家酒店的流量来源。如图 9-17 所示，该酒店的主要流量来源是"筛选及关键词"，"城市搜索"在 OTA 流量占比中一般都较高，但本店这一部分的流量只有 20% 左右。要实现流量的跨越性提升，提升城市排名是该酒店的一个突破点。

▲图 9-17　eBooking 流量来源

按照客人不同类型的搜索行为，酒店流量在携程上主要有 4 个来源——直搜、城市搜索、距离搜索、筛选及关键词。少部分酒店流量来源会包含榜单，这是由携程酒店口碑榜等榜单带来的流量。

图 9-17 所示的流量来源页面，仅展示了 2 类流量来源，表明该酒店暂无距离搜索、直搜来源的流量（或占比极低未能展示）。当酒店曝光量减少时，商家可通过 eBooking 流量来源页面，分析是哪一类流量来源出现了下降。

③ 曝光转化率分析：仅仅有列表页的曝光还不够，只有激发客人点击进入详情页后，酒店才能获得有效流量，其中客人点击的比例为曝光转化率。

eBooking 数据中心→流量转化原因页面展示了本店与竞争圈酒店相比，在起价、图片、点评 3 个方面的表现好坏，如图 9-18 所示，系统还会提供对应的改进建议。若酒店转化率低于竞争圈水平，应及时打开携程 APP，与竞争对手一一比较，找出双方的差距到底在哪儿，再进行针对性优化。

A. 起价：起价是指酒店在指定日期内在携程售卖的最低卖价。商家可打开携程 APP 或网页，直接对比本店与竞争对手的起价差异，尽可能保证有竞争力的价格，吸引价格敏感型的客人。

B. 点评：点评展示在列表页的信息包括点评分、点评数、点评标签。点评分代表酒店品质，点评数反映酒店受欢迎度，点评标签是酒店特色的提炼，三者提升依赖于酒店产品与服务品质的全面优化。

C. 图片：图片的完整度、清晰度、美观度会影响酒店在列表页的点击率。如何拍摄与选择有吸引力的酒店首图，详见本书第 5 章。

▲图 9-18　eBooking 流量转化原因

3. 转化提升分析

在携程客人的预订路径中，产生流量只是第一步，将流量转化为订单还要经历多道关卡。eBooking 数据中心→APP 流量转化漏斗页面展示了酒店预订各个环节的转化率，商家可根据数据反馈来调整。

（1）用户预订分析

当客人进入详情页后，下单转化率、成交转化率会决定有多少流量转化为订单。通过对用户预订行为的分析，商家要做好转化率的优化工作。

① 客源特征分析：在 eBooking 数据中心→用户分析页面，携程根据酒店过去 180 天的统计数据，提供该店客人的年龄、性别、来源地、出行类型、消费偏好等特征展示。

商家应针对客源特征，采取适合该人群的策略。不同时期的客源若发生变化，商家也要及时调整策略。如图 9-19 所示，该酒店的客源为异地商务型客人，一般是从外地前来出差，习惯于在酒店吃早餐。那么，酒店在携程售卖的同一类房型，应同时提供含早、不含早的 2 种售卖房型，满足需求，刺激预订。

② 预订特征分析：除了客源特征分析，eBooking 用户分析页面还会提供本店的提前预订天数、连续入住天数、24 小时预订分布等预订特征分析，这些信息可作为酒店转化策略优化的参考。

用户特征								
	年龄	性别	来源地	出行类型	出行时间偏好	消费偏好	提前预订天数	连续入住天数
我的酒店	25~34	男	异地	休闲型	工作日	中档	当天预定	1天
我的商圈	25~34	男	异地	商务型	工作日	中档	当天预定	1天

▲图 9-19　eBooking 用户分析

如图 9-20 所示是该酒店在一天 24 小时内的订单量占比。21：00 到凌晨的订单仍然较多，若夜间人手偏少，无法及时确认订单，有可能造成订单成交率偏低。针对该情况，商家可以跟业务经理沟通，将保留房的时间延迟或是在 eBooking 开通自动接单功能。

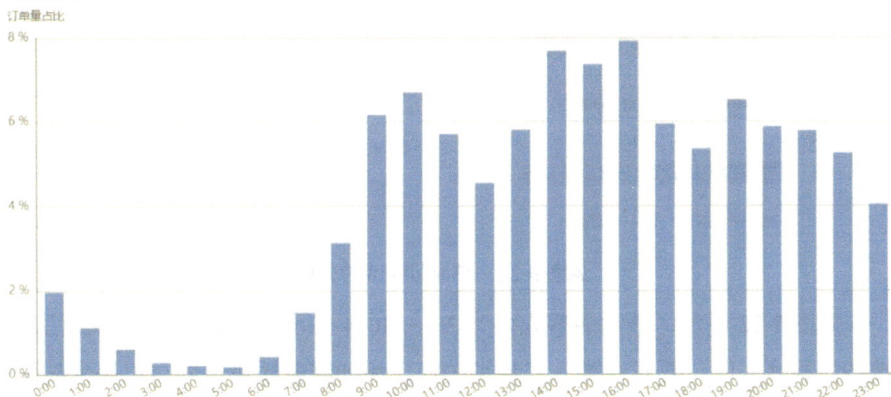

▲图 9-20　eBooking 24 小时预定分布

③ 价格敏感分析：价格是影响转化率的关键要素。eBooking 用户分析页面展示了本店的客源对酒店星级偏好、价格敏感度、消费能力、对早餐 / 优惠券 / 促销类型偏好，商家可以据此来调整本店的价格策略。

如图 9-21 所示，该酒店的客人对价格非常敏感，且消费能力主要集中在 201 ～ 500 元的价格段上，商家可以多提供该价格区间的产品。

（2）酒店产品分析

对于转化率的优化，除了以用户行为数据作为重要参考之外，商家更需要学会以客人思维，模拟客人在携程浏览酒店的心理，不断优化酒店产品在线上的包装与展示。

① 点评分析：数据显示，点评是影响转化率的关键要素，其中点评分与

转化率的正相关系数达到 0.95。eBooking 点评分析页面提供了本店待提升项目、竞争对手酒店优势、客人点评倾向分析。

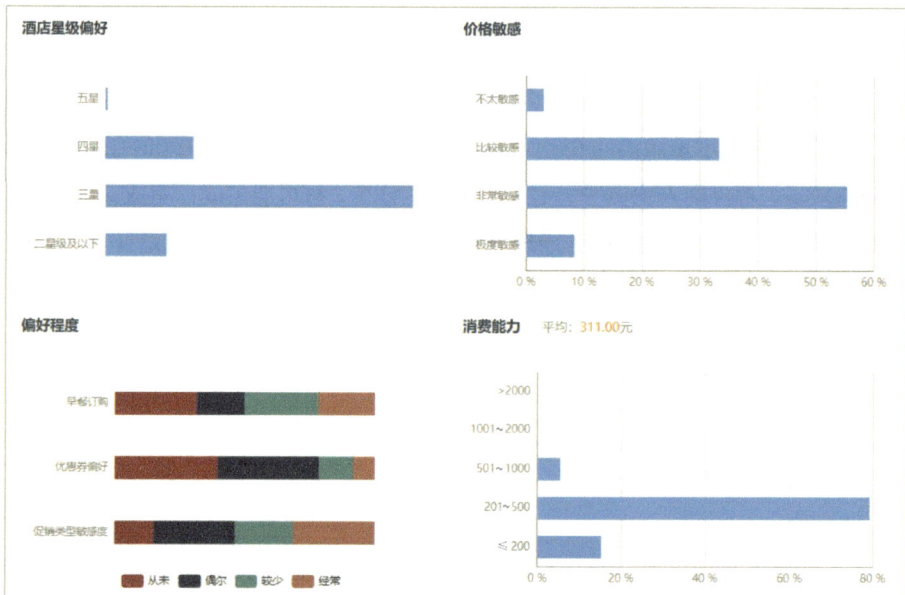

▲图 9-21　eBooking 用户分析

如图 9-22 所示，该酒店客人多为 30 ~ 40 岁的出差男性客人。那么酒店在接待携程客人时，要对这类人群特别关注，保证服务质量，同时可提醒鼓励这类客人写点评。

②价格分析：客人通过点评、信息、图片对酒店进行初步估值，若客人认为该产品性价比高，则下单转化率会高；反之，转化率则会不太理想。eBooking 数据中心→产品解析页面对酒店竞争力做出了分析。

▲图 9-22　eBooking 点评分析

在 eBooking 数据中心→产品解析页面，商家可以查看本店受欢迎房型与问题房型的价格分析。图 9-23 所示的酒店价格竞争力分析中，本店受欢迎的价格区间为 225 ~ 270 元，那么商家应尽量将售卖起价往这一区间靠拢，提升本店在列表页的竞争力。

价格竞争力					
得分 ?	我的酒店 受欢迎价格区间	竞争圈 受欢迎价格区间	我的均价 ?	价格有效天数 ?	建议操作
●●○	225~270	200~400	387.47	30天	去调价 去维护房态

▲图 9-23　eBooking 受欢迎房型

图 9-24 所示是问题房型的价格竞争力分析，该房型均价远超出酒店本身及竞争圈的受欢迎价格区间，商家可考虑通过参与优惠促销或对房型重新包装来提升产品竞争力。

价格竞争力					
得分 ?	我的酒店 受欢迎价格区间	竞争圈 受欢迎价格区间	我的均价 ?	价格有效天数 ?	建议操作
●○○	240~280	200~300	475	30天	去调价 去维护房态

▲图 9-24　eBooking 问题房型

③ 取消率分析：影响订单取消率的因素有 2 个，一是取消政策，二是订单确认时长。在 eBooking 数据中心→产品解析页面，商家可以查看受欢迎房型与问题房型的取消率得分。

如图 9-25 所示，该房型的取消率很低，一是在于其等待确认时长很短，平均在 3 秒，二是酒店设定保留房，能够实现立即确认。

取消率成因					
得分 ?	等待时长	取消率	保留房数 ?	自动接单	建议操作
●●●●●	3S	0.93%	1/2	否	打开自动接单，可降低等待时长

▲图 9-25　eBooking 取消率成因

在取消政策的设定上，若普遍采取宽松的免费取消政策，容易导致取消率高；若取消政策过于严格，客人会考虑到取消可能给其带来的金钱损失风险，从而放弃预订酒店。所以，商家应根据市场热度及本店出租率，选择设定不同的取消政策，可优先考虑阶梯取消这类相对折中的政策。

④ 信息包装分析：商家在携程售卖的产品是以各类信息包装而成的，包括房型信息、图片信息、设施信息、政策信息、酒店图文等类型，这些信息是除价格、点评之外，影响转化率的关键要素之一。

通常，信息越丰富越能增强客人预订信心，商家应尽可能地完善各类信息。在 eBooking →信息维护页面可查看本店信息完整度评分，如图 9-26 所示，商家要按提示完善信息，尽量保证评分能达到 90% 及以上。

▲图 9-26　酒店信息评分

9.2.2　市场分析

知己知彼，方能百战百胜。商家除了要对本店进行数据分析之外，还要通过 eBooking 数据中心及时对市场及竞争对手进行分析，以提升酒店竞争力，吸引更多客流。

1. 关注竞争对手

商家在对本店分析过程中，会将本店数据与竞争圈平均水平进行对比，但除此之外，eBooking 数据中心还有许多竞争对手的数据值得我们关注。

① 实时变价：价格不仅影响下单转化率，还会对列表页的曝光转化率有很大影响。所以，多数商家会关注并记录竞争对手每日多个时段对标产品的房价变化，并调整本店价格，以保证本店在线上的竞争力。

eBooking 数据中心为商家提供了竞争圈酒店的变价看板。如图 9-27 所示，实时变价看板中提供了竞争圈酒店精确到房型的价格变化数值、涨跌幅度，商家可参考该看板调整本店产品价格。

② 产品定价：打开 eBooking 数据中心→产品解析页面，商家能看到本店与竞争圈的价格区间。如图 9-28 所示，该酒店的最低卖价为 246 元，相比竞争圈

的最低卖价 149 元要高，这是导致一部分订单流失的原因。竞争圈内最受欢迎的价格区间是 200 ～ 400 元，其间夜贡献达到 70% 以上，这意味着超出这一价格区间房型在酒店目标客群中不那么受欢迎。

▲图 9-27　竞争圈实时变价

竞争圈平均	间夜量排名	取消率排名	最低卖价 ?		最受欢迎价格 ?		
			价格 (元)	间夜贡献	价格区间 (元)	间夜贡献	房型数
竞争圈平均	-	-	149	5%+	200~400	70%+	829/1063
我的酒店	15	4	246	10%+	250~270	20%+	12/28

▲图 9-28　eBooking 产品解析

③ 优惠促销：除了关注竞争对手酒店的价格，在 eBooking 数据中心→市场热度→竞争圈市场页面，如图 9-29 所示，点击"竞争圈促销"可查看竞争圈酒店的同行们都在参加哪些活动及其转化效果。此外，通过携程 APP 或官网，商家也能直接查看对手的促销参与情况。

▲图 9-29　eBooking 竞争圈促销

④ 关注标杆：打开 eBooking 数据中心→竞争圈页面，可以查看竞争圈排名榜单。点击图 9-30 中的顶部按钮，可以按照售卖起价、点评分、服务质量分、销售额、售卖间夜、访问量、转化率等对竞争圈酒店排名。商家可重点关注间夜量、访问量、转化率排行第一的酒店。

关注竞争圈榜单，商家能了解到本店相对于竞争圈标杆酒店的优劣势所在。在图 9-30 中，该酒店的点评分、转化率、售卖起价都相对领先，但服务质量分、访问量都属于中下游水平，该酒店近期应重点提升这 2 个方向的指标。若是酒店的转化率偏低，商家可通过查看竞争对手酒店在携程上的展示，以此为参照并进行优化。

序号	竞争圈酒店 ▼	售卖起价 ⇕	点评分 ⇕	服务质量分 ⇕	销售额 ⇕	售卖间夜 ⇕	预定订单 ⇕	访问量 ⇕	转化率 ⇕	紧张度 ⇕
1	我的酒店	2	1	6	9	6	6	6	2	1
2	■■■■酒店(上海虹桥机场沪青平公路店)	1	9	4	4	3	3	4	7	4
3	■■■■酒店(上海虹桥机场店)	3	11	11	11	11	11	11	10	5
4	■■■■酒店(上海虹桥枢纽国家会展中心店)	4	8	3	3	7	3	7	3	3
5	■■■■酒店(上海虹桥国家会展中心沪青平店)	5	3	8	7	7	9	8	8	7
6	■■■■酒店(上海虹桥火车站国家会展中心店)	6	5	2	1	1	2	2	4	6

竞争圈排名榜单 售卖起价、点评分、服务质量分是实时数据；销售额、售卖间夜、预订订单、酒店访问量、转化率、紧张度统计过去七天的数据。

▲图 9-30　eBooking 竞争圈排名榜单

2. 做好市场分析工作

除了关注主要的竞争对手，商家更要关注整体的市场热度，对未来市场热度做出预测，及时调整相应的售卖策略。因为酒店客户是有时效性的产品，如果今晚这间房没卖出去，客户在今晚就会失去为酒店赚钱的机会。

（1）记录保存数据

一年之中，酒店每天的需求量都会有所差异。对于机场酒店来说，一天 24 小时之中的需求量都会有巨大差异。所以，商家若希望精准地预测未来需求，得先做好基础工作——数据统计。

在 eBooking 数据中心→下载中心页面，商家可以直接下载各类酒店数据报表，常见的报表有预订流量、预订订单数、离店间夜量等报表，如图 9-31 所示。

商家在记录每日数据时，要及时做好数据的复盘与分析工作，了解酒店后续工作的优化与提升之处。在记录数据时，商家应做好特殊情况的备注，如某个周一是五一节或者是某一天刮台风导致客人取消率很高。如此一来，商家未来在根据历史数据进行预测时，能及时排除这类数据的干扰。

▲图 9-31　eBooking 下载中心

（2）市场热度预判

除了参照历史数据外，商家要及时关注未来会发生的市场事件。在 eBooking 数据中心→市场热度页面，商家可查看所在城市和商圈当前热度、竞争圈调价趋势、热点事件等。

① 市场热度：在 eBooking 数据中心→市场热度页面，平台会根据历史同期热度、用户搜索热度、酒店在店间夜量，提供酒店当前热度值的趋势，作为酒店需求预测的参考，如图 9-32 所示。

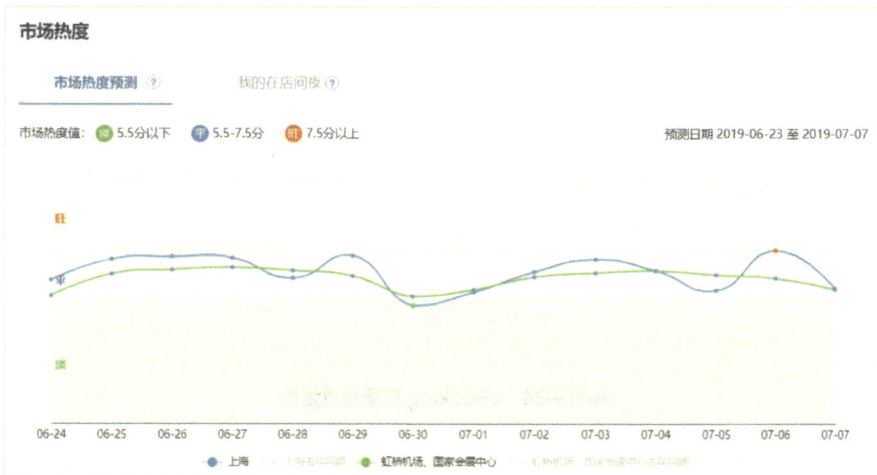

▲图 9-32　eBooking 市场热度

② 出行趋势：在 eBooking 数据中心→市场热度页面，商家可查看本店所在城市的火车、飞机出行热度，如图 9-33 所示，这类大型交通工具的出行热度越高，一般也意味着酒店需求量越大。

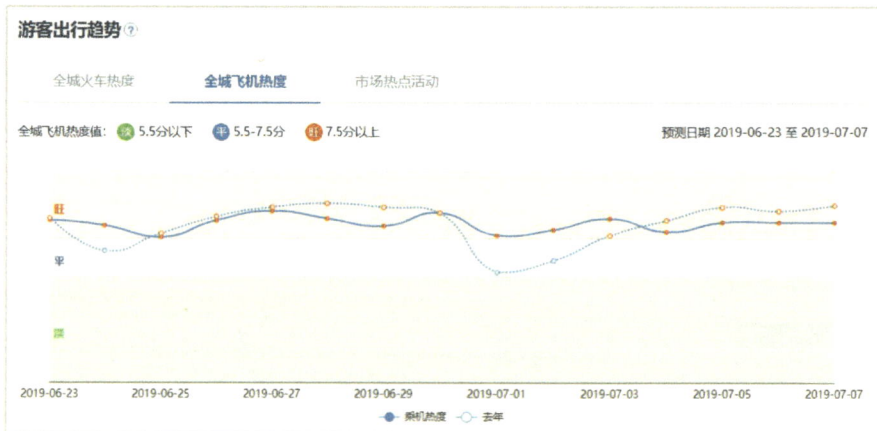

▲图 9-33　eBooking 出行趋势

③ 热点活动：对于未来会发生的市场事件，如展会、演唱会等，房间需求量会比较高，酒店要结合这类市场特殊因素才能做出更合理的预测。在 eBooking 数据中心→市场热度→市场热点活动页面，商家可查看同城热点活动与事件，图 9-34 展示的是 2019 年内上海的部分展会活动。

▲图 9-34　eBooking 市场热点活动

（3）设定售卖策略

结合历史数据及市场热度，商家可以对未来市场做出更科学的判断，从而做好价格调整与预订进度控制工作。例如，度假酒店在旺季时期生意比较好，可以采取客人必须提前多少天预订或者客人必须要连住几晚才可以享受优惠折扣价格的策略。

售卖实际发生后，商家再去评估售卖结果与预测是否一致，然后以此为经验不断去调整未来的策略。商家预测好需求以后，可以通过不同的变价，将不同的房型以最好的价格卖出去。例如，通过一些附加产品来提高产品价格，或是设定一定的门槛制定折扣价格。

小提示： **数据分析·执行清单**

序号	类型	执行明细
①	自我诊断	按照本章内容，对酒店进行诊断分析，提供改进优化方案
②	竞争对手选择	查看酒店当前竞争圈的设定，添加值得关注的新竞争对手
③	预测分析	根据本店历史数据及 eBooking 市场分析，尝试制定未来 30 天内的销售策略

第 10 章

合作规范：
诚信经营实现双赢

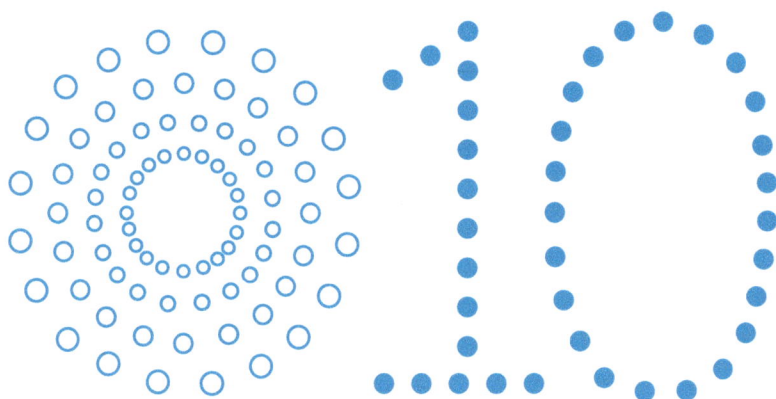

10

📖 学前提示

适用人群：所有与携程开展合作的酒店商家，尤其是前台、销售等员工。

阅读方式：请打开 eBooking 平台规则，结合本章内容学习。

特别提醒：由于产品迭代升级，本章页面以 2019 年 12 月版为例，如有偏差，以平台公布的最新规则与页面为准。

为保证平台与酒店的良好合作口碑，所有商家的经营行为须符合平台规范。以携程为例，平台制定了服务质量分规则、诚信分细则等规则，来保证酒店在平台的诚信经营，尽可能规避严重损害客户体验的行为发生。

10.1　服务规范：服务质量分规则

酒店在入驻携程后，日常经营关注的重点在于如何提升酒店流量。根据第 7 章介绍，服务质量分是影响酒店在携程流量高低的关键指标之一，本节将详细解读服务质量分的规则及提升方法。

什么是服务质量分？服务质量分是由携程推出的一套全面评估酒店与携程合作运营水平的体系，采用 5 分制计分，主要考量酒店房源、房态质量、订单处理、客人投诉等方面，如图 10-1 所示。

▲图 10-1　服务质量分考核要素

10.1.1　服务质量分的查看

服务质量分的高低不仅会跟酒店排名挂钩，还会影响酒店在携程上的挂牌、营销等各项权益。对于服务质分值高的酒店，平台提供正向权益，帮助酒店提升流量与转化；对于服务质量分值特别低的酒店，平台会给予一定的限制，如降低对该酒店的推荐力度等。

1. 查看方式

对于商家来说，服务质量分是反馈酒店在携程平台经营水平的重要指标，酒店应每日保持关注。通常，商家可以通过如下 2 种方式查看本店当前的服务质量分。

（1）eBooking 生意通→数据中心

打开 eBooking 生意通→数据中心页面，商家可查看页面左下角的"服务质量"，进入服务质量分展示的详情页页面，如图 10-2 所示。

▲图 10-2　eBooking 服务质量分页面

（2）eBooking 首页→生意通

打开 eBooking 首页→生意通页面，商家可查看本店的服务质量等级，如图 10-3 所示，点击"服务分"可查看服务质量分详情。

▲图 10-3　eBooking 首页的服务质量分展示

2. 查看内容

商家需关注的服务质量分信息包含 3 个部分，一是服务质量等级和分数，二是加减分明细，三是酒店权益，如图 10-4 所示。

①等级与分数：在图 10-4 中，"A"代表的是该酒店当前的服务质量等级，"4.328 分"是指该酒店的服务质量分数，"较昨日上升了 21 名"是指该酒店的服务质量分在同城市的名次上升。

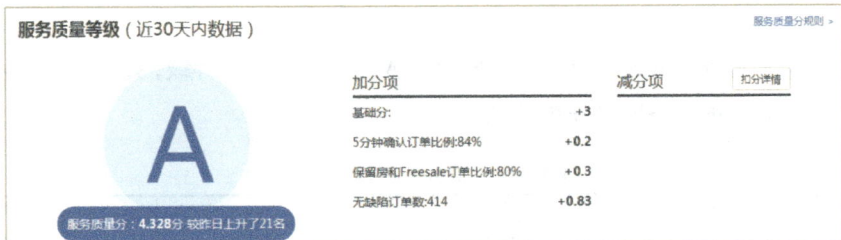

▲图 10-4　服务质量分页面

②加减分明细：如图 10-4 所示，服务质量分页面会显示当天的加分项、减分项。商家如果想知道被扣分的具体原因，可以点击页面上的"扣分详情"查看。若对服务质量分的加减分项有疑惑，请点击页面右上角"服务质量分规则"查看。

③酒店权益：如图 10-5 所示，商家可查看服务质量等级所对应的权益，移动鼠指针至对应的图标上，可查看对应等级的权益内容、对应权益的获得条件。

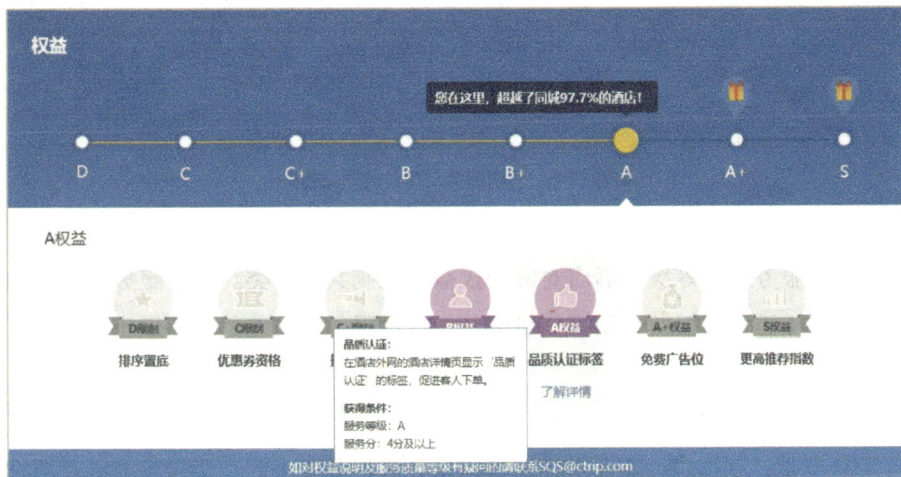

▲图 10-5　服务质量分等级与权益

10.1.2　服务质量分的影响

服务质量分除了对酒店排名有关键影响，还会影响酒店在携程运营的各项权益。通常，服务质量等级越高，酒店所拥有的权益会越多，而服务质量等级过低的酒店，在运营过程中会受到一定的限制。

1. 等级与分数对应关系

服务质量等级分为 D、C、C+、B、B+、A、A+、S 这 8 个等级，如表 10-1 所示，每个等级对应的服务质量分数区间不同。

▼表 10-1 服务质量等级与分数

对应等级	D	C	C+	B
分数区间	分值 = 0	0＜分值＜1.5	1.5≤分值＜2	2≤分值＜3.5
对应等级	B+	A	A+	S
分数区间	3.5≤分值＜4	4≤分值＜4.5	4.5≤分值＜5	分值 = 5

酒店的服务质量等级想要达到 A+ 或 S，除了必须达到对应的分数要求之外，A+ 级酒店要达到点评分 4 分及以上，S 级酒店在点评分达到 4 分及以上的同时，还要保证在同城的服务质量分排名前 0.5%。换而言之，本酒店的服务质量分"超越了同城 99.5% 的酒店"，才能达到 S 级，如图 10-6 所示。

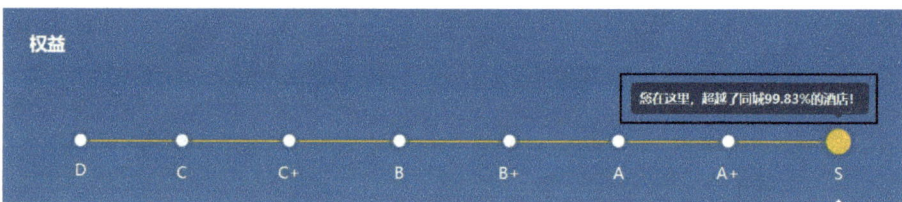

▲图 10-6 酒店服务质量分的同城排行

2. 等级与权益对应关系

参照服务质量等级，酒店对应的权益与限制共有 7 类。针对服务水平高的酒店提供 4 类正向权益，助推销量提升；针对服务质量差的酒店做出 3 类约束限制。

（1）正向权益

① 营销活动推广：当服务质量等级达到 B 级及以上时，酒店可获得营销推广资格，即可以参加携程 eBooking 后台推出的各类促销推广活动，C+、C、D 级的酒店无法报名促销。

② 品质保障标签：当服务质量等级达到 A 级及以上且点评分 ≥ 4 分时，酒店在携程官网（网页端）会获得"品质保障"标签，如图 10-7 所示，这代表携程对酒店品质的认证，有助于提升下单转化率。

▲图 10-7 携程官网"品质保障"标签

③ 免费广告位：当服务质量等级达到 A+ 级及以上且点评分数 ≥ 4 分时，酒店会获赠一期免费广告位宣传，该广告位的展示周期为 7 天，能够为酒店带来更多额外的曝光机会，如图 10-8 所示。

▲图 10-8 服务质量分权益广告位

广告位需酒店自行申领，当酒店满足条件时，在 eBooking →服务质量分页面会有提示，请及时点击"领取"按钮。该广告位的展示顺序是按照酒店申请时间先后进行安排的。每家酒店仅享受一次广告位福利，具体广告位生效日期以实际上线时间为准。

④ 更高推荐指数：当服务质量等级达到 S 级且点评分 ≥ 4 分时，酒店将会获得高于基础流量的展示机会，有助于提升酒店在城市列表页的排名（由于酒店排序受多种因素影响，具体排名请以实际为准）。

（2）负向限制

为客人提供优质服务的酒店能获得平台助力，获得更多客人的浏览与预订；可能给客人造成负面体验的酒店会受到一定的限制，被平台推荐的机会也会减少。

① 挂牌资格：挂牌是提升排名的方法之一，只有当酒店的服务质量等级大

于 B 级或是 B 级酒店被扣分的订单数≤1 张时，酒店才能获得挂牌资格，否则酒店（D、C、C+）将无法挂牌，包括特牌、金牌、银牌。

②优惠券资格：当服务质量等级在 C 级及以下时，酒店除了没有挂牌资格外，优惠券资格也会被限制，拥有优惠券的客人将无法在这类酒店使用，会对转化率产生负面影响。

③排序置底：当服务质量等级为 D 级时，除了失去挂牌、优惠券资格以外，该酒店将不再被携程推荐给客人，曝光量会受到极大的影响。

当酒店在携程上线售卖时，服务质量分的初始等级为 B 级，只要不出现破坏客人体验的行为导致扣分，通常酒店不会受到负向的限制。同时，商家还要懂得服务质量分的计算规则，赢得加分项才能提高本店在携程的服务质量等级，提升综合竞争力。

10.1.3 服务质量分的计算规则

携程 eBooking 后台提供了服务质量分的加减分项及说明，商家需要及时查看最新的规则，并根据规则来调整本店经营策略，保证服务质量等级处于相对高阶的水平（本节介绍的《服务质量分规则》为 2019 年 12 月版，请以后台实际展示最新的规则为准）。

1. 计算方式

当酒店刚上线携程时，尚无历史数据积累，服务质量分为一个初始值——3 分，对应的服务质量等级为 B 级，之后每一次服务质量分的计算也是以 3 分为基础分。

（1）统计周期

服务质量分的统计周期为过去 30 天，每日更新 1 次。例如，8 月 31 日的服务质量分是以 3 分的基础值，再结合酒店从 8 月 1 日到 8 月 30 日期间的订单数据，综合计算而成的（受新冠疫情期间影响，部分规则有影响）。

（2）统计对象

服务质量分的统计对象是携程所有渠道的订单数据，主要从房态准确性、订单确认速度、拒单情况、客人入住体验等方面进行考量。

2. 加分规则

提升服务质量分，商家可以从 4 个方向入手——5 分钟确认订单比例、保留房和 Freesale 订单比例、无缺陷订单数、闪住服务。如图 10-9 所示，商家可查看本店的各个加分项的得分情况。

▲图 10-9　服务质量分的"加分项"

（1）5 分钟确认订单比例

客人提交订单后，若商家迟迟未给予确认答复，极有可能导致客人流失。服务质量分将订单确认速度作为考核的指标之一，酒店在 5 分钟内确认的订单占比越高，获得加分就越多，相应的订单成交率往往越高。

① 加分说明：5 分钟确认订单比例 =5 分钟确认订单数 / 全部订单数。商家需要确认的订单主要是指新订订单，对于产生较大修改的订单（订单号变更）会再计算一次。简而言之，不论什么类型的订单，都应该在 5 分钟内完成确认。

② 加分数值：当 5 分钟确认订单比例 > 60%，服务质量分加 0.2 分；当 5 分钟确认订单比例 > 90%，服务质量分加 0.3 分。

（2）保留房和 Freesale 订单比例

保留房和 Freesale 订单有一个共同属性——客人提交订单后，携程会立即将订单确认通知发送给客人。"立即确认"的属性对酒店的转化率、成交率提升，都有明显帮助。

① 加分说明：保留房和 Freesale 订单比例 = 保留房和 Freesale 订单数 / 全部订单数，其中保留房订单包含了临时保留房订单和合同保留房订单。

② 加分数值：保留房和 Freesale 订单比例 > 60%，服务质量分加 0.2 分；保留房和 Freesale 订单比例 > 75%，服务质量分加 0.3 分；保留房和 Freesale 订单比例 > 90%，服务质量分加 0.4 分。

（3）无缺陷订单数

无缺陷订单数 = 成交订单数 − 减分订单数。每张无缺陷订单加 0.02 分。只要酒店在过去 30 天内，未产生任何违背《服务质量分规则》的扣分，且订单数量环比上一个统计周期有所增长，服务质量分就不会下降。当酒店进入淡季，部分酒店会发现明明没有扣分，服务质量分却在下降，这多半是由于近期订单量减少所致。

（4）闪住服务

携程推出的闪住服务可以使客人办理入住免付房费和押金、离店退还房卡免查房、离店后自动结账，极大提升客人入住体验，直接影响其对酒店的满意度，还能提高酒店前台的工作效率。

因此，平台鼓励酒店开通闪住服务。现付房型、预付房型都开通闪住的酒店可免费获赠携程酒店财产险，并且服务质量分可以加 0.1 分（仅开通现付或预付其中一类，无法享受财产险和服务质量分加分）。

3. 扣分规则

对于严重影响客人体验、容易引发投诉的经营行为，《服务质量分规则》含有 6 个扣分项。酒店一旦出现以下行为，极有可能面临服务质量分被扣减的风险。

（1）到店无房

到店无房多数是房态管理失误所造成的，也是对客人体验伤害最大的一种行为，在《服务质量分规则》中被扣分数最高，通常可分为 2 种情况，如表 10-2 所示。

▼表 10-2　到店无房的扣分规则

到店情况	问题类型	扣分情况
到店前	客人即将到店时，直接电话联系告知对方无房间	每张订单扣 3 分
到店后	客人到酒店后无房间产生投诉	每张订单扣 1.5 分

（2）到店无预订

到店无预订是指客人到酒店后查无预订产生投诉。根据酒店处理时间的不同，所扣除的服务质量分数不同，越快完成问题处理，被扣的分数越少，如表 10-3 所示。

▼表 10-3　到店无预订的扣分规则

处理时间 / 分钟	扣分说明
$t > 15$	每张订单扣 0.5 分
10 ~ 15 分钟内查到订单 $10 < t \leqslant 15$	每张订单扣 0.25 分
5 ~ 10 分钟内查到订单 $5 < t \leqslant 10$	每张订单扣 0.1 分
$t \leqslant 5$	不扣分

"处理时间"是指从客人反馈携程到店无预订开始，直到确认查到订单开始安排入住的时间。此时间以携程记录为准，不剔除酒店、代理或客人电话无法接通等客观因素对时长的影响。

（3）确认后满房

确认后满房是指商家确认接受订单后，又告知携程或客人房间已满，扣分规则如表 10-4 所示。特别注意，带有"保留房"或"Freesale"标识的订单，当商家在 eBooking 后台收到通知时，均为已确认的订单，这类订单若是拒单或是告知客人 / 携程满房，同样视为确认后满房。

▼表 10-4　确认后满房的扣分规则

通知对象	问题类型	扣分情况
携程	确认订单后，通知携程满房	每张订单扣 0.25 分
客人	确认订单后，直接电话联系客人告知满房	每张订单扣 0.5 分

（4）确认后涨价

确认后涨价是指订单确认后，商家通知携程或客人房间要涨价，扣分规则如表 10-5 所示。带有"保留房"或"Freesale"标识的订单，即使价格存在问题，也不能拒单或告知客人 / 携程需涨价，否则就视为确认后涨价。

▼表 10-5　确认后涨价的扣分规则

通知对象	问题类型	扣分情况
携程	确认订单后，通知携程需涨价	每张订单扣 0.25 分
客人	确认订单后，直接电话联系客人告知房间涨价	每张订单扣 0.5 分

（5）酒店操作错误

由于部分酒店前台操作失误导致客人投诉频发，为减少这类情况发生，携程于 2019 年将"酒店操作错误"纳入服务质量分的扣分项。携程客人订单出现以下任意一项问题，每张订单扣 0.1 分。

①客人投诉酒店多收费或者重复收费。

②客人投诉酒店拒绝为客人开具发票或开发票需要额外收费。

③酒店泄露携程底价给客人引起投诉。

（6）酒店未提供承诺服务

客人在携程预订酒店时，酒店承诺随订单赠送礼盒服务或产品，客人到店入住后，酒店并没有提供相应的服务或产品，客人由此产生投诉，每张订单扣0.1 分。

例如，酒店在携程售卖的高级大床房附加礼盒赠送下午茶一份，客人咨询前台却被告知"不了解""没有"，就很有可能引发投诉。

10.1.4　如何提升服务质量分

商家提升服务质量分并不难，只要严格按照加减分规则执行，给酒店员工尤其是前台做好培训工作，保证基础加分项拿满分，杜绝违规扣分行为发生，持续推进订单增长，对于多数酒店来说，达成 A 级以上并不困难。

1. 加分项：斩获 3 个最高分

要实现服务质量分增长，商家首先得检查目前的 4 个加分项是否都拿到了最高分，而拿到高分的关键在于让负责相关工作的人员了解其价值并严格按照工作流程去操作。

（1）提高接单速度

接单速度决定了 5 分钟订单确认比例。许多酒店的接单是由前台员工负责的，在入离高峰时段且人手不足的情况下，前台可能就会遗漏订单。实际上，提升接单速度只要掌握以下 4 个基本要点。

① 专人负责：有预订部的酒店有专人负责接单，只需将"立即接单"牢记于心即可；前台兼顾接单的酒店每日可以配备一人，如值班经理之类的角色，在高峰时段协助前台接单。

② 流程合理：eBooking 后台收到订单后，通常确认的流程有 3 步——快速查看房量→ eBooking 接受订单→ PMS 系统录入订单。若是颠倒顺序，如先录入系统再点击确认，就有可能降低接单速度。

③ 订单提醒：在本书第 3 章，已介绍了 eBooking 订单提醒设置方法。为避免遗漏订单通知，商家可考虑打开携程 eBooking APP 等多个渠道。同时，对于前台承担绝大多数接单工作的酒店来说，务必保证计算机上 eBooking 网页始终开启，并配置好提醒的小音箱（台式机必备）。

④ 订单时间：5 分钟确认订单比例计算的主要订单为酒店工作时段内的订单（9：00—18：00），在该时段进入 eBooking 后台的订单都要在 5 分钟之内确认。对于夜间订单（18：00—9：00）的确认，在 9：05 之前完成确认，即可计入 5 分

钟确认订单。

由于订单确认太慢会造成客人流失，即使是夜间订单，酒店也应尽量安排值班人员接单或在 eBooking 开通自动接单功能，详见第 3 章。

（2）及时添加保留房

对于如何提升保留房订单比例，可以从非保留房订单产生的原因来反向推导，就能很容易地找到提升保留房和 Freesale 订单比例的方法。通常，非保留房订单产生有以下 3 个原因。

① 未添加保留房：部分商家在 eBooking 后台给非热销房型添加了保留房，而热销房型却未添加。这就导致即使添加了再多间保留房，却没有保留房"订单"产生，商家应及时添加主力房型的保留房。

② 保留时间不合理：酒店的保留房存在一个保留时间，超出保留时间的所有订单都需要携程先跟酒店确认，再确认给客人，这类订单均为非保留房订单。

例如，酒店 A 的预订高峰是在 21：00，但该店设置的保留时间为 18：00，那么在 18：00 之后产生的所有订单便是非保留房订单，如此一来白天添加再多保留房，也很难快速提升保留房订单比例。

对于这类情况，商家可以在 eBooking 后台查看本店在一天 24 小时之内的预订分布，如图 10-10 所示，调整本店的保留时间。

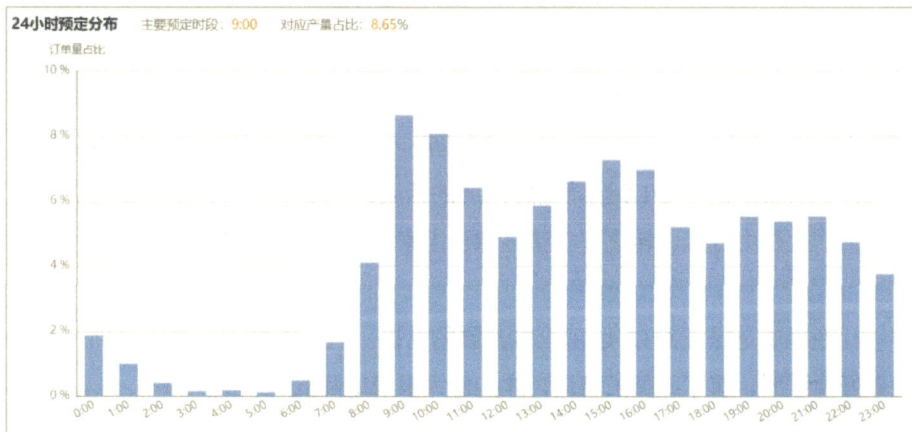

▲图 10-10　eBooking 24 小时预订分布

③ 保留房被消耗完：若商家添加的保留房数量跟不上客人的预订速度，就很有可能出现保留房被消耗完而产生非保留房订单的情况。商家需要根据本店

房间数量，再结合不同时期、预订情况，及时调整保留房数量。

关于合同保留房、临时保留房的设置，请阅读本书第 7 章。房间数量多且出租率偏低的酒店可以考虑联系携程业务经理开通 Freesale，这类订单的性质与保留房订单基本一致。

（3）开通闪住服务

现付、预付房型都开通闪住可使得服务质量分加 0.1 分。闪住开通有以下 4 种方式。

①在线开通：登录 eBooking 后，点击首页"在线加盟"的闪住，如图 10-11 所示，按提示开通。

②联系客服：电话联系闪住咨询热线，工作时间为每天 9：00—21：00。

③加盟邮箱：联系加盟邮箱，提交开通申请资料即可。

④联系业务：与携程业务经理沟通开通。

▲图 10-11　eBooking 闪住

（4）订单数量提升

当接单速度、保留房订单比例、闪住都拿到最高分数之后，酒店大约需要每月至少 100 张订单才能达到 A 级，每月至少 350 张订单才有可能达到 A+ 级。

订单增长是酒店 OTA 运营始终围绕的话题，也是本书所讨论的核心。一张订单的产生是由流量、转化率等诸多综合因素决定的，在此不一一赘述。

2. 减分项：做好培训零违规

杜绝违规是保证 OTA 运营正常开展的前提。只有做好酒店员工培训，尤其是做好预订部、前厅部员工培训，才能最大限度地降低违规发生概率。

（1）到店无房

对于到店无房问题的避免，要注意 2 个方面：一是酒店要做好房态管理，避免出现超售的情况；二是要设计好处理流程，保证员工掌握问题发生时的应急处理方法。

① 房态管理：根据预订情况，酒店要关注房态，及时将各个渠道的订单录入酒店的 PMS 系统，并且每日要将房态更新至 eBooking 后台，至少要检查未来 7 天的房态，保证房态准确性。

② 应急处理：一旦确实发生到店无房情况，酒店不要急于告知客人其预订的房间已经满了，更不要提前联系客人告知无房间，有时候对于同一个问题使用不同的表达方式会换来完全不同的效果。

相对合理的处理方式如下。一是给客人免费升级同床型的高阶房型，以福利赠送等方式告知对方，多数人会接受这种处理方式；二是联系携程客服，由平台与酒店合作解决问题，尽可能减少客人的不满。

对于部分特色房型，如榻榻米房型、海景房、亲子房等，酒店应务必保留，因为客人很可能是专门冲着这类房型来的。例如，客人来三亚就是为了住一个能看海的房间，即使酒店给其升级了别墅房，客人还是很有可能拒绝。

（2）到店无预订

当客人到店办理入住时，一旦发生查询不到其订单信息的情况，不要直接告知客人无订单，而可以按照以下步骤排查。

① 确认查询信息：按照客人姓名查询时，确认客人的入住信息，如姓名准确性、入住日期等，请客人打开携程 APP 或短信，出示入住凭证信息，通过确认号精准查询。

② 确认订单录入：习惯使用 PMS 系统查询的酒店可能存在 eBooking 后台接单却未录入 PMS 系统的情况，可打开 eBooking 订单查询页面，精准查询。

③ 联系携程解决：若订单确实无法查询到，请第一时间联系携程，共同解决该问题。

（3）确认后满房

确认后满房问题产生的原因跟到店无房问题产生的原因相似，多数是由于房态管理失误造成的。当酒店房间售卖完毕后，应及时在 eBooking 后台关房。

对于提前承诺预留给携程的保留房，应尽可能保留。若确实发生房间售完而 eBooking 显示仍有保留房余量，应第一时间关房，以免产生保留房订单无法处理。

（4）确认后涨价

相对于确认后满房，确认后涨价从主观上更容易避免。确认后的订单是酒店与平台共同给客人的承诺，推翻订单对品牌形象、线上流量造成的损失远大于涨价带来的收益。

此外，无论是确认后涨价问题，还是确认后满房问题，酒店对于保留房订单要特别注意，其订单详情页会显示"保留房"标识。这类订单是已经提前确认给客人的。即使酒店没有在 eBooking 上拒绝该订单，联系客人拒单 / 涨价或联系携程告知确认后满房 / 涨价，同样会被视为违规。

（5）操作错误

对于收费、开票、报价等问题，酒店应对前台定期做好培训，帮助员工掌握 OTA 运营的基础常识，新手员工在老员工协助下熟悉业务，提高员工的综合业务能力，避免操作失误给客人造成的负面影响。

（6）承诺服务未提供

对于酒店提供给携程客人的专属礼盒、权益、服务或产品等，酒店的 OTA 运营负责人应第一时间将信息同步至前厅部、预订部，保证其在接单时能及时录入相关信息并在客人入住时提供。

10.2　诚信规范：商家诚信分规则

《服务质量分规则》是对酒店服务质量的评估，保证携程客人的预订入住体验；《诚信分规则》的制定则是合作伙伴信誉度的保障，旨在营造诚信、透明、一致、平等的商业环境，提升客人在线预订酒店的消费体验，保障携程平台的信誉度。

10.2.1　认识商家诚信分

商家诚信分的推出是为了保障酒店与平台之间的良好合作关系，让诚信经营的商家能在平台上稳定成长，获得更多的流量支持，预防与减少不诚信行为的发生，共同为客人提供更优质的服务。

1. 什么是商家诚信分

商家诚信分是针对携程合作酒店推出的诚信经营评估体系。入驻的酒店商家会获得一个相同的诚信分初始值，当商家出现平台的违规行为后，会被扣分。而诚信的高低会影响商家在平台可享受的权益。

如图 10-12 所示，商家诚信分的数值会在 eBooking 商机中心显示。一旦出现诚信分被扣减，可以点击"查看诚信违规明细"或在 eBooking 首页"诚信分看板"中查看违规详情。

酒店表现概览

提升下述分数，可提升排名

3.11
客户价值分

4.91
价格感受分

3.96
房源保障分

4.99
信息优势分

5
服务质量分

5
商户诚信分

▲图 10-12 eBooking 商户诚信分

2. 商家诚信分的影响

商家诚信分的影响范围广泛，对酒店流量、权益标签、买断资格、列表页正向标签、营销活动露出等均会产生直接影响，对酒店在平台的经营至关重要，需要商家密切关注。

当诚信分为满分时，酒店不会受到上述权益的限制；诚信分被扣减得越多，酒店受到的限制越多，流量和转化率都会受到较大影响。

3. 商家诚信分的计算

每家酒店的诚信分初始值为 5 分，一旦出现违反《诚信分细则》的行为时，该酒店的商家诚信分会被扣减。在 eBooking 首页诚信分看板页面中，可查看扣分详情，如图 10-13 所示。

诚信分看板

3.6分
满分5分

您的诚信分为3.6分，已经被降流20%，同时您的酒店无法参与买断、限制申请新店等标签。请您及时修正，恢复诚信分，避免影响您的订单和产量！点击详情查看您的扣分项目。

类型：全部 状态：全部 查询

诚信分细则

类型	开始时间	结束时间	状态	违规内容	扣分	操作提示	操作
客人投诉	2019-08-20	2019-11-24	扣分中	【C-28510466】 客人投诉造成的负面影响，价值75.00元。投诉发生时间2019-08-18 11:13:36，客人投诉酒店确认后退房，责任认定为酒店责任。未支付将影响酒店诚信分，对流量和权益造成影响。	0.7	确认支付后第二天将自动消除该违规，责任认定疑问请联系 邮箱进行申诉。	确认规则 申诉

▲图 10-13 eBooking 诚信分看板

商家诚信分被扣减之后，并非永久不可逆，当商家完成对应违规的处理或是申诉成功后，该项目违规被扣减的诚信分会恢复。

10.2.2 诚信违规行为类型及影响

一旦出现诚信违规行为，商家诚信分将会下降，将会影响酒店流量及各项权益。所以，商家首先要了解哪些行为会违规，给基层员工加强培训，杜绝因主观失误导致的违规。

1. 诚信违规行为定义

商家诚信违规行为主要分为 3 类：财务类违规、商家未保障携程平台权益类违规、其他类违规。商家要严格避免出现违规行为。

（1）财务类违规

① 商家累计拖欠携程平台服务费达 3 个月及以上。

② 商家拖欠携程平台发票。

③ 商家拖欠携程用户的发票。

（2）商家未保障平台权益类违规

① 商家引导用户退订携程订单，直接到店支付入住或通过其他第三方渠道订房。

② 用户咨询商家是否可以通过携程预订入住时，商家引导用户到店支付入住或通过其他第三方平台订房。

③ 商家通过提供如赠送早餐、赠送会员、升级房型等利益承诺诱导用户直接到店支付入住或通过其他第三方渠道订房。

④ 酒店前台的报价低于该酒店在携程售卖的同房型的价格，包含但不限于酒店促销等。

⑤ 酒店前台售卖的同类同价格房型中含有携程该房型不包含的服务（餐食等）。

⑥ 由于酒店原因导致携程用户投诉且产生理赔费用时，该笔费用须由酒店承担但未承担的。

（3）其他类违规

① 商家骚扰、引诱、胁迫、恐吓消费者，盗用消费者信息等产生不良的社会影响事件。

② 商家存在违反国家法律规定等行为。

③ 恶意诋毁，对平台或行业产生恶劣影响。

④ 虚假交易。

2. 违规行为与扣分标准

对于上述 3 类诚信违规行为，一旦发生并查实，商家诚信分将被扣减。若商家出现连续违规，扣分会叠加；若有重大违规行为，将直接清零诚信分。表 10-6 所示的是部分诚信违规行为的扣分标准，也是发生频率较高的违规行为，商家务必重视。（注：由于平台规则会不断迭代，本章讨论的规则为 2019 年 12 月版，实际请以 eBooking 首页→平台规则展示的内容为准。）

▼ 表 10-6　违规行为与扣分标准

诚信类型	违反诚信行为	诚信分扣分
财务类	欠平台服务费三个月以上（含酒店欠携程发票）	根据类型、金额不同，扣 0.1 ～ 2 分不等
	金蝉酒店未给客人开票	0.1 分 / 条
未保障平台权益类	低价保障：切客	0.7 分
	低价保障：前台倒挂	
	低价保障：客人投诉追赔	

10.2.3　诚信违规的处理方式

商家要及时关注 eBooking 后台，一旦发现存在诚信违规行为，应尽快核实情况并按照系统提示积极处理，以免对商家的流量权益等造成负面影响。

1. 查看违规通知

违规行为的信息来源多样化，通常包括不定期人工随机抽查、收到用户对酒店的举报或投诉、携程风控系统及平台数据监测、携程平台人工电话核查等。

如经携程核实，确认违规行为已达到处罚标准，携程会发送违规通知给商家。商家在 eBooking 首页的诚信分看板页面中可以查看通知详情。

2. 违规申诉申请

商家在 eBooking 上收到违规通知后，如存在异议，需在 3 个工作日内通过携程 eBooking 后台、拨打商家服务热线或联系业务经理提出申诉，并提交所需的证明材料，平台会参考申诉理由再次核实并反馈申诉结果。

如图 10-14 所示，eBooking 的诚信分看板页面会显示酒店出现违规行为的订单号、违规内容，页面会提供申诉提示，如申诉邮箱等。

类型	开始时间	结束时间	状态	违规内容	扣分	操作提示	操作
客人投诉	2019-08-20	2019-11-24	扣分中	【C-28510466】客人投诉造成的负面影响，价值75.00元。投诉发生时间2019-08-18 11:13:36，客人投诉酒店确认后满房，责任认定为酒店责任。未支付将影响酒店诚信分，对流量和权益造成影响。	0.7	确认支付后第二天将自动消除该违规，责任认定疑问请联系邮箱进行申诉。	确认赔偿 申诉
客人投诉	2019-07-15	2019-10-19	扣分中	【C-28054242】客人投诉造成的负面影响，价值342.00元。投诉发生时间2019-07-13 16:05:47，客人投诉酒店到店无房，责任认定为酒店责任。未支付将影响酒店诚信分，对流量和权益造成影响。	0.7	确认支付后第二天将自动消除该违规，责任认定疑问请联系邮箱进行申诉。	确认赔偿 申诉

▲图 10-14　诚信分看板

3. 违规费用承担

对于酒店确实存在的违规行为，尤其是涉及严重破坏客人体验且给平台造成经济损失的，如因为到店无房问题产生给客人的赔付款等，商家应按照诚信分看板提示，承担违规所带来的费用。

4. 扣分处罚执行

当商家在有效期内发起申诉且申诉成功时，此次违规行为会被判定为不成立，商家诚信分不会被扣减。反之，如商家在有效期内未发起申诉或申诉失败，此次违规行为会被判定为成立，商家诚信分会被扣减，降流等权益限制将会被执行生效。

小提示：　　　　　　　　**违规预防・执行清单**

序号	类型	执行明细
①	服务质量分加分培训	分析本店接单速度、保留房、闪住等，确认对应加分项，是否有可提升的空间
②	服务质量分违规培训	对于到店无房、到店无预订、确认后满房、确认后涨价、操作错误、承诺服务未提供等情况，对员工做好工作流程梳理与培训
③	商家诚信分违规培训	向员工解释违规行为的含义，定期安排培训，纳入员工绩效考核当中，定期抽查

第 11 章

明星商家:
爆款酒店如何打造

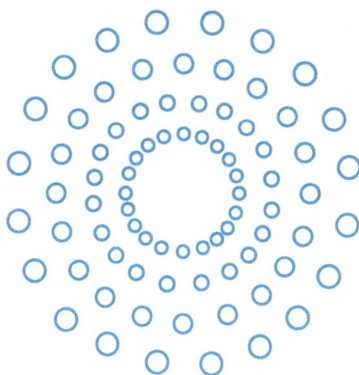

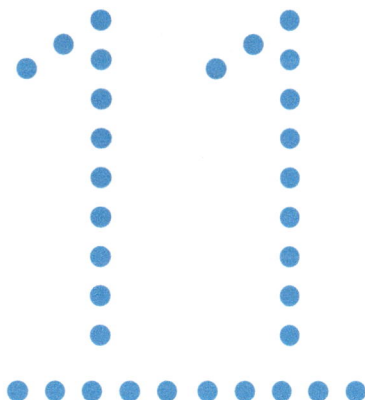

📖 **学前提示**

适用人群:所有负责酒店线上营销与推广的人员。

阅读方式:可结合自身情况对案例酒店选择性借鉴。

特别提醒:本章选取了 3 位优秀商家,由于不同酒店实际状况存在差异,本书所述方法仅供参考。

11.1　网红酒店：如何在抖音赢得千万曝光

从 2017 年年底开业，1 年多的时间，在高星级酒店密集的三亚湾，三亚康年酒店从抖音 APP 和小红书 APP 获取的流量破千万，从一家新开业酒店迅速晋升成为出租率达 85% 的网红酒店，如图 11-1 所示。

一家酒店的网红气质是如何打造而成的？三亚康年酒店总经理李锦分享了其所管理的这家新酒店的网红之路，重点解答困扰众人的两大难题，一是网红酒店如何入手打造，二是网红酒店如何维持热度。

▲图 11-1　三亚康年酒店

11.1.1　精准营销：如何把好产品"讲"给对的人

想要成为一家网红酒店，并不是拍几张好看的照片就可以了。从诞生开始，三亚康年酒店就被注入了网红基因。

不少年轻人去新加坡旅行，至少会安排 1 天去新加坡滨海湾金沙酒店的无边泳池。在三亚康年酒店筹建之初，酒店业主方电建地产、管理方康年国际酒店集团和设计院共同订下一个大胆的计划：客人来三亚多为看海，为何不在酒店屋顶打造一个类似新加坡滨海湾金沙酒店的无边泳池呢？

建成后的三亚康年酒店，屋顶设有 1 200 平方米的无边泳池，外加 70 米高空悬挑透明泳池，设计的美感与独特在三亚乃至全国也实为罕见，如图 11-2 所示。

三亚康年酒店从最初的产品设计，即已瞄准了自己的目标用户，其要做一家年轻人的酒店。原因有 2 个：一是中老年客群未必能适应酒店现代轻松的设计风格与氛围；二是李锦团队察觉到年轻人渐渐成为主流客群。

▲图 11-2　三亚康年酒店楼顶的无边泳池

1. 平台选择：把钱花在刀刃上

2017 年年底，三亚康年酒店正式开业。虽然打造出了好产品，但如何把产品"讲"出去，让李锦颇为头疼。在李锦看来，当今的酒店业是一个薄利多销的行业，在营销宣传经费方面，无法像房地产或互联网公司，在广告投放上动辄百万元甚至上千万元。对于一家酒店来说，营销费用最多不超过全年预算的 5%，像三亚康年这类新开业酒店可能只有 2% 左右。

传统酒店的营销习惯是采用"广撒网、多捞鱼"策略，常见方式有在高速公路、机场立大广告牌或在电视、报纸上投放广告，这类广告投放的好处是曝光量高，缺点也显而易见，价格昂贵、不够精准又难以追踪效果。

酒店要如何把有限的营销费用花在刀刃上？李锦在二亚康年酒店开业时，便决定主要通过自媒体平台的影响力把酒店"讲"出去。

李锦认为，"广撒网"的户外广告、报刊广告等形式不太适合三亚康年酒店，也不符合现代年轻人的消费习惯。因为酒店产品包罗万象，客人吃喝玩乐住五花八门，酒店很难在单一的平面广告中向客人解释清楚酒店的特色。

2. 流量爆发：从抖音到小红书

作为当地网红酒店的一个典型，如今的三亚康年酒店每设计出一个新玩法，基本都会引得同行竞相模仿。李锦却坦言，在酒店成为网红的路上，他与团队也是摸爬滚打着过来的。

（1）微信：每个朋友圈即小型广告位

三亚康年酒店最初选择的自媒体渠道是微信朋友圈，这是一个免费流量入口。按照李锦的估算，每一位客人的微信朋友圈平均有 300 个人的流量，而每个人晒出的照片大约会被 30% 的微信好友浏览到。

任何一位客人在朋友圈晒照片提及三亚康年，酒店便获得一次高质量的曝光展示，每个人的朋友圈都是一个小型广告位，如图 11-3 所示。

如何让客人愿意主动分享酒店照片？李锦认为核心是美。客人朋友圈分享的心理大多在于"求点赞"，越是美好的事物被点赞的概率越高。

不过许多女性客人爱自拍，其分享的照片多为大头照，用手机又难以拍摄出酒店屋顶无边泳池的大景。于是，李锦团队想出了一个办法——用单反相机给客人免费拍照。

李锦在酒店屋顶配备了 4 台大广角单反相机，由专人负责给客人免费拍摄，拍完照片可通过 Wi-Fi 直接从相机传输到客人手机上。

当客人决定在朋友圈记录一下在三亚康年酒店的时光时，除了挑选个人大头照，90% 以上的客人会选择使用包含酒店无边泳池的大广角美景照片。

在人人都是自媒体的时代，微信朋友圈也存在明显的局限性：一是朋友圈的封闭性强，一个人的好友没法超过 5 000 人，传播范围有限；二是微信照片娱乐性差，照片和小视频都没法在微信平台上直接编辑。

（2）抖音：低成本获取千万流量

2018 年年初，一款短视频 APP 快速崛起，抖音霸占了大街小巷中男女老少的手机屏幕。当李锦下载并打开抖音时，其第一反应是："这个 APP 太适合我们酒店了！"

相比平面的照片，短视频的展示形式更简单直接，可聚焦也可大广角，可 360° 把人物和景色全部纳入。

通过算法对内容进行分发，一个几万粉丝的网红和一个纯路人用户，后者内容只要够吸引人，其获得的曝光量可能比网红更多。

因为了解抖音的平台属性，李锦并不是一味地跟风请网红发视频打广告，而是沿袭微信朋友圈的玩法（有客人在朋友圈分享酒店小视频，见图 11-4）：想办法让客人主

▲图 11-3　朋友圈里分享的酒店小视频

动"帮"酒店发抖音。

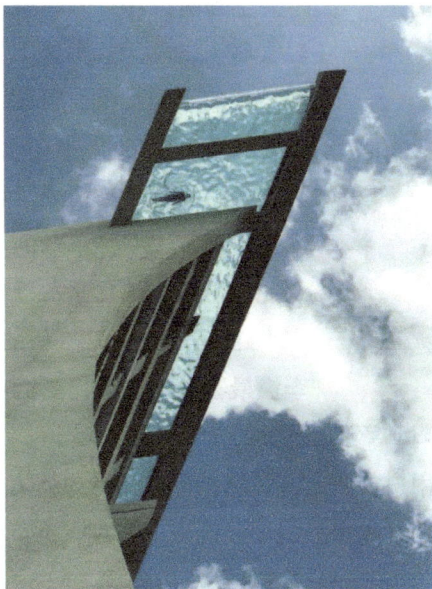

▲图 11-4　客人在朋友圈分享的酒店小视频

首先，李锦买了许多抖音贴纸主动贴在屋顶泳池边，既给客人打造一个有趣的拍摄氛围，又能反复在感官上不断提醒客人去拍抖音。

接着，三亚康年酒店在 2018 年的三四月份举办了一场抖音摄影大赛，奖品是往返三亚机票加酒店免费入住。同时，酒店在各个区域设置活动提示，不断刺激客人去拍照、拍抖音投稿。

据酒店粗略统计，除了一位抖音达人贡献的单条高点赞量短视频外，目前在抖音平台上，用户发布关于三亚康年酒店短视频作品获得最高点赞数约为 150 万。另外，抖音平台上关于酒店内容的高点赞数短视频 80% 来自路人粉丝的创作，即酒店客人的创作。

150 万点赞的背后意味着三亚康年酒店的抖音播放量至少是点赞数的 10 倍，这也就意味着酒店近乎零成本获得抖音千万级别的流量。

李锦认为，激励客人发抖音，不仅仅能为酒店带来流量，而且相对官方或关键意见领袖（Key Opinion Leader，KOL）发布的视频，通过抖音平台实现的转化率会更高。因为许多客人一看是官方发布的内容，其心里就认定了这是在打广告，而入住过的客人的口碑分享具有无限的潜能。

▲图 11-5　酒店在小红书上的笔记

（3）小红书："种草"成功率最高的平台

李锦听说小红书，是来自一次偶然间跟年轻女客人的聊天。那天下午，李锦碰到一位妆容精致的年轻女孩便顺口一问："你们是在抖音上看到酒店才来的吗？"女孩却道："不是啊，大叔你们太老了，我是在小红书上被'种草'的。"

被女客人"种草"的李锦下载了小红书，从此以后，李锦几乎每晚都要花半个小时去研究小红书。目前酒店在做的几个自媒体平台中，李锦最喜欢小红书，图 11-5 所示为酒店在小红书上的笔记。

首先，小红书是用户之间实际体验的分享平台，人人爱看"买家秀"。抖音的视频、朋友圈的照片大多只是单纯画面的展示，浏览者无法理解到背后的感受。小红书的厉害之处在于强调实际体验的分享。

大家平常在淘宝买衣服已经习惯去评论区看"买家秀"，因为好多产品都是官方照片完美无缺，一穿到买家身上就跟换了一件产品似的。

小红书用户分享的内容可谓是高质量的"买家秀"。只有实际体验确实不错，用户才会推荐出来。当然了，大多数女孩在小红书发内容，照片估计起码要精修上半个小时，再配上细腻的文字，这是小红书的社区风格。

因此，李锦认为，同为 UGC（User Generated Content，用户生成内容）分享平台，小红书平台的客人"种草"成功率远远高于抖音、微信朋友圈平台的。

其次，小红书的图片自定义标签深受李锦推崇。一位年轻女性上传照片到小红书平台，其可以在照片上打上各种标签来解释画面中的元素：口红是什么品牌，耳环是什么品牌，化妆用了什么眉笔，等等。

当客人在小红书发布三亚康年酒店的照片时，其可以直接在照片画面中标注出这家酒店的名字、酒店屋顶有无边泳池等关键要素。浏览的客人可以快速获取信息，同时还能跟发布者紧密沟通。

为了做好小红书平台的运营，李锦发动酒店员工去注册小红书。目前酒店员工中已经"孵化"出几位网红员工，许多小红书内容出自酒店员工。

11.1.2 内容运营：网红酒店热度如何保持

正如前述，李锦始终相信传播酒店的主力人群有 3 种：客人、各大自媒体平台的"网红达人"和酒店。对于客人如何被激励、如何与各大自媒体平台的"网红达人"合作、酒店官方平台如何输出，李锦有自己的看法。

1. 谁在生产内容

（1）"网红达人"：打响知名度的"第一枪"

李锦并不认为酒店跟"网红达人"之间的合作一定是要砸重金邀请其为酒店打广告。开业之初，三亚康年酒店就承办了国际超模大赛。一百多位超模选手至少有二三十个超级"网红达人"，这些选手会主动在社交媒体上分享其所做的事、所在的地方，这对于酒店来说是巨大的免费流量。

"网红达人"给酒店带来的流量是"爆炸性"的。三亚康年酒店跟抖音有着 2 000 万粉丝、累积点赞量 2 亿的"网红达人"彭十六间接合作，发布的视频点赞量高达 50 多万，预估的抖音视频播放量达数百万。

当酒店知名度提升后，会吸引许多"网红达人"主动来酒店。在"网红达人"聚集的地方，某"网红达人"如果没有吃过某某千层蛋糕，没有去过某某网红酒店，可能都不好意思说自己是"网红达人"。

对"网红达人"心理的把握，让李锦在双方合作方式的选择上更倾向于资源的置换，如高价房型的免费入住等。在"网红达人"入住期间，酒店要做的核心工作就是把他们服务好。图 11-6 所示为某"网红达人"晒出的图。

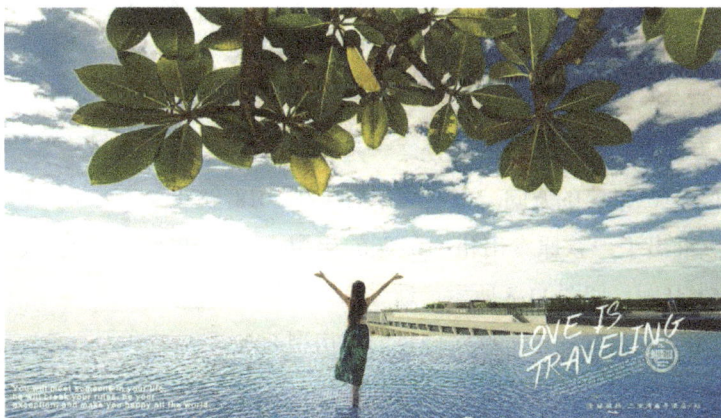

▲图 11-6 某"网红达人"晒图

（2）客人：长久保持热度

"网红达人"带来的流量是一时的，客人导入的流量却是持久的，因此李锦更看重客人的口碑传播。客人在酒店获得美好的体验，进而主动进行口碑传播。酒店的客人体验、服务提升、流量获取是一个正向的循环。

如何让客人拍出更好看的照片和视频？李锦笑称，酒店的泳池救生员已经成为摄影师了，救生员们每天会在顶楼帮许多客人，从泳池不同方位拍出各个角度的照片，如图 11-7 所示。

▲图 11-7　客人对酒店泳池酒店救生员的评价

在拍摄之前，李锦和其团队就已经做过多次练习，选择什么样的角度、如何把酒店大景拍出来、怎么拍更显身材……练习完成后，李锦还会给员工做培训，教员工们如何拍出最适配本店的网红照片和视频。

因为手机大多不防水，女性客人在泳池里无法携带手机。而工作人员用手机可以帮客人快速拍照。客人想换三四套泳装拍照也没问题，还能把照片快速地分享出去。

（3）官方：引导推广方向

三亚康年酒店目前成立了一个 5 ~ 6 人的内容团队。从文字编辑、照片拍摄到美工设计，团队专门负责自媒体内容的生产。酒店也开设了抖音、小红书、微信公众号的官方账号。

成立专业内容生产团队的好处之一是，酒店可以主动引导产品推广的方向。三亚康年酒店在 2018 年 11 月份推出了一款原本出租率很低的房型——全看海的大开间，如图 11-8 所示。通过官方包装，这款房型由原来很低的出租率实现目前单房型 80% 以上的月出租率。

用李锦的话来说，官方团队会不断包装酒店产品来迎合消费者的消费习惯，设计产品并通过推广

▲图 11-8　全看海的大开间

渠道让更多客人认识产品。不过，李锦提醒大家，官方推出的内容要尽量去官方化、弱化官宣的信号，要以客人的口吻进行讲述才能达到最佳效果。

2. 如何生产有趣的内容

屋顶无边际泳池和70米高悬挑透明泳池是三亚康年酒店的主要特色。但李锦并没有打算一直吃老本，李锦认为网红酒店只有不断挖掘出新的卖点，才能长期保持热度，而创意来自群众。

李锦每晚会逛半个小时的小红书。有一次李锦注意到有一位女性客人提到泡腾浴球，在浴缸水里散开会变幻不同色彩，许多年轻姑娘喜欢用泡腾浴球泡澡，然后拍照。

李锦还注意到，酒店浴缸虽然反复消毒，许多女性客人却仍然不愿意用。于是，李锦给酒店所有的浴缸都配上了一次性的浴缸套和泡腾浴球。

预订普通四五星级酒店，客房一般会附赠一份地图，让客人自己去玩。三亚康年酒店把这份地图玩出了新花样。酒店将地图改成了一份"网红打卡攻略"如图11-9所示。从7：00到24：00，用网红语言教客人怎么玩：7：00去酒店沙滩拍日出和跑步，几点去网红点打卡，傍晚可以拍绝美夕阳，晚上泡在浴缸里看海景……

按照李锦的分析，三亚康年酒店的主流客人是"80后"与"90后"，二者几乎各占40%。这些客人在玩什么，酒店管理人员要一清二楚。这些客人通过什么平台看内容，酒店就通过什么渠道传播产品。

除了通过好的产品去激发客人分享，三亚康年酒店的服务也毫不逊色。开业2年，酒店在携程上的点评数量约8 000条，点评分达到了4.8分，而这些点评完全靠客人自发的分享。

李锦表示，酒店并不会严格地规定员工必须怎么做，而是通过合理的激励机制与授权机制，激发员工发挥自己的能动性去主动服务客人，"非流水线"的服务才更容易打动人心。

三亚康年酒店红了以后，李锦经常会被同行"取经"。李锦回顾这一年，总结出了打造网红酒店的5个要点。

第一，打造"网红"卖点。每家酒店要挖掘、创造出独一无二的卖点。屋顶的无边泳池和悬挑透明泳池是三亚康年酒店的核心卖点。没有先天条件的酒店可根据客人的喜好与潮流去创造卖点。

第二，严谨认真的管理。全员做精细化运营。酒店需要一位严谨认真的管理人员，让全体员工能按照其策略去执行。网红酒店的打造绝对不只是市场部门、传媒部门的事，而是要全员执行。

▲图 11-9　三亚康年酒店的网红地图节选

第三，持续创造新卖点。懂潮流，创卖点。酒店打磨出网红卖点之后，还要不断创造新的卖点。李锦认为，三亚康年酒店能保持长时间的热度在于酒店新创造的活动、事件是从不间断的。

第四，客群精准投放。了解主要客源地在哪儿，做到精准投放。三亚康年酒店在上海、杭州、北京等主要客源地设有专人来统筹活动与投放广告，与当地媒体合作，保证区域流量、热度不断。

第五，流量转化保障。维护好 OTA 售卖渠道，保证转化率。客人不管是在抖音还是在小红书上看到酒店后，其最终都会通过携程这样的订房渠道去订房。酒店要做的是把客房售卖渠道维护好，提高从流量到订单的转化率。当客人到店后，要保障产品与服务的品质，实现口碑的正向循环。

学美术出身的李锦始终认为酒店是一个美好的载体，客人把其珍贵的时光留在酒店，酒店从业者也应该成为快乐和美好的创造者。打造网红酒店没有太多套路，最根本的还是要挖掘出美好的事物并以合适的渠道传播出去。

11.2　"特牌"酒店：做好 OTA 的三大方向

点评分从 4.4 分上升至 4.9 分，销量从每日 30 个间夜到现在每天近 200 个间夜，成都瑞城名人酒店（见图 11-10）曾保持一个月时间的全西南销量第一，最高达到单月 6 700 多的间夜量，并常年在 OTA 平台保持流量、点评分等数据排名前列，这究竟是怎么做到的？成都瑞城名人酒店总经理庄文金从平台、产品、服务 3 个方面，分享了他的经验与观点。

▲图 11-10　成都瑞城名人酒店

11.2.1　产品

1. 梳理线上价格体系

酒店价格体系混乱说明酒店不受控。不受控的核心就是酒店产品价格的不受控。梳理价格体系是首要工作，酒店要把价格决定权和市场定价权掌握在自己手里。

成都瑞城名人酒店重新梳理线上价格，解决酒店先前对自身价格缺乏清晰定位，如房型、房间、出租时间不合时宜的问题。酒店首先解决了内部管控上存在的问题，同时处理了扰乱价格体系的外部因素，保证客人所看到的 OTA 价格均为酒店收益团队所设定的。

成都瑞城名人酒店目前在 OTA 上有从低到高的 4 套价格体系。酒店房价主要根据不同的出租率来调整，比如当出租率低于 50% 时，酒店会使用一套价格体系，而当出租率高于 90% 时，酒店又会使用另一套价格体系。

2. 根据需求调整产品

作为一家开业 13 年的老酒店，成都瑞城名人酒店一贯重视设施设备的维护与保养，坚持日常保养与按计划维修并重，不管客情如何，每个星期留出 3 间客房进行大修，一年便能将所有客房整修一遍。如此一来，酒店设施设备虽无法完全贴合时代潮流，但可确保设施设备处于良好状态，不影响优质服务的需求。

同时，酒店根据现有会员或针对市场需求调整产品。成都瑞城名人酒店重新调整了 OTA 上的房间数量和房型：针对节假日亲子市场，酒店改造推出了主题家庭房、亲子房；针对成都秋冬雾霾天气，酒店推出了生态养生房、携程空气清新房等，如图 11-11 所示。价格的优势、产品的多样性和服务的稳定性，保证了成都瑞城名人酒店的市场竞争力。

2018 年，成都瑞城名人酒店开始着手入住系统升级工作，先是购置了入住自助机，还开通了上线闪住、行李寄送等服务，简化了入住流程，提高了前台服务效率。这些措施的实施效果十分明显，自助机的使用量由过去每天 10 多单变为现在每天 100 多单，酒店销量持续增长。而前台员工的数量却由过去的 14 人减少到 8 人，酒店将这些因为机器而节省下来的人力转移到客户关系管理（Guest Relation Officer，GRO）的管家团队中，提高了酒店的对客沟通服务覆盖率，提高了服务质量。

庄文金表示，只有产品符合市场了，整个销量才能上去；销量上去了，酒店才有机会去优化好评；好评优化了，酒店才能获得更多的流量推荐。这是一个系统的过程，而并非是由哪一个点独立爆发出来的。

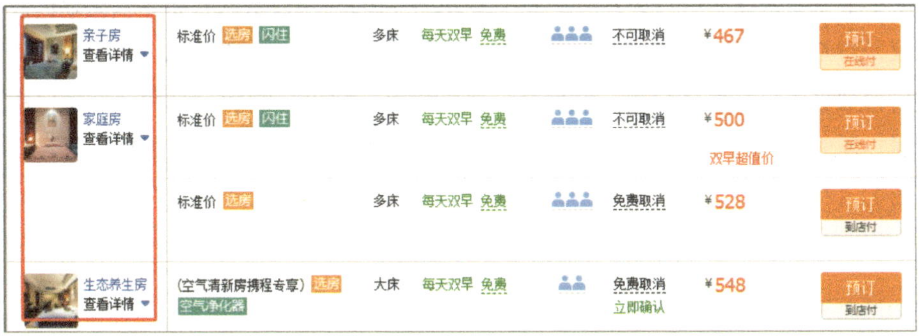

亲子房 查看详情	标准价 选房 闪住	多床	每天双早 免费	不可取消	¥467	预订 在线付
家庭房 查看详情	标准价 选房 闪住	多床	每天双早 免费	不可取消	¥500 双早超值价	预订 在线付
	标准价 选房	多床	每天双早 免费	免费取消	¥528	预订 到店付
生态养生房 查看详情	(空气清新房携程专享) 选房 空气净化器	大床	每天双早 免费	免费取消 立即确认	¥548	预订 到店付

▲图 11-11　成都瑞城名人酒店改造的房型

11.2.2　平台

1. 做好 OTA 平台选择

成都瑞城名人酒店自 2017 年 3 月在携程上线特牌合作。在 OTA 平台的选择上，庄文金十分慎重，他先是对几家 OTA 平台的数据进行观察分析，从历史数据来看，携程带来的销量明显高出其他 OTA 平台数倍。此外，庄文金也认为，携程客源结构与成都瑞城名人酒店更加匹配。经过多方考量，最终庄文金选择集中精力跟携程合作。合作后酒店的销量从 800 间 / 月提升至 4 500 ~ 6 700 间 / 月，淡旺季销量稳定，线上平均房价从 340 元提升至 460 元，旺季房价可达 530 元左右。

2. 与平台协作共赢

选定战略合作的 OTA 平台后，成都瑞城名人酒店与平台方进行了紧密、高效的配合。

首先，平台方根据平台规则、点评规则进行大数据分析，并结合酒店实际情况，为酒店量身打造一套适合酒店的运营方案。双方达成一致后，酒店予以积极、稳定的政策支持。

其次，酒店高效执行。挂了携程特牌以后，成都瑞城名人酒店的排名并没有马上提升到非常靠前的位置。酒店配合运营方案，先是导流量，接着做促销来提高转化率，然后做好评。酒店各项数据在同平台的协作下，突飞猛进。经过 3 个月，酒店的月销量从原来的 800 间稳定在了 4 500 间以上。

最后，酒店建立跟 OTA 平台之间定期联系的监控制度，如周制度、月制度。成都瑞城名人酒店每月会开一次整个 OTA 平台的网评会议或者整体数据分析会议，对 OTA 平台的整个客源、浏览量、独立访客（Unique Visitor，UV）数据、后台数据等进行优劣分析，制定下一步的策略。此外，酒店与平台保持每日沟通，及时排除异常情况，还会按周、按月进行业绩回顾，协商改进措施等，如图 11-12 所示。

▲图 11-12　携程与酒店的日常互动

3. 建立 OTA 的监控体系

在 OTA 平台的监控上，成都瑞城名人酒店建立了两个专门的团队，一个是隶属销售部的 OTA 组，另一个是收益管理部。

OTA 组的工作：随时盯控流量，预警市场竞争对手的价格调控；时刻关注酒店在 OTA 平台的排名、好评、差评；即时调控当日的房源，跟预订部确认 OTA 渠道留房数量。收益部门监控最新的市场信息，及时调整价格，监控价格乱象的情况。成都瑞城名人酒店正是通过监控体系的建立，才保证了酒店在 OTA 平台上整个好评转化的第二阶段的成功，保证了服务质量和整体流量不下降。

11.2.3　服务

1. 建立服务体系

当线上流量慢慢提升上来以后，成都瑞城名人酒店开始着力线下服务体系的打造，提升员工的整体服务水平，这一步经历了约 6 个月的时间。因为集团一贯的重点是发展会员，所以酒店服务一直侧重于会员服务。突然有一天酒店告诉员工要把 OTA 客人当 VIP 客人接待，许多员工并不能完全理解。这当中经历了一番波折，如服务的某一节点断掉以后，客人就会投诉，而这种投诉是酒店难以控制的，员工相应产生沮丧情绪，甚至逆反心理。在这一过程当中酒店应不断与员工沟通，调整员工心态、情绪并做好员工培训，保证整体服务流程步入良性循环的正轨。

庄文金表示，当下成都瑞城名人酒店为 OTA 客人提供的已经不再是原来点状式的服务，而是一条完整的服务线，这是经历了多次调整才形成的体系。从客人预订到离店的过程，成都瑞城名人酒店对每个节点都进行了梳理、完善，然后对员工进行全员培训或节点性的培训，把整套服务流程匹配进员工的工作流程中，投入试验，试验后再不断调整、完善。

目前，酒店对会员及 OTA 客人的接待服务流程如下：客人来之前，酒店会发送欢迎短信，提示当地天气、穿衣指南、地理位置、交通路线等，并附上管家的联系方式；客人进入酒店，礼宾及 GRO 大厅欢迎，赠送入住随手礼，GRO 引领至前台，协助办理入住手续后送到电梯口，有时会送到房间；入住客房后，GRO 通知管家部跟进欢迎茶、欢迎水果以及额外提供的矿泉水等；入住期间，酒店会在早餐厅等地方设置专门的会员区域、OTA 客人区域，方便员工重点关注、询问与沟通；退房之前，GRO 会以短信或电话的方式了解客人入住期间的意见与反馈，在退房时再次协助前台办理手续。

那么，有一个核心的问题，这套流程是为了保证什么呢？庄文金提到，当年西南区的一位携程同事提了几点很中肯的建议，让其感触颇深。其实，当客人到达一个地方时，酒店要做的第一件事情是取得客人的信任，而取得客人的信任的首要原则就是确保客人的安全。

在取得信任、确保安全的前提之下，酒店要提供良好的服务。在提供了良好的服务后，再给客人一个"彩蛋"，就是所谓的惊喜。最后客人肯定是带着一种非常愉悦的心情离开酒店的，这样的客人会是酒店未来的优质客人。

对于这类客人来说，哪怕酒店的硬件或者其他地方有些许欠缺，客人也很少会去投诉不满，因为客人可能根本就不放会在心上。从某个程度来说，酒店满足了这类客人某种心理需求。成都瑞城名人酒店的服务体系的核心出发点正是基于这点，做每一件事情要先找原因，明确为什么做。

庄文金强调，这是一套完整的服务体系，不是依赖哪一个人来完成的。酒店入住的客流量的多少对于这套体系的运行不会有太多影响，只会影响员工工作量。当员工出现人员流动时，加入的新人也能快速融入这一氛围当中，这种习惯一旦养成就会形成定势，这种定势对酒店的工作一定会产生正面的助推作用。客人对酒店管家服务的好评如图 11-13 所示。

▲图 11-13　客人对酒店管家服务的好评

2. 员工奖惩机制

好的服务是由人去完成的。在员工的管理方面，庄文金认为，不管是管理一件事情、管理一个团队或管理一套系统，就 3 个核心：定目标、设架构、定奖惩。

第一步，设定目标。酒店一开始会设置一个大的目标，如点评分达到多少分。这个目标必须是明确、可执行的，员工才有信心去做。

第二步，设置架构。设定好目标后，庄文金会将目标进行拆分，对应到各个部门当中去，如前厅部负责服务的目标。每个部门都设定好自己的目标，最终考核的是一个团队或者是一个团队一段时间的整体工作量，而并非一个人在一个节点上的工作量。

第三步，制定奖惩方案。结合目标的设定，酒店为员工制定一个完整的绩效考核方案，这个方案不是一个笼统的大目标，每个版块的绩效指标都各不相同。如此一来，员工的目标清晰，工作的积极性也会提高。成都瑞城名人酒店这套完整的考评机制建立实施 3 个月后，给庄文金也带来了很大的惊喜。庄文金发现员工的主动服务意识和 3 个月之前相比发生了天翻地覆的变化。所以，庄文金非常认同苏州南园宾馆总经理顾晓春所说的一句话——线上 OTA 的优化倒逼线下服务的提升。目的一致，只是操作方法各有不同。庄文金认为，成都瑞城名人酒店对 OTA 点评的优化总结下来就是一句话：先做好评，然后去控制差评，最后提升服务，让差评和好评在一个均衡点上。

从某种意义上来说，怎么把 OTA 好评做好，怎么把浏览量、转化率做上去，在庄文金看来都是"方法论"，而并非"执行论"。酒店首先要搞清楚为什么去做，才能够知道怎么去做好。因为每一个酒店都有不同的人文、产品市场结构，所以不能以偏概全。这个方法可能在这家酒店有用，在别家酒店就不好使了，酒店还是要根据自身实际情况出发才行。

11.3 老牌酒店：从年年亏损到盈利千万元

坐落于南京玄武湖畔的江苏凤凰台饭店（见图 11-14），是一家老牌四星级国企酒店，开业 20 年来曾一度处于常年亏损状态，2017 年是酒店的一个转折点。

2016 年凤凰台饭店亏损 600 万元，而到了 2017 年直接做到了全年盈利 1 200 万元，2018 年更是实现全年盈利 1 300 万元，在 OTA 平台的销量翻了近 10 倍。在这快速增长的背后，酒店究竟做了哪些工作？

▲图 11-14　江苏凤凰台饭店

11.3.1　老酒店的改革前奏

1. 生存困境

凤凰台饭店自 1999 年开业以来长期处于亏损状态，平均每年亏损约 780 万元。而从 2015 年开始，酒店所在的南京市湖南路商圈进行改造、全面封路，周边的环境更是糟糕。再加上酒店房间设施老旧，可以想象凤凰台饭店作为老牌四星级酒店，前有五星级酒店堵截，后有精品酒店围攻，其面临市场竞争的压力有多大。

不过，设施老化、周边环境差等因素，只是酒店经营状况不佳的表层原因，其核心原因应该是酒店的流程体系出现了问题，这经常会导致酒店做出的判断不及时，跟不上市场变化。

在凤凰台饭店，过去员工想要做什么，往往要经历多重汇报，基层员工手中的权限几乎为零。从问题处理到报价，员工都要一层一层地汇报。这就导致酒店对各种市场变化无法及时对接跟进，许多问题在前端就被过滤掉了，管理层无从知晓，而对于客人的所需所求也没人处理，市场的份额自然拿不下来。

2. 改革实施

2016 年 7 月，毛利人被上级任命为凤凰文化酒店集团总经理，其上任后立即对凤凰集团旗下的酒店进行了大刀阔斧的改革，凤凰台饭店正是在这一次改革中涅槃重生。

大家知道，对于凤凰台饭店这样的老国企来说，改革的推进必然是十分困难的，甚至很多改革还未开始就可能落幕了。作为参与者，毛利人认为改革难的原因有 2 个：一是权力分配问题，拥有权力的人未必是对市场具备敏感性与判断力的人，这就造成酒店与市场的脱节；二是在于人员队伍的老化、思维的固化所导致的企业效率低下。

针对国企的权力分配问题，凤凰台饭店选择相信员工，大胆赋予员工权限，让"听见炮声的人"做决定。即使是基层员工，遇到问题时都能第一时间处理。

在凤凰台饭店的改革中，酒店的人员队伍并未进行太大的调整，也没有从外面引进管理人员，但是酒店在内部选人用人方面，却打破了传统的论资排辈。当酒店开始做一个项目时，只要某个人能在该项目上发挥出自己的特长，这个人就会被调过来负责该项目并被赋予充分的权力。

针对人员队伍低效的问题，凤凰台饭店提出了满房目标管理法，并按部门设立精准且有激励机制的绩效管理体系，破除"大锅饭"，制定了诸如满房奖、淡季销售奖、团队奖等奖项，充分调动了员工的积极性。

11.3.2　满房目标：以效率带销量

1. 企业效率提升

在改革前期，凤凰台饭店提出了满房的目标。毛利人表示，设定该目标一方面是经营的需要，另一方面在于原有的人员工作节奏十分缓慢，在企业内部反而容易引发各种问题与矛盾。

当酒店提出满房目标后，所有人的工作节奏与风格都发生了质的变化，团队中过去存在的许多小矛盾都消失了，因为大家不再有精力去纠缠这些小事，而是天天盯着满房。如果今天没有满房，那么核心部门就会认为今天的工作没有完成好。大家每天干劲十足，一切都是为了实现满房目标。

2. 把握 OTA 流量入口

设定了满房的目标后，为了达成这一目标，掌握好 OTA 平台运营技巧、把握好流量入口十分重要。到底是选择与多家 OTA 平台合作，还是选择深耕一家 OTA 平台，凤凰台饭店前期也有过顾虑与纠结，但最终于 2017 年年初，选择跟携程达成特牌的战略合作。

在 2016 年前后，酒店全年所有 OTA 平台的销量总计为 1 万间夜左右，来自携程的客源占了 4 000 间夜。在毛利人看来，酒店当时的销售是浮于水面的，尤其是在 OTA 平台这一块，虽然跟多个平台都有合作，但实际上哪一个平台都没做好，对各个平台的运营规则都算不上熟悉。毛利人打了个比方，他认为运营 OTA 平台就跟学习一样，如果想同时学语数英 3 门课，在短时间内可能 3 门课都学不好。

结果数据证明，凤凰台饭店的选择是正确的。在携程平台上的销量从 2016 年的全年 4 800 间夜到现在旺季单月 5 000 间夜，一年的销量高达 4 万多间夜，相当于之前销量翻了近 10 倍。毛利人说，OTA 平台其实就相当于酒店的一个营销工具，销量能否做上去的关键在于酒店能否将这一工具运用好。即便都是特牌酒店，销量也会存在非常大的差异，问题的关键在于酒店能否去深入研究运营。

与携程达成特牌合作后，凤凰台饭店成立了专门的收益团队去研究携程平台。随着对平台运营规则研究的加深，酒店营销团队开始认识到 OTA 运营的重点——酒店的运营最终决定将酒店推向何方。营销团队确认了获得更多流量推荐并提高转化率是 OTA 运营的核心所在，所有的运营工作都要围绕这两点去展开。

携程 eBooking 后台的各项数据包括点评分、服务质量分、商机中心的雷达图，哪一项分值偏低，营销团队就会去研究该项目，找到问题究竟出在哪儿了，然后拿出具体的措施去改进，如图 11-15 所示。这些都会影响酒店的各类数据，其最核心的是会影响酒店的销量与收益。

▲图 11-15　江苏凤凰台饭店在携程获得的各类标签

与此同时，对于携程平台的所有流量入口，凤凰台饭店会逐个研究，所有的流量入口一个都不会放过，并且还要尽量保证自己在各个板块的排名都会相对靠前。酒店设有专人去研究 eBooking 后台，关注携程近期推出了什么活动，像携程最早推出高铁游的时候，凤凰台饭店就是率先参加的。虽然当时这是一个新项目，平台业务团队只能给出预测的数据，但是营销团队对于所有的项目都是愿意去尝试的。

不论各个入口流量的大小，凤凰台饭店一直坚持的是每一个入口都要保证有。如果某一流量入口带来的流量高，那么酒店在价格定位上就会往这一方向倾斜。携程 eBooking 后台的所有活动，能参加的酒店几乎都参加了。

3. 满房之后关注收益

2018 年以后，凤凰台饭店的满房天数越来越多，全年实现客房年度出租率 99%，单日满房达 304 天。如今酒店开始更多地关注收益，因为满房不是最终目的，早期提出满房目标更多的是希望把工作节奏带动起来。

在凤凰台饭店的收益团队中，有专职人员负责研究携程平台，如如何调整线上价格、如何选择竞争对手等。关于这方面的实操，毛利人还分享了一些经验。

在对市场的把握预测方面，凤凰台饭店会从至少 3 个方面进行判断：一是酒店会通过收益工具及 eBooking 后台，关注核心酒店，包括竞争对手酒店以及城市标杆酒店，这些核心酒店的价格调整会影响市场活跃度；二是酒店会根据传统销售渠道，如销售接听电话频次、预订接听频次来判断，如果咨询较多，说明市场活跃度较高；三是酒店会结合本店实际情况调整价格，如果本身余量在合适范围，市场反应又特别好，这时就可以将价格合理上调。

毛利人还提到，许多酒店在寻找竞争对手时，是从所属商圈来找规模、档次、价格差不多的酒店，但是毛利人认为这有些片面。酒店可以多关注携程 eBooking 后台数据中心的竞争圈，其覆盖面更广，不局限于酒店所在商圈，如图 11-16 所示。

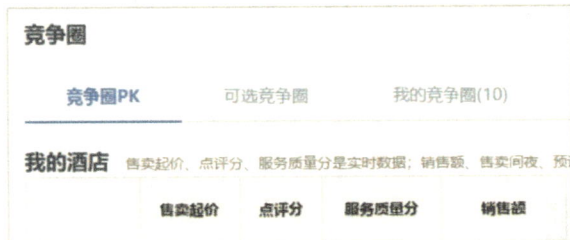

▲图 11-16　生意通的竞争圈

以凤凰台饭店为例，火车站并不是酒店所在商圈，但从携程后台数据来看，火车站却在酒店的竞争圈范围之内。在竞争对手的选择上，酒店应将 eBooking 后台数据作为参考，仅凭经验是难以精准预估出许多流量的走向的。有时候分走本酒店大部分流量的酒店，有可能是另一个商圈的酒店。

毛利人还建议，如果本酒店对行业非常熟悉，知道当地高销量酒店，且该酒店跟本酒店的价格档次差不多，无论该酒店跟本酒店的距离如何，本酒店都可以把该酒店设为竞争对手。

11.3.3　员工授权：全面提升体验

酒店销量提升是一个循序渐进的过程，酒店越往前走，流量会越大。这时酒店要开始关注客人体验、提升口碑，才能长期保持酒店销量的稳步增长。毛利人认为，点评不仅会影响 OTA 转化率，更能直接反映一家酒店的管理水平。

1. 员工授权

授权员工并做好激励是影响酒店提升客人体验的关键。当员工能主动积极地帮客人解决问题，客人的体验才能得到保证，客人才会真正愿意给酒店好评。2017 年以后，凤凰台饭店通过改革，将权限下放至一线员工，让员工能在现场快速做出判断。

例如，凤凰台饭店经常处于满房状态，部分客人提早到店，尤其是年迈的客人、带孩子的客人，若到店时酒店还未准备好房间或房间还未打扫干净，这时前台员工就有权限给客人免费升级，如图 11-17 所示。

酒店将权限给予员工，员工才能将便利给予客人。多数酒店在携程展示的最早入住时间是 14:00，但毛利人指出，许多客人提前到店时的心理是："我已经到店了，你还要我怎样呢？"在这种情况下，毛利人认为酒店要尽可能去解决问题，而不是跟客人说："对不起，您看一下，携程上明确写到客人 14:00 后才能入住。"

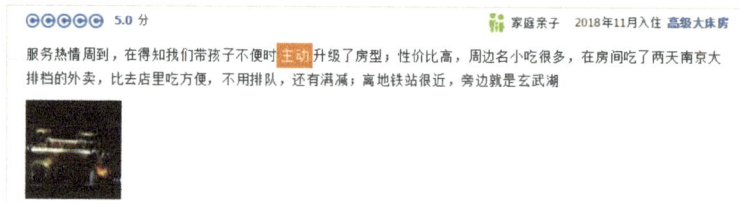

▲图 11-17　客人因为房型升级给予的好评

2. 员工激励

除了员工授权，凤凰台饭店还按部门、按岗位制定绩效管理体系。每个部门都像一个小公司，有独立的工资分配体系，酒店用更加合理的方式激发员工的主动性。

部门管理者一定要清楚，管理其实是一种分配，就是分配权力、责任和利益。毛利人特别强调，这 3 项必须匹配，这是赋权最直接的体现。因为赋权的背后是信任、尊重、认可，这样的信任、尊重会让部门管理者更加自律，更加明白手中的权力是一张"信用牌"，更加懂得如何用激励作为杠杆，去撬动团队中的每一个人。否则，一旦出现不公平的情况，就会影响整个团队的工作状态和业绩。

因此，部门管理者要采取更加精准、合理的激励方式。例如，客人给了好评，酒店会将奖金下发到部门，而后由部门内部决定奖金如何分配。

数据证明，这种激励方式切实可行，酒店的点评分从 2016 年的 4.3 分到如今长年保持在 4.7 分，员工工资涨幅也相当明显，像酒店总台员工有时当月能拿到 8 000 ～ 10 000 元的工资。

对于一线基层员工，凤凰台饭店主要采取激励的方式，很少对员工进行扣罚。当酒店因为"人"的因素遭到差评时，毛利人说酒店会对管理者进行扣罚，而不会处罚员工。毛利人认为做得不好是管理者的事，而不是员工的事，一线员工如何对待客人，完全取决于管理者。

设定合理的激励体系能最大程度地发挥员工的积极性，员工会自发地思考，如何让客人满意。毛利人举了一个客房清扫员的例子。有一名家长带着孩子过来，小孩比较调皮，在通道里跑来跑去，客房清扫员看到之后征询了客人意见，用胶带帮客人把电源插座封上了，这让客人非常感动。这件事也给酒店一个启示——准备了安全插座为需要的客人提供。

3. 员工培训

酒店会定期根据各部门实际情况做培训，其培训的主题围绕一线场景展开。例如，凤凰台饭店的前厅部推出赞美体系——如何让员工发自内心地赞美客人。这需要对员工进行提前培训，先要学会如何开口赞美客人，再要学会如何赞美不同的人，这就需要反复的实践与训练。

部门管理者要针对赞美场景进行设计，比如前台员工碰到一位女性客人，客人的手非常漂亮或着装很美，员工如何表达赞美，都要管理者设计好不同场景的语言技巧，再交由员工学习、实践，如图 11-18 所示。

▲图 11-18 客人因前台赞美给予好评

毛利人以赋权改革为起点，勇于创新，甘于奉献，带领员工队伍短时间内实现了凤凰台饭店的"凤凰涅槃"。毛利人总结和深入发掘凤凰台饭店的成功经验，对提振酒店住宿业尤其国企酒店的经营状况、服务品质有非常大的帮助。凤凰台饭店立志求新求变，创造了更好的经济效益和社会效益，具有很好的宣传推广意义。

小提示： **商家案例借鉴·执行清单**

序号	类型	执行明细
①	判断并建立运营思路	对照以上 3 家酒店，判断本店与上述哪一家酒店很相似，可选择参照对方的运营思路
②	建立员工激励机制	结合本店实际情况，设定员工的奖励机制，做好员工培训，搭建酒店的好评提升体系
③	OTA 运营体系化梳理	从流量到转化，酒店可以参照优秀酒店在携程上的信息展示与运营策略，对本店运营进行重新梳理